普通高等教育系列教材

人际沟通教程

（医药类专业适用）

主　编　翁开源

副主编　杨立国　张　琦　廖东华　魏仁辉

参　编　于　泳　马利军　马亚娜　吉秦雁

　　　　齐　丽　何　讯　张　勇　张可人

　　　　李颜苗　赵　苒　范　春　贾翠平

　　　　昝　旺　胡　凯　凌志埔　罗崇彬

机械工业出版社

本教材介绍了人际沟通的基本理论，阐述了人际沟通的基本技巧以及沟通在医药类专业领域的应用。本教材将人际沟通理论与人际沟通案例相结合，操作性强，能帮助读者加深对理论的理解，掌握人际沟通技巧，提升人际沟通水平。本教材共十七章，包括：人际沟通概述，人际关系，沟通的主体与客体，沟通障碍与沟通技巧，组织沟通、团队沟通、群体沟通，危机沟通，会见与面谈，人际冲突处理，倾听，非语言沟通，口头沟通，书面沟通，跨文化沟通，医学人际沟通学概述，医学人际沟通，药事活动中的医学人际沟通学，医疗纠纷中的医学沟通。

本教材既可以作为各医学相关专业"人际沟通"课程的教材，也可以作为相关管理人员培训班的参考用书。

图书在版编目（CIP）数据

人际沟通教程/翁开源主编. —北京：机械工业出版社，2021.4
普通高等教育系列教材. 医药类专业适用
ISBN 978-7-111-67737-6

Ⅰ. ①人… Ⅱ. ①翁… Ⅲ. ①人际关系学–高等学校–教材
Ⅳ. ①C912.11

中国版本图书馆 CIP 数据核字（2021）第 042522 号

机械工业出版社（北京市百万庄大街 22 号　邮政编码 100037）
策划编辑：常爱艳　责任编辑：常爱艳
责任校对：张艳霞　封面设计：鞠　杨
责任印制：邰　敏
涿州市京南印刷厂印刷
2021 年 5 月第 1 版第 1 次印刷
184mm×260mm·15 印张·310 千字
标准书号：ISBN 978-7-111-67737-6
定价：49.80 元

电话服务　　　　　　　　网络服务
客服电话：010-88361066　机　工　官　网：www.cmpbook.com
　　　　　010-88379833　机　工　官　博：weibo.com/cmp1952
　　　　　010-68326294　金　书　网：www.golden-book.com
封底无防伪标均为盗版　机工教育服务网：www.cmpedu.com

前　　言

为顺应教育部教学改革潮流和改进现有的教学模式，改善目前高等院校的教育现状，提高教学质量，培养具有创新精神和创新能力的人才，多所高校多位专家在充分调研的基础上，编写了本教材。本教材实用性强，引进了先进的教学模式，采用了案例与教学内容相结合的编写模式。

本教材包括了医患沟通、药患沟通等内容，旨在解决目前高校健康管理、公共事业管理、卫生事业管理、人力资源管理、市场营销学、医学、药学等专业的"人际沟通"课程教材中医药特色不明显的问题。

本教材主要供管理类专业及医学、药学专业本科生及专科生使用。本教材围绕管理类专业及医药类专业本科生及专科生的培养目标，坚持理论联系实际和继承创新，力求突出以下特点：

（1）新颖性和可读性　如果教材叙述生硬枯燥，学生难以产生兴趣，就不利于其对课堂教学的理解。本教材在内容上强调理论创新和应用价值，以问题为中心展开阐述，通过案例增强教材的可读性和生动性，同时补充一些新知识、小常识等，使教材在内容上和形式上都更加丰富和新颖。

（2）实用性和可操作性　本教材在保障学科结构的系统性和完整性的基础上，突出实用性，围绕实际应用讲解理论，通过实例分析向学生说明人际沟通理论是如何应用于生活和工作实践的。本教材通过一些技能训练题目来加强可操作性，帮助学生做到将知识转化为技能。本教材涉及教学大纲规定的全部理论知识内容，并结合理论知识对案例进行相应的分析和总结。案例多为来源于实践的真实案例，具有可操作性，案例描述后提出相关问题，启发学生思考。

（3）创新性和前瞻性　本教材注重结合各个领域的特殊性，突出医药特色，同时补充医药领域的最新研究成果，力求反映最新的热点问题，让学生汲取前沿知识。

（4）基础性。本教材加强理论知识向岗位实践的过渡内容，以就业为导向，将先进的行动导向教学模式融入教材，为学生实习、走上岗位打下基础。

（5）突出"三基"，体现"五性"　突出"三基"（基础理论、基本知识、基本技能）和体现"五性"（思想性、科学性、先进性、启发性、适用性），使得知识点明确，学生好学，教师好教。注重创新能力和实践能力的培养，为学生知识、素质、能力协调发展创造条件；将教学改革和教学经验融入教材，帮助学生掌握所学课程的知识点。

本教材在编写过程中借鉴了国内外众多学者的研究成果，在此一并表示感谢。由于编者水平有限，书中难免有不足和疏忽之处，敬请广大读者批评指正。

为方便教师授课，我们为选择本教材作为授课教材的教师提供免费教学课件（PPT）、大纲及课后习题答案。请发以下邮箱索取：changay@126.com。

编　者

目　　录

前　言

第一章　人际沟通概述 ⋯⋯⋯⋯⋯⋯⋯⋯⋯⋯⋯⋯⋯⋯⋯⋯⋯⋯⋯⋯⋯⋯⋯⋯ 1

　第一节　沟通的含义 ⋯⋯⋯⋯⋯⋯⋯⋯⋯⋯⋯⋯⋯⋯⋯⋯⋯⋯⋯⋯⋯⋯⋯⋯⋯ 1

　第二节　沟通的种类 ⋯⋯⋯⋯⋯⋯⋯⋯⋯⋯⋯⋯⋯⋯⋯⋯⋯⋯⋯⋯⋯⋯⋯⋯⋯ 3

　第三节　沟通的要素 ⋯⋯⋯⋯⋯⋯⋯⋯⋯⋯⋯⋯⋯⋯⋯⋯⋯⋯⋯⋯⋯⋯⋯⋯⋯ 4

　第四节　沟通的基本原则 ⋯⋯⋯⋯⋯⋯⋯⋯⋯⋯⋯⋯⋯⋯⋯⋯⋯⋯⋯⋯⋯⋯ 7

　第五节　沟通的意义 ⋯⋯⋯⋯⋯⋯⋯⋯⋯⋯⋯⋯⋯⋯⋯⋯⋯⋯⋯⋯⋯⋯⋯⋯⋯ 7

　思考题 ⋯⋯⋯⋯⋯⋯⋯⋯⋯⋯⋯⋯⋯⋯⋯⋯⋯⋯⋯⋯⋯⋯⋯⋯⋯⋯⋯⋯⋯⋯⋯⋯ 9

第二章　人际关系 ⋯⋯⋯⋯⋯⋯⋯⋯⋯⋯⋯⋯⋯⋯⋯⋯⋯⋯⋯⋯⋯⋯⋯⋯⋯⋯ 10

　第一节　人际关系的含义 ⋯⋯⋯⋯⋯⋯⋯⋯⋯⋯⋯⋯⋯⋯⋯⋯⋯⋯⋯⋯⋯⋯ 10

　第二节　人际关系与沟通 ⋯⋯⋯⋯⋯⋯⋯⋯⋯⋯⋯⋯⋯⋯⋯⋯⋯⋯⋯⋯⋯⋯ 14

　第三节　人际关系与沟通的作用 ⋯⋯⋯⋯⋯⋯⋯⋯⋯⋯⋯⋯⋯⋯⋯⋯⋯⋯ 17

　第四节　影响人际关系的主要因素 ⋯⋯⋯⋯⋯⋯⋯⋯⋯⋯⋯⋯⋯⋯⋯⋯ 20

　思考题 ⋯⋯⋯⋯⋯⋯⋯⋯⋯⋯⋯⋯⋯⋯⋯⋯⋯⋯⋯⋯⋯⋯⋯⋯⋯⋯⋯⋯⋯⋯⋯ 24

第三章　沟通的主体与客体 ⋯⋯⋯⋯⋯⋯⋯⋯⋯⋯⋯⋯⋯⋯⋯⋯⋯⋯⋯⋯ 25

　第一节　概述 ⋯⋯⋯⋯⋯⋯⋯⋯⋯⋯⋯⋯⋯⋯⋯⋯⋯⋯⋯⋯⋯⋯⋯⋯⋯⋯⋯⋯ 25

　第二节　沟通的主体分析 ⋯⋯⋯⋯⋯⋯⋯⋯⋯⋯⋯⋯⋯⋯⋯⋯⋯⋯⋯⋯⋯⋯ 26

　第三节　沟通的客体分析 ⋯⋯⋯⋯⋯⋯⋯⋯⋯⋯⋯⋯⋯⋯⋯⋯⋯⋯⋯⋯⋯⋯ 32

　思考题 ⋯⋯⋯⋯⋯⋯⋯⋯⋯⋯⋯⋯⋯⋯⋯⋯⋯⋯⋯⋯⋯⋯⋯⋯⋯⋯⋯⋯⋯⋯⋯ 36

第四章　沟通障碍与沟通技巧 ⋯⋯⋯⋯⋯⋯⋯⋯⋯⋯⋯⋯⋯⋯⋯⋯⋯⋯ 37

　第一节　沟通障碍 ⋯⋯⋯⋯⋯⋯⋯⋯⋯⋯⋯⋯⋯⋯⋯⋯⋯⋯⋯⋯⋯⋯⋯⋯⋯⋯ 37

　第二节　沟通技巧 ⋯⋯⋯⋯⋯⋯⋯⋯⋯⋯⋯⋯⋯⋯⋯⋯⋯⋯⋯⋯⋯⋯⋯⋯⋯⋯ 44

　思考题 ⋯⋯⋯⋯⋯⋯⋯⋯⋯⋯⋯⋯⋯⋯⋯⋯⋯⋯⋯⋯⋯⋯⋯⋯⋯⋯⋯⋯⋯⋯⋯ 51

第五章　组织沟通、团队沟通、群体沟通 ⋯⋯⋯⋯⋯⋯⋯⋯⋯⋯⋯⋯ 52

　第一节　组织沟通 ⋯⋯⋯⋯⋯⋯⋯⋯⋯⋯⋯⋯⋯⋯⋯⋯⋯⋯⋯⋯⋯⋯⋯⋯⋯⋯ 52

　第二节　团队沟通 ⋯⋯⋯⋯⋯⋯⋯⋯⋯⋯⋯⋯⋯⋯⋯⋯⋯⋯⋯⋯⋯⋯⋯⋯⋯⋯ 57

　第三节　群体沟通 ⋯⋯⋯⋯⋯⋯⋯⋯⋯⋯⋯⋯⋯⋯⋯⋯⋯⋯⋯⋯⋯⋯⋯⋯⋯⋯ 61

　　思考题 ……………………………………………………………………………… 64

第六章　危机沟通 ………………………………………………………………… 65
　第一节　概述 …………………………………………………………………… 66
　第二节　危机的类型 …………………………………………………………… 69
　第三节　危机的预防 …………………………………………………………… 71
　第四节　危机的管理 …………………………………………………………… 73
　　思考题 …………………………………………………………………………… 77

第七章　会见与面谈 ……………………………………………………………… 78
　第一节　概述 …………………………………………………………………… 79
　第二节　会见与面谈的过程 …………………………………………………… 82
　第三节　会见与面谈的原则与技巧 …………………………………………… 84
　第四节　几种常见的会见与面谈 ……………………………………………… 90
　　思考题 ………………………………………………………………………… 100

第八章　人际冲突处理 ………………………………………………………… 102
　第一节　概述 ………………………………………………………………… 102
　第二节　人际冲突的原因及类型 …………………………………………… 104
　第三节　人际冲突处理策略及原则 ………………………………………… 107
　　思考题 ………………………………………………………………………… 113

第九章　倾听 …………………………………………………………………… 114
　第一节　概述 ………………………………………………………………… 114
　第二节　影响倾听的因素 …………………………………………………… 120
　第三节　倾听技巧 …………………………………………………………… 123
　　思考题 ………………………………………………………………………… 126

第十章　非语言沟通 …………………………………………………………… 127
　第一节　概述 ………………………………………………………………… 127
　第二节　副语言 ……………………………………………………………… 131
　第三节　身体语言 …………………………………………………………… 133
　第四节　环境语言 …………………………………………………………… 141
　　思考题 ………………………………………………………………………… 145

第十一章　口头沟通 …………………………………………………………… 146
　第一节　概述 ………………………………………………………………… 146
　第二节　口头沟通的方法 …………………………………………………… 152
　第三节　演讲的方法 ………………………………………………………… 158
　　思考题 ………………………………………………………………………… 161

第十二章 书面沟通 ·· 162

　第一节　概述 ·· 162

　第二节　书面沟通的应用过程 ·· 165

　第三节　书面沟通存在的问题 ·· 168

　　思考题 ·· 172

第十三章 跨文化沟通 ·· 173

　第一节　概述 ·· 173

　第二节　跨文化沟通的定义及重要性 ·· 175

　第三节　跨文化沟通的障碍及对策 ·· 180

　第四节　中西方文化与沟通 ·· 185

　　思考题 ·· 187

第十四章 医学人际沟通学概述 ··· 188

　第一节　医学人际沟通学的意义 ·· 188

　第二节　医学人际沟通学的研究对象与内容 ································· 192

　第三节　医学人际沟通学的教学方法 ·· 195

　　思考题 ·· 196

第十五章 医学人际沟通 ·· 197

　第一节　概述 ·· 197

　第二节　医患沟通的基本要求 ·· 198

　第三节　医患沟通的基本原则与技能 ·· 200

　第四节　特殊情况下的医患沟通 ·· 204

　　思考题 ·· 206

第十六章 药事活动中的医学人际沟通学 ·· 209

　第一节　概述 ·· 209

　第二节　药事活动中医学人际沟通学的应用 ································· 211

　第三节　药事活动中沟通的影响因素与分析 ································· 215

　第四节　药事活动中的医学人际沟通方法 ····································· 218

　　思考题 ·· 221

第十七章 医疗纠纷中的医学沟通 ·· 222

　第一节　医患沟通技巧 ·· 222

　第二节　医患沟通的实施 ·· 225

　　思考题 ·· 232

参考文献 ·· 233

第一章

人际沟通概述

学习要求：

掌握沟通的定义及内涵、沟通的要素，理解沟通的原则，对沟通的重要性有一定认识，了解沟通的方式，能对日常遇到的沟通行为做出判断，提高有效沟通的技能。

第一节 沟通的含义

沟通（communication）一词源于拉丁语的动词 communicare，意为"分享、传递共同的信息"，英文的"沟通"一词也曾被翻译为"交际"或"社交"，即社会上人与人之间使用语言等媒介进行思想、观念、情感、意志的交往、联系和相互作用的一种行为。

《现代汉语词典》中解释，沟通为"使两方能通连"。在中国，沟通一词本指开沟以使两水相通，后用以泛指使两方相通连，也指疏通彼此的意见。《左传·哀公九年》有云："秋，吴城邗，沟通江淮。"

《大英百科全书》说，沟通是"个体之间通过符号系统进行信息交换"（Communication，the exchange of meanings between individuals through a common system of symbols）。

《韦氏大辞典》认为沟通就是"个体之间通过符号、标识、行为进行信息交流的过程"（a process by which information is exchanged between individuals through a common system of symbols， signs, or behavior）。

哈罗德·拉斯韦尔（Harold Lasswell）认为，沟通就是"什么人说什么、由什么路线传至什么人、达到什么效果"。

赫伯特·亚历山大·西蒙（Herbert Alexander Simon）认为，沟通"可视为任何一种程序，借此程序，组织中的每一成员，将其所决定的意见或前提，传送给其他有关成员"。

斯蒂芬·P. 罗宾斯（Stephen P. Robbins）认为，沟通就是"意义的传递和理解"。

此外，沟通还被解释为用语言、书信、信号等进行的交往，是在组织成员之间取得共同的理解和认识的一种方法。

本书中将沟通的定义表述为：沟通是人与人之间、人与群体之间思想、感情、信息的传递和反馈的过程，也是以求达成共同协议的过程。

沟通是一项很重要的技能，是生活与工作中必不可少的。在现实生活中，我们需要与各种人打交道，通过各种方式与对方沟通，这在现实生活中是必行之路，所以应该多与人沟通，不断提高自己的沟通能力，掌握更多的沟通技巧。

一、沟通的实质

（一）沟通是一种符号象征

1）沟通是符号象征，包括文字、表情、动作、语调等。符号代表一定事物，但本身没有意义。

2）有效沟通的基础是双方使用同一种符号系统。

（二）沟通是一种社会活动

沟通是人的沟通，而人是具有社会性的，这就从本质上赋予沟通一定社会性的本质特征。

（三）沟通是信息的传递

用最通俗的文字表达沟通即为信息交流，是指主体将某一种信息传递给客体，并期望客体能做出反应的过程。

二、有效沟通

有效沟通是指在某些时间和场合，为了某些目的，借助某种方式传递信息、表达思想和感情，并能被人正确理解和反应，达到某种效果的过程。

第一，信息发送者清晰地表达信息的内涵，以便信息接收者能够正确理解；第二，信息发送者重视信息接收者的反应并根据其反应及时修正信息的传递，免除不必要的误解。

没有信息传递的活动不能称为沟通，但是沟通传递的不仅是信息。在有效沟通的过程中，我们必须理解一些谈话的规则。沟通除了传递基本的、常规的信息和思想以外，也在传递说话者或者信息发送者个人素质、涵养、礼仪等信息。

知识链接 1-1

> 德鲁克认为有效沟通的四原则包括：
>
> 1）听众/受众能感觉到沟通的信息内涵。
>
> 2）沟通是一种听众/受众期望的满足。
>
> 3）沟通能激发听众/受众的需要。
>
> 4）所提供的信息必须是有价值的。

第二节　沟通的种类

沟通可以按照不同的标准划分为不同的类型。

一、正式沟通与非正式沟通

（一）正式沟通

正式沟通是指在组织系统内部，以组织原则和组织管理制度为依据，通过组织管理渠道进行信息传递和交流。正式沟通具有约束力强、较严肃、权威性高、保密性强、可以使公共关系保持权威性等优点，也具有信息需要经过层层传递、灵活性弱、效率较低等缺点。

（二）非正式沟通

非正式沟通是指在正式渠道之外，通过非正式的沟通渠道或网络进行信息交流，常用来传递和分享组织正式活动之外的"非官方"信息。非正式沟通具有传播时间快、范围广、效率高、可跨组织边界传播等优点；但存在沟通主体较多、传播的信息容易失真等缺点。

二、语言沟通与非语言沟通

（一）语言沟通

语言沟通是指以语词符号为载体实现的沟通，主要包括口头沟通、书面沟通和电子沟通等。

（二）非语言沟通

非语言沟通主要包括身体语言沟通、副语言沟通、环境的控制等。

三、单向沟通与双向沟通

（一）单向沟通

单向沟通是指信息仅从发送者流向接收者。

（二）双向沟通

双向沟通则是指信息的发送者和接收者的角色发生改变，信息在两者之间双向传递的过程。

四、上行沟通、下行沟通与平行沟通

（一）上行沟通

上行沟通（upward communication）是指在组织或群体中，从低层次向高层次进行的沟通活动，多用于下属向上级的汇报或其他工作活动。

（二）下行沟通

下行沟通（downward communication）是指在组织或群体中，从高层次向低层次进行的沟通活动，多用于上级管理者向下属交代和指示工作。

（三）平行沟通

平行沟通（lateral communication）则是指组织内部同一阶层或职级的人员之间的横向沟通，多用于各部门的协调合作。

五、自我沟通与群体沟通

自我沟通中，信息的发送者和接收者的行为是由一个人来完成的，比如通过各种方式进行的自我肯定、自我反省等。

群体沟通，又称为小组或者团队沟通，是指在三个及以上的个体之间进行的沟通，个体和群体之间以及群体和群体之间的一对多、多对多的正式或非正式沟通。会议、演讲和谈判等都属于群体沟通。

第三节　沟通的要素

一、发信者

发信者（source）是具有信息并试图进行沟通的人，即信息源、信息发送者。他们开启沟通过程，决定以谁为沟通对象，并决定沟通的目的。信息发送者在实施沟通前，必须首先选

择沟通的信息。然后，这些信息还必须被转化为信息接收者可以接收的形式，如文字、语言或表情等。

二、受信者

受信者（receiver）是指接收信息发送者发出的信息的人，即听众/受众、信息接收者。信息接收者在接收一些信息之后，将这些信息转译为信息源试图传达的知觉、观念或情感，转译过程涉及一系列注意、知觉、理解和记忆等心理动作。

在沟通过程中，信息发送者与信息接收者的角色是不断转换的，信息发送者可以成为信息接收者，信息接收者也可以变成信息发送者。

三、编码和解码

编码（encoding）就是发送者将信息以接收者能够正确接收并识别的方式表达出来的过程。由于沟通的主体是人，所以信息的表示形式可以是语言、文字、图形、动作或表情等，丰富多样。

解码（decoding）是指接收者把送达的信息经过"翻译"而变成自身可理解信息的过程，是编码的逆过程。

编码和解码过程类似于电报传输中的加密和解密过程，双方如果要进行信息的准确传递，就必须遵循一定的规则。当然，在实际的沟通中，由于信息双方不同的主观意识和经验背景，接收者解码后获得的信息不一定就是发送方的本意，因此，选择合适的沟通编码方式就变得非常重要。

四、目标

目标（goal），也称为目的，是指发送者希望通过沟通而达成的目标。目标可能为以下的一项或多项：表达情感，建立联系，了解信息，说明信息，说服一致，改变行为等。

五、信息

从沟通意向的角度说，信息（message）是指信息发送者试图传达给别人的观念和情感。但信息发送者的个人感受不能直接被信息接收者接收，因而它们必须被转化为各种不同的可为别人所觉察的信号。在各种符号系统中，最为重要的是语词。语词可以是声音符号，也可以是形象（文字）符号，因为它们是可被觉察、可实现沟通的符号。更为重要的是，语词具有抽象指代功能，它们可以代表事物、人、观念和情感等自然存在的一切。因此，它们也为沟通在广度和深度上提供了最大的可能性。

语词沟通是以共同的语言经验为基础的。一方面，没有相应的语言经验，语词的声音符号就成了无意义的音节，形象符号也成了无意义的图画。如果对不懂汉语的人讲汉语，那么对方就不能从声音符号里面获得意义，沟通也就不能实现。另一方面，即使是使用同一种语言的，不同的人对同一个语词的理解也常常是有区别的。这是因为对于任何一个词义的理解，不同的人都有不同的经验背景。由于不同的人在词义理解上存在差异，因而实际上完全对应的沟通是很少的，更多的沟通都发生在大致对应的水平上。日常生活中人们时常出现误解，这也往往是对同一个语词的不一致理解所引起的。

六、媒介

媒介（channel）是指沟通时传达信息的方式。我们的五种感觉器官都可以接收信息，其中最大量的信息是通过视听途径获得的。日常生活中所发生的沟通也主要是视听沟通。常见的沟通方式不仅有面对面的沟通，还有以不同媒体为中介的沟通，电视、广播、报纸、电话等都可被用作沟通的媒介。但是，在各种方式的沟通中影响力最大的仍是面对面的沟通方式。

七、反馈

在沟通过程中，沟通的信息接收者也在不断地将信息发回给信息发送者，这种回返过程就称作反馈（feedback）。反馈可以将信息接收者接收和理解每一信息的状态告知信息发送者。如果反馈显示的是信息接收者接收并理解了信息，这种反馈就为正反馈。如果反馈显示的是信息没有被接收和理解，则为负反馈。信息接收者对信息源信息的反应处于不确定状态，叫作模糊反馈。模糊反馈往往意味着来自信息源的信息尚不够充分。

反馈不一定来自对方，我们也可以从自己发送信息的过程或已发出的信息中获得反馈，这种反馈为自我反馈。

八、噪声

影响沟通正常进行的因素叫作噪声（noise）。人类的沟通经常受噪声影响，因此，分析沟通过程不能不分析噪声问题，沟通过程中的任何一个环节都可能出现噪声问题，对沟通造成影响。信息源的信息不充分或不明确，信息没有被有效或正确地转换成可以沟通的信号，误用沟通方式，信息接收者误解信息等，都可以对沟通造成影响。

九、背景或环境

沟通过程的最后一个要素是背景（setting）。背景是指沟通发生的情境。它影响沟通的每一个要素，同时也是影响整个沟通过程的关键要素。在沟通过程中，许多意义都是由背景提供的，甚至语词的意义也会随背景而改变。

第四节　沟通的基本原则

一、目的性原则

人与人沟通时有其目的性存在，所以沟通具有目的性。

二、尊重原则

沟通者讲究言行举止的礼貌，尊重对方的人格和自尊心，尊重对方的思想情感和行为方式。只有给予对方尊重才能沟通；若对方不尊重你时，你也要适当地请求对方的尊重，否则很难沟通。

三、相容原则

沟通中，沟通者应心胸开阔、宽宏大量，把原则性和灵活性结合起来至为重要，尤其是在上级与下级的沟通中。

四、理解原则

沟通者要善于进行心理换位，尝试站在对方的处境上设身处地考虑、体会对方的心理状态、需求与感受，以产生与对方趋向一致的共同语言。要真正了解并理解对方，而不是把自己的观点强加给对方。不要只从自身出发考虑问题，要多从对方的角度考虑问题，多了解对方的看法并听取对方的建议，从对方讲话或行为的动机考虑，才能真正理解对方，得出的结论才能更符合实际，沟通才会更加顺利地进行并取得更好的效果。

第五节　沟通的意义

一、人际沟通

（一）心理健康和自我完善

人是社会性动物，沟通是帮助人们获取社会性的有效手段和路径。人需要在沟通中获取同伴的认同及族群的归属，在沟通中获取心智的成长和技能的成就。保持与外界良好的沟通是保持心理健康的重要方法，沟通贯穿人的一生，是人的生存本能。

（二）事业成功需要沟通

无论是哪一层次需要的满足，都离不开与外界的沟通和交流。从个人事业发展和成长的角度来讲，有效沟通的能力往往是决定一个人的社交能力能否得到提升的一个关键的个人特征。

二、沟通对组织的意义

沟通是组织存在和发展的基础。

（一）组织内部的沟通

信息沟通是将一个组织的成员联系在一起以达到共同目的的手段，这一点至今仍是组织沟通的基本职能。如果没有沟通，一个群体的活动就无法进行，因为没有信息交流就不能进行协调合作，更不能进行调整和变革。对组织而言，沟通能满足整体优化的需要。尤其是在现代社会，沟通能满足整合企业智力资源的需要。沟通是组织内领导者激励下属、实现领导职能和提高员工满意度的基本途径。

沟通对发挥企业内部各职能部门的作用是至关重要的，有效的沟通能把组织众多的管理职能整合成一个整体。

（二）组织外部的沟通

沟通将组织与外部环境相联系。组织需要与其他组织、政府部门以及公众等相关群体沟通。通过沟通，组织能够了解社会的需要、政府部门的规定、相关群体的需求。

（三）组织沟通与员工行为

研究表明，沟通的开放性与组织绩效、工作满意感、角色明确和信息量呈正相关关系，即组织成员之间的沟通越开放，员工的工作满意感越高，组织的绩效也越高。沟通不良可能导致一系列问题，研究显示80%的管理者认为沟通方面的问题是造成他们工作困难的原因之一。

（四）沟通是社会发展、进步的必要手段

从个人、团队到企业、国家，都需要并且应该重视沟通。第一，沟通和对话是世界发展的需要。第二，沟通是社会发展的必要条件。沟通能使人类走向和谐、进步。

三、沟通对管理的意义

从管理的主体上来看，管理必然是沟通。

从管理的过程来看，也是一刻都离不开沟通。

从管理的功能上来讲，沟通更是管理的主要方法和途径。

思考题

1. 什么是沟通？

2. 沟通的要素有哪些？

3. 沟通的主要原则有哪些？

4. 沟通的种类有哪些？

5. 沟通的意义是什么？

第二章

人际关系

学习要求:

    掌握人际关系的含义、特点及内涵，以及影响人际关系的主、客观因素；对良好的人际关系与沟通技巧在现代社会中的重要作用有一定认识；能够在人际沟通中克服各种障碍，掌握一般的技巧及沟通策略，形成合理的人际行为模式。

第一节　人际关系的含义

    人际关系指的是人们在社会生活中，通过物质交往和精神交往而发生、发展和建立起来的人与人之间的关系。按照社会角色，人际关系分为家庭关系、工作关系、社会关系等。一个人在一生中要担当多种社会角色：家庭和睦是人际关系和谐的基础，所以在家庭中要协调好各种关系，使家庭和睦；在工作中又存在同事关系、上下级关系；在社会中又有朋友关系、同学关系、师生关系、战友关系等。这些关系的处理对个人成长有十分重要的意义。

    和谐、友好、积极、亲密的人际关系都属于良好的人际关系，对于一个人的工作、生活和学习是有益的；相反，不和谐、紧张、消极、敌对的人际关系则是不良的人际关系，对一个人的工作、生活和学习是有害的。在现实生活中，没有人不需要人际关系，即使是再封闭的人也有自己的人际关系网。社会心理学的调查研究表明，良好的人际关系是一个人心理正常发展、个性保持健康和生活具有幸福感的重要条件之一。轻松和谐的氛围能充分调动人的积极性，为各项工作提供强大的动力和支持。

知识链接 2-1

美国卡耐基教育基金会在研究中发现，在工程界约有15%的人认为其成功缘于技术方面的知识，而85%的人却认为他们的成功缘于人类工程学的知识——个性与领导他人的能力。这就是人们常说的"一个人的成功15%靠的是专业知识，而85%要靠人际关系、处世技巧"的由来。善于与人交往的人能很好地处理人际关系。在我们身处的市场经济的年代，对于每个人来说，人际关系显得比以往任何时候都更加重要。一般来讲，一个人如果只拥有工程、计算机或财会这样的专业知识，可能只能得到普通水平的收入，但如果还拥有善于与别人沟通、影响他人和领导他人的能力，那很快就能够获得职位的提升并得到较高的收入了。

一、人际关系的特点与行为模式

（一）人际关系的特点

1. 社会性

人是社会性群居动物。人产生和保持社会性的主要渠道是必须与人交往形成人际关系。人类区别于动物的根本属性就是人的社会属性。

2. 复杂性

由于人的交往对象是人，而人的思想、感情、需求和态度等都有不同，这就决定了人与人交往的复杂性。同样的生活，有的人幸福和谐，而有的人纷争不断；同样的工作，有的人处处受欢迎，而有的人到处受排挤。原因就在于有的人善于处理复杂的人际关系。

3. 多重性

每个人在社会交往中都扮演着不同的角色，可能为人夫或妻、为人子女、与人为友、与人为敌等，只不过在特定的时间、地点，某种角色被强化或减弱罢了。

4. 多变性

随着时间的推移，人际关系的范围、对象和密切程度等可能都在发生变化。十年河东、十年河西，谁都有需要别人帮助的时候。

5. 目的性

人与人交往的原因是为了满足双方的需求。好的人际关系能带来很多的利益，如获得信息、解决实际问题、达成合作等。

知识链接 2-2

乔治·埃尔顿·梅奥（George Elton Myao，1880—1949）是美国行为科学家、人际关系理论和行为科学理论的创始人、美国艺术与科学院院士，其代表作是《工业文明的人类问题》。梅奥与其合作者在研究人际关系方面，于 1923 年—1926 年和 1927 年—1932 年分两阶段实施了有名的"霍桑实验"，提出：良好的人际关系，如对于人的尊重、理解和倾听以及创造和谐的环境，可以提高工人的工作积极性和工作效率。霍桑实验为梅奥的人际关系理论奠定了坚实的基础。

现阶段倡导的和谐社会，从梅奥的人际关系理论角度来理解，就是要创建一种诚心友爱、安定有序、和谐自然的社会环境，使人在这种社会环境中老有所养、幼有所教、贫有所依、难有所助、鳏寡孤独废疾者皆有所养。

（二）人际关系的行为模式

特定的人际关系会表现出特定的人际行为模式，一方的行为表现会引起对方相应的行为反应。

1. 利瑞的人际关系行为模式

利瑞（T. Leary）的人际关系行为模式包含以下类型：

管理—服从型：由管理、指挥、劝告、指导和教育等行为引起对方做出尊重和顺从等反应。

帮助—接受型：由帮助、支持和同情等行为引起对方做出信任和接纳等反应。

同意—温和型：由合作、赞同和友谊等友好行为引起对方做出协助、温和、友好等反应。

求援—帮助型：由尊重、信任、赞扬和请求帮助等行为引起对方做出帮助、劝导等反应。

害羞—控制型：由怯懦、害羞、礼貌、敏感和服从等行为导致对方做出骄傲、控制等反应。

反抗—拒绝型：由反抗、怀疑、异样和厌倦等行为导致对方做出惩罚或拒绝等反应。

攻击—敌对型：由攻击、惩罚、责骂等不友好行为引起对方做出仇恨、敌对和反抗等反应。

炫耀—自卑型：由夸张、拒绝、偏激和自炫等行为引起对方做出不信任或自卑等反应。

2. 霍尼的人际关系行为模式

霍尼（L. P. Horney）的人际关系行为模式包含以下类型：

谦让型：具有"朝向他人"的行为特征，总猜测他人是不是喜欢自己，努力做到让他人喜欢自己。

进取型：具有"对抗他人"的行为特征，喜欢与他人竞争，总在与他人比较，考虑他人对自己是否有用。

分离型：具有"疏离他人"的行为特征，总在考虑他人的行为是不是干扰了自己。

知识链接 2-3

> 戴尔·卡耐基（Dale Carnegie）先生载誉世界的《人性的弱点》一书里总结了与人相处的 39 条原则，对为人处世非常有帮助。目前，我国多个城市开设了卡耐基人际关系教育机构。如武汉卡耐基教育机构，借鉴卡耐基先生教育哲学、结合中国人的心理特点设置了《人际关系》训练课程，其目的就是帮助人们解决社会生活中最重要的问题——如何与工作、生活中的人相处得更好并影响他们，使自己广受欢迎，赢得更多的机会与合作。卡耐基培训部自主开设"人际关系特训营"，通过最专业、最系统的"人际关系"培训，采用课堂讨论、课后实践的"知行合一"的教学形式，让学员拥有良好人际关系，从教学实践中获得最大的收益。

二、建立良好人际关系的策略

重视印象整饰：有意识地控制自己在别人心目中的形象的过程。通过有意识地修饰、主动而适度地展现自己的形象，在他人心目中形成良好的印象，尤其是良好的第一印象。

主动提供帮助：通常情况下，只有当一种人际关系对人们有帮助时，才是值得建立的。在日常工作和生活中，一个人肯定会遇到各种各样的困难，我们应该主动提供帮助，记住：搬开别人脚下的绊脚石，有时恰好是为自己铺路。

关注对方的兴趣：只有当双方的兴趣和关注点汇聚在一起时，才能真正起到有效沟通和加强相互关系的作用。

肯定对方的价值：称赞是对他人的肯定，与人交往时，注意经常给予他人恰如其分的肯定，注意在逆境时给予鼓励，在事后给予肯定，对不明显的优点给予肯定。

经常互致问候：在沟通中把重点放在他人和他人的需要上。如真诚地赞美他人，谈论他人感兴趣的话题，时刻让他人感觉到他是最重要的。

如果我们拥有良好的社会关系，我们就会更健康、更快乐。反之，如果没有一个良好的社会关系或者社会关系很糟糕，我们就会产生孤独、寂寞和无助等消极情绪。建立良好的人际关系是最让人感到快乐和振奋的积极的生活事件之一，而失去良好的人际关系是最糟糕、最让人难过的事件之一。

知识链接 2-4

> 有一项针对高级经理人的调查发现，决定下属升迁时，"印象"是位居"相处时间"之后的第二大影响因素。所以，在职场中，除了要顾好"里子"，还必须用心做好"面子"工作！
>
> 有效的印象整饰技巧：

1）穿着专业、得体。

2）充满自信、愉快。

3）办公桌井然有序。有人说过："一个人的房间有多乱，就表示他心有多乱。"

4）乐于助人。管理研究发现最受欢迎的人是有团队精神、乐于助人的人。

5）表现良好的职业道德。

6）在压力下表现冷静。许多主管表示，抗压能力是他们考核下属升迁时的重要指标之一。

7）仔细倾听，表达尊重。

第二节　人际关系与沟通

一、人际交往的含义

人际交往也叫人际沟通，是指个体通过语言、文字或肢体动作、表情等表达手段将某种信息传递给其他个体的过程。通常人际交往有赖于以下条件：

1）发送者和接收者双方对交往信息的一致理解。

2）交往过程中有及时的信息反馈。

3）适当的传播通道或传播网络。

4）一定的交往技能和交往愿望。

人际交往是和谐相处的一部分，是人际关系的具体表现形式，通过人与人的相互作用与相互影响，相互提供产品或服务。从表面上看，人际交往活动在形式上是复杂多样的，在时间上是随机发生的，在内容上是零碎烦琐的，在对象上是瞬息多变的，似乎不存在任何确定性和规律性。事实上，人际交往是商品交换的广义形式，与商品交换一样遵循着"等价"的基本原则，而这个"等价"原则一方面需要借助于社会的各种政治、经济和文化方面的外部约束力来维护，另一方面需要借助于个人的情感和意志所产生的内部引导力来维护。

知识链接 2-5

同学是大学生人际交往的基本关系，也是大学生人际交往的主要对象。大学校园里的同学关系总体来说是和谐的、友好的，同学之间的关系有亲情化、家庭化的趋势，即在日常生活、学习中创造一种如同亲属一般和谐、稳固的同学关系。大学生之间的交往最普通，也最微妙、最复杂：一方面，大学生之间年龄相仿，经历相同，兴趣爱好相近，又共同生活在一个集体中，学习相同专业，沟通与交往容易；另一方面，大学生来自不同地域，有不同家庭背景、生活习惯，个性气质差异较大，而且在大学里相互之间空间距离小，交往密度高且自我空间相对狭小，对人际关系交往的期望值较高，一旦得不到满足，就容易采取消极退避的态度。

大学生之间比较密切的关系有：班级内的同学关系、宿舍关系、老乡关系和社团关系等。班级内的同学关系以学习与班级活动为主，而宿舍关系以情感交往与生活交往为主，老乡关系以情感交流为主，社团关系以兴趣与工作交往为主。

二、良好的人际关系与沟通技巧

虽然每一个人都有不一样的观念、不一样的行为方式，但仍有一些共通的模式、正确的方法、快速的技巧能够实现美好的人际沟通、成功的人际关系。相信以下几种技巧在人际交往中能起到很好的作用。

1. 学会有效地倾听

有效地倾听能增加信息交流双方的信任感，是克服沟通障碍的重要技能。要提高倾听的技能，可以从以下几方面去努力：

1）使用目光接触。

2）展现赞许性的点头和恰当的面部表情。

3）避免分心的举动或手势。

4）要提出意见，以显示自己不仅在充分聆听，而且在思考。

5）复述，用自己的话重述对方所说的内容。

6）要有耐心，不要随意插话。

7）不要妄加批评和争论。

8）使听者与说者的角色顺利转换。信息传递链过长，会减慢信息流通速度并造成信息失真。因此，要减少沟通环节，拓宽信息渠道。在利用正式沟通渠道的同时，也可以开辟非正式的沟通渠道。

2. 正直、诚恳、热情

一般来讲，品性好、能力强或具有某种特长的人容易受到他人的喜爱和尊重，所以在与他人接触的过程中要热情、真诚、坦率、友好、有责任感，真诚地赞美他人（比如"您太棒了！""您的这个建议对我启发很大，谢谢您！""我在这方面有欠缺，要拜您为师！"等），同时在顺利完成学习、工作的前提之下，适当施展自己的才华，表现自己的特长，以得到他人的接纳、信任和尊重。

知识链接 2-6

医患关系模式

（1）医生权威式模式　在这种模式中，医生是医疗技术的掌握者，患者是为谋求医疗技术的帮助而来的，所以在医疗过程中医生做出决定，患者只能被动服从。这种医患关系模式类似于父母与子女的关系，故也称为"家长主义模式"。

（2）患者自主式模式　患者自主式模式是对"家长主义模式"的逆反。在这种模式中患者成为顾客，医生及其医疗行为受患者的意见影响。

（3）医生及患者道德模式　这种模式要求医生尽其道义上的职责，在做出医疗决策时充分考虑患者的利益，给予患者较多的决定权，并帮助患者实现这些权利。而患者则应该充分尊重医生、信任医生，把自己的健康和生命托付给医生。所以这种医患关系模式又可以称为"信托式模式"。在这个模式中，医患双方在道义上、责任上的要求都可得到满足。这种模式的实现，需要有良好的医患关系为基础：①医生应将患者的利益放在首位，体现"以患者为中心"的理念。②医生和患者应该有良好的沟通，医疗决策中的关键部分应实事求是地向患者及其家属介绍。③医生应理解，对患者人格的尊重是其职责所在，相互尊重本是人际关系的基础。④患者应信任医生，对纯技术性问题应尊重医生的决策，并应该理解这样做并不影响自己独立、自主的人格，从而主动地接受医生的建议。

3. 肯定对方、尊重对方、赏识对方，学会换位思考

以承认、理解、接纳和尊重他人为基础，才能赢得他人的承认、理解、接纳和尊重，因此只有以换位思考、将心比心、以诚换诚的心态和行为来与他人相处，才能达到心灵的沟通和情感的共鸣。只有这样，才可能获得他人的支持、鼓励、认可和肯定；也只有这样，才能产生愉悦、快乐、幸福与和谐的情绪，并体现出自我价值。通过观察和模仿，我们会渐渐地发现，自己的人际交往能力有意想不到的改进。要时时处处站在他人的角度来考虑问题，要经常与他人合作，在取得成绩之后，要与他人分享；给他人提供机会，帮助其实现生活目标；当他人遭遇困难、挫折时，伸出援助之手，给予帮助。要胸襟豁达，乐于接受他人及自己。当他人取得成绩时，要不失时机地给予赞扬和祝贺；这种赞美的话语会给被赞扬者带来快乐，引起积极的情绪反应。

情绪具有传染性，一个人快乐也会给周围的人带来快乐。快乐会打破人际关系的僵局，使人际关系变得融洽。平时还应注意以下几点：①会话交谈时，目光注视对方；②在听到对方的内心秘密后不要把内容泄露给他人；③不在背后批评别人，保住对方的面子。

4. 承认真实的自我

承认真实的自我，并将它展示在众人的面前，即老老实实地承认自己在别人心目中的形象。

心理学研究表明：人们并不喜欢一个各方面都十分完美的人，一个各方面都表现优秀而又有一些小小缺点的人最受欢迎。所以我们不用太在意自己的缺点，要有足够的信心。

5. 幽默、弹性、接纳

幽默给人放松自在的感觉；弹性不会给人压力、压迫感；接纳是一种宽容、包容。所谓"己所不欲，勿施于人""克己复礼""吾道一以贯之""忠恕"，都是在阐述做人的道理，所以丰富自己的风格，培养宽容、包容的气度，有助于提升人际交往能力。

6. 不批评、不责备、不论断

批评使人不舒服、不快乐；责备、论断他人使人抱怨、埋怨，甚至消极、痛苦、拒绝、悲伤。所以与人交往时要尽量做到不批评、不责备、不论断。

以上人际沟通的方式、技巧，将使复杂的、不同价值观的人际关系距离缩短、差异性减少、相似性增进，从而创造良好的人际共识。

总之，我们在人际交往中要树立自信，提高自己各方面的素质，勇于实践，善于总结，在学习中实践、在实践中学习，不断完善自己、丰富自己，逐渐走向人际交往成功，走向人生成功。

第三节 人际关系与沟通的作用

在现实生活中，我们总是不可避免地与人进行沟通和交流，心理学认为人具有社会性，人与他人相处就像需要食物、水、住所等一样重要。在职业生涯中，沟通是一件很重要的事情，不管是对上司、下属、同事、客户，还是对其他人，都需要良好的沟通，否则很多事情会事倍功半。

良好的沟通会让我们在为人处世中游刃有余，会让我们结识更多的朋友，享受生活的乐趣，使生活变得更加精彩。在现代社会中，人际关系与沟通对我们非常重要，无论在我们工作、学习，还是生活中，它都扮演着十分重要的角色，起着积极作用。

知识链接 2-7

人际交往分析（transactional analysis，以下简称 TA）又称交互、沟通分析，是艾瑞克·伯恩（Eric Berne，美国心理学家）创立的。国际沟通分析协会所下定义是："TA 是一种人格理论，也是一种系统的心理治疗方法，以达到使人成长和改变的目的。"

就人格理论来说，TA 很清楚地描绘出人的心理结构，它以自我状态模式来描述人格的三个部分；这个模式还帮助我们了解不同的人格是如何影响人的行为的。TA 还可以延伸并应用到组织和机构中。

在实际应用上，TA 确实提供了一种系统的心理治疗方法，适用于各种类型的心理问题（从日常生活的问题到严重的精神疾病），还可以用个人治疗、团体治疗、夫妻治疗和家庭治疗等不同方式来进行。除心理治疗这个领域以外，TA 还能应用到教育方面，帮助老师和学生保持清楚、畅通的沟通，避免无益的冲突，特别适用于教育咨询方面。TA 也是机构中管理和沟通训练的好方法。许多行业的工作者如社会工作者、警察、法官、职业经理人、人力资源师等都常运用 TA。

在所有需要了解人、人与人的关系和联系的范畴中，TA 都适用。

一、获得更多信息，促进社会化信息交流

现代社会是一个信息开放的社会，获得信息不仅是现代人事业成功的保证，也是人类的生活、学习和自我教育中至关重要的因素。我们直接从书本上获得的知识信息毕竟是有限的，在现代社会潮水般涌来的新信息面前只是沧海一粟，借助人际关系与沟通的平台，每个人都能获得大量有用的信息。

二、促进人的自我意识的提高

交往活动是促进人们自我认识的基本途径。歌德说过，人只有在人与人之间才能认识自己。事实上，人们对自己进行观察评价时，把别人当作认识自己的镜子，常要以别人对自己的反应作为评价的依据，因此，人们在与别人交流和沟通的同时，也就得到了形成自我评价的必要知识。所以，通过广泛的交往和比较，人就能逐渐形成较为恰当的自我意识，既能避免自我的"夸大"，又能克服自我的"萎缩"。

三、有助于人的心理健康

弗兰西斯·培根曾说：如果你把快乐告诉一个朋友，你将得到两个快乐；而如果你把忧愁和一个朋友倾吐，你将被分掉一半忧愁。良好的人际关系与沟通使人的紧张情绪得以放松，使人的归属、安全、友谊等需要得到满足，自尊心和自信心大大增强，内心的冲突与苦闷得到缓解，促进了人的心理健康，使人充满着喜悦和快乐。

四、完善人的个性发展

人际关系与沟通是人的个性发展和完善的条件。人们在人际沟通中认识自己的个性、展示自己的才华，相互影响，发展和完善自己的个性。正如法国作家巴比塞（Henri Barbusse）说的那样：个性和集体配合起来，才不会失去个性，相反，只有在集体中，个性才能得到高度的察觉和完善。

五、消除人际交流中的障碍

人际关系与沟通是人们社会生活的重要内容之一，自我的发展、心理的调适、信息的吸收、各种不同层次需求的满足、人际关系的协调，都离不开人与人之间的沟通。每个人，都希望善于沟通，都希望通过沟通建立起和睦的家庭关系、亲属关系、邻里关系、朋友关系、同学关系、同事关系……而这些良好的社会关系可以使个人在温馨怡人的环境中愉快地学习、生活和工作。

六、协调人际交流中的各种关系

没有一个人可以不依靠他人而独立生活，这本是一个需要互相扶持的社会，先主动伸出友谊的手，我们会发现原来四周有这么多的朋友。在生命的道路上我们更需要和其他人互相扶持，共同成长。学会合作，善于与人合作，具备一定的交际能力，处理好各种人际关系，是一个人生存的基础，也是一种驾驭生活、完善自我的能力。

七、实现组织或个人目标的重要途径

人际关系与沟通是组织的成员与组织内外部成员交往过程中形成的一种相互影响、相互依存的联系。良好的人际关系具有交流信息、提供信用机制、交换社会资源、增强组织凝聚力的功能。良好的沟通可以改善组织中的人际关系，建立和发挥企业的团队精神，更好地实现组织或个人的目标。

社会生活中的每一个人都生活在人际关系网中，每个人的成长和发展都依存于人际交往。人际关系的好坏往往是一个人心理健康水平、社会适应能力的综合体现。现代社会是一个开放的社会，开放的社会需要开放的社会交往。特别对于正在学习、成长中的大学生来说，人际交往是生活的基本内容之一。同学之间、师生之间、老乡之间、室友之间、个人与班级以及个人和学校之间等错综复杂的社会交往，构成了大学生人际交往的网络系统。培养良好的人际沟通能力，不仅是大学生活的需要，更是将来适应社会的需要。一个没有交际能力的人，就像陆地上的船，是永远无法漂泊到壮阔的大海中去的。

第四节　影响人际关系的主要因素

知识链接 2-8

　　早在 20 世纪六七十年代，西方学者就编制了有关量表以测试人际信任，其中马基雅维利主义量表是代表。罗特（J. B. Rotter）运用社会学习理论，研制了人际信任量表，该量表测出：家庭背景、社会阶层等因素影响了人际信任，造成了人际信任的差异，但在对性别这一因素的测量上，未发现人际信任的区别。国外研究者对人际信任的界定主要可分为以下三种。①单因素论，即认为人际信任是由某种单一成分构成的。②相对论，即认为人际信任同时具有信任和不信任两个方面，只是在具体的信任事件中各自所占的比例不同。如：埃里克森(E. H. Erikson）将信任与不信任作为心理发展的第一个阶段主要任务；Sacchi 通过因素分析考察了青少年人际信任包括的相对信任和不信任、一般不信任和相对信任、一般信任三个因素。③整合论，即认为人际信任包含多个维度和层次，是一个复杂的心理结构。如伦佩尔（Rempel）等认为人际信任包括可预测性、可信赖性和信念三种成分。

　　罗滕伯格（Rotenberg）认为人际信任是由信任的基础、信任的领域、信任的目标三个不同的维度构成的一个立体结构。美国临床心理学家盖勒（Geller）研究了人际信任的内涵，提出了建立人际信任水平的"7C"法则。该法则涉及沟通（communication）、关心（caring）、坦白（candor）、一贯（consistency）、投入（commitment）、一致（consensus）和个性（character）。

　　影响人际关系的主要因素可从主观、客观两大方面来分析。

一、主观因素

　　许多研究表明，人际关系受阻主要是个体主观方面的原因造成的，最典型的表现就是自卑、自负、猜疑、胆小、害羞、嫉妒等。本书认为，人际关系的主体是人，人际关系的好坏直接取决于个体的综合素质，因而，影响人际关系的主观因素主要包括心理因素、认知因素和社交能力因素。

（一）心理因素

　　人际关系是一种建立在心理基础上的社会关系，所以在影响人际关系的各种因素中，心理因素是最主要和最重要的因素。知识层次越高的人，心理因素对其影响就越大。

　　（1）性格因素　性格一旦形成，就很难改变，它表现为人们对现实和周围世界的态度和行为，主要体现在对自己、对别人、对事物的态度和所采取的言行上。性格外向的人一般乐于与人交往，但是也可能性情急躁，易引发冲突；性格内向的人，平素不擅与人交往，总是表现出对人冷漠、不善言谈，因而给人造成独来独往的印象。性格因素是影响个体能否成功地进行人际交往的重要因素，许多人际交往障碍来源于其不良的性格特征，如情绪无常、冷淡、自私、太过敏感等。

（2）自尊心理　随着个体自我意识的不断发展和成熟，人的自尊心越来越强，但人们对如何行使、维护、发展自己的自尊心却茫然无知。这样可能会导致个体产生过分自尊，而成为人际交往的一大障碍。

（3）自卑心理　自卑心是人际交往的一大阻碍。所有人均有不同程度的自卑。自卑心理的表现形式多种多样，尤为常见的是，用他人长处与自己短处比，而后自认为自己无能、前途无望，因此，畏首畏尾，犹犹豫豫，缩手缩脚，使他人也真的不愿意与之交往。

（4）害羞心理　害羞是人类进化而产生的意识，但在人与人的交往中它会使人很难与他人交往，使人无法清楚地、充分地表达自己的见解，故而有碍于彼此接近和了解。害羞心理严重的人总担心自己被他人否定，把他人看作是自己的"法官"，这使他们在一群人特别是异性的陌生人中，总觉得不自在，从而影响交往。

（二）认知因素

个体对事物的认识不仅取决于事物本身的特点，而且与个体本身的情绪、需要、动机、气质、经验有密切的关系。所以，认识过程在接收、处理各种信息时带有主观成分，并不一定提供对客观事物的正确认知。当代青少年通常具有较强的自我意识，但大多数缺乏交往经验，看待问题较主观，又容易急躁，听不进任何相反的意见，因而极易出现认知偏差。

社会认知和自我认知是影响人际关系的最基本因素。

社会认知是建立人际关系的前提和基础。社会认知，是指个人在与他人交往接触时，根据他人的外在行为，推测与判断他人的心理状态、动机和意向，从而决定是否与其交往和怎样交往的过程。要想建立良好的人际关系，必须先有正确的社会认知。由于青少年时期交往的特点，社会认知偏差对青少年这一交往主体的人际交往而言，影响突出且常见。其中影响较大而又十分常见的社会认知偏差主要有：首因效应、近因效应、晕轮效应、刻板效应及投射效应。

自我认知是建立良好人际关系的重要因素。自我认知，是指自己对自己的知觉认识，包括对自己身体、欲望、情绪、态度、思想、品质、能力诸方面的认识。正确的自我认知是人们选择正确的态度和行为去适应外界环境需要、建立良好人际关系的条件之一。自我认知又分为积极的自我认知和消极的自我认知。积极的自我认知是指个体能够实事求是地认识自己、客观地评价自己，从而更好地适应社会的需要，从容地与人交往、与人相处，有利于建立良好的人际关系。消极的自我认知则相反。

（三）社交能力因素

社交，是指社会上人与人的交际往来，是人们运用一定的工具传递信息、交流思想，以达到某种目的的社会活动。当今时代，经济和社会环境的变化使得人与人之间的交往显得更加重要，社交能力成为健康生活和成功事业的必备技能，因为我们只有不断地与各类人员交往和进行信息沟通，才能不断地丰富自己、发展自己。

当代青少年大多是"80后""90后"的独生子女，从小在家集万千宠爱于一身，容易养成以自我为中心的思维习惯，个别人缺乏与人平等相处的经验，遇事不懂设身处地为他人着想，缺乏换位思考的理念，在人际交往中往往凭自己的感觉、直觉、情绪和所谓的经验处理自己所面临的人际问题，社交能力一般比较差。社交能力受多种因素的影响，比较重要的有理解能力、语言表达能力、人际沟通能力等。青少年大多仍在学校，还未进入社会，社会经验和与人合作的机会不多，不能有效地培养自身的社交能力。人际关系的技巧不足时，往往好心办坏事，明明想要表达关心，却被人误解为讽刺；明明是想认错，却被人误解为高高在上。个体的人际交往能力在很大程度上决定其与整个现代化社会的融合程度，决定个体是否能够实现自身的价值以及实现的程度。

知识链接 2-9

> **提升情商**
>
> 情商（Emotional Quotient，EQ）是什么呢？情商指的是管理情绪的能力。高情商的人能够恰当地处理自己的情绪，对事与对人能有合理的想法，适当地运用情绪信息来指引自己的思考与行动，表现出合宜的行为。在表达情绪时，宜选择合适的时机以及场合，以对方能接受的方式清楚表达。例如：表达者要避免一开口就噼里啪啦说一大堆感觉，当一个人已经忙得焦头烂额或是在气头上时，不可能要求他好好地倾听表达者的感受和想法。错误的情绪表达，会让彼此关系更为紧绷，往往在无意中伤害对方或是让自己受伤。当不悦的情绪由心中升起时，要敏锐觉察，不必急着处理眼前的冲突问题，不妨给自己几秒钟，甚至几分钟时间，做做深呼吸，或离开现场，让自己激动的情绪逐渐舒缓下来。

二、客观因素

在影响人际关系的因素中，起支配和决定性作用的是交际主体个人方面的主观因素，但每个人都是生活在不同的家庭环境和特定的社会背景下的，因此人际关系同时还受个体难以选择或避免的客观因素的影响，如时空接近、态度相似、需求互补、外表相悦、个性吸引等。

（一）时空接近因素

俗话说"远亲不如近邻"，这说明空间距离对人际交往有重要影响，因为距离的远近将直接影响人际交往的频率。空间距离越近，人们的交往机会就越多，交往的频率就可能越高，就越容易形成密切的关系。例如，上学时同班同学之间交往机会多，而工作后部门同事之间交往机会多，彼此容易形成一些共同经验、共同话题或者共同感受，从而建立起较密切的交往关系。值得注意的是，时空接近因素仅仅是对人际关系首先起作用的因素。

（二）态度相似因素

对某种事物有相似的态度，如共同的理想、信念、兴趣爱好等，容易引起思想上的共鸣与行为上的同步，形成密切的关系。这种情况明显地反映在大学生的非正式群体中。

（三）需求互补因素

在交往中，人们喜欢各方面相似的朋友，但有时却觉得过于相似会使人际关系显得单调而缺少变化。同是冷静、严肃的人，之间的交往可能过于沉闷；一个炮筒子脾气的人能和另一个性情随和的人结为至交；一个喜欢指点别人的人容易和另一个希望得到别人指点的人成为亲密伙伴。这都是因为有一种互补的需求。在大学生人际交往中这种需求互补因素也有体现，有些学工科的学生愿意和学文科的学生交往，正是这个原因。

（四）外表相悦因素

外表相悦因素在人际关系形成初期起着相当大的作用。若细心观察你会发现，长相俊美的男女身边，常常会有些人簇拥着。相悦是指彼此能给对方带来愉悦感，主要表现在人与人之间感情的相互接纳、肯定和接触的频次上。在日常生活中，人们往往喜欢那些喜爱自己和赞赏自己的人，在他人的评价中了解自己在他人心目中的地位，在他人的赞誉中树立自己的自尊，从而产生一种被承认和被接纳的满足感，从对方友好的态度中感受到愉快，对方也就对自己产生了吸引力。

（五）个性吸引因素

所谓个性，就是指一个人在思想、性格、品质、意志、情感、态度等方面不同于其他人的特质，这个特质表现于外就是他的语言方式、行为方式和情感方式等。任何人都是有个性的。在日常的人际交往中，我们会发现，有的人行为举止、音容笑貌令人难以忘怀；而有的人则很难给他人留下印象。有的人虽只见过一面，却给他人留下长久的回忆；而有的人尽管长期与他人相处，却从未在人们的心目中掀起波澜。出现这种现象的原因就是个性吸引因素。一般来说，鲜明的、独特的个性容易给人留下深刻的印象，而平淡的个性则很难给人留下印象。不管是哪一种倾向性的个性特征，也不管这种特征是鲜明的还是平淡的，它都表明了一种个性。心理特征人人都有，精神面貌也人人都有。从这种意义上来说，世界上不存在没有个性的人。个性对于一个人的活动、生活具有直接的影响；对于一个人的命运、前途有直接的作用。不同的个性会吸引不同类型的人与之交往。

除受以上个人主观、客观因素影响外，人际关系还受社会因素和家庭因素影响。社会因素主要包括经济、科技发展、社会风气等因素；家庭因素主要包括家庭结构类型、家庭经济条件、家庭成员素养、家庭教育方式等因素。它们均对个体人际关系产生直接或间接的影响。

思考题

1. 人际关系的本质是什么？如何构建良好的人际关系？

2. 如果你不喜欢别人给你起的绰号，你应该如何拒绝？

3. 案例分析：

近日，患伤风感冒多日未愈的陈伯到某医院复诊时向门诊护士询问："我这感冒怎么还不见好？"护士小姐微笑着对他说："您去问问看病的大夫吧。"一股无名怒火顿时涌上陈伯心头："我病得这么厉害，你还这么开心，简直就是幸灾乐祸。"陈伯投诉到医院的医务科，要求讨个说法。可小护士也是百般委屈："我笑脸迎人，怎么反被误解了？"

根据案例，请分析：

（1）从人际关系处理和有效沟通的角度，怎么看待这个问题？

（2）如果你是护士，接下来，应该怎样处理和面对？

第三章

沟通的主体与客体

学习要求：

掌握沟通主体分析与沟通客体分析的基本问题，了解影响沟通主体与客体的主要因素，掌握沟通主体的策略，并能针对日常遇到的不同沟通客体类型选择相应的沟通策略。

第一节 概 述

沟通是人与人之间、人与群体之间进行思想、感情、信息的传递和反馈的过程，以求达成思想一致和感情的通畅。这种思想、情感、信息的交流与分享不是一种单向的过程。在沟通过程中，人们既是主动者又是被动者，即在同一时间既是发送者又是接收者。

一、沟通的主体（发送者）与客体（接收者）

沟通的主体，即发送者，是沟通过程中信息发送的源头。无论是通过语言沟通方式，还是通过非语言沟通方式，都应当根据具体的人或群体来调整沟通的具体内容。沟通的发送者是沟通中的要素之一。

沟通的客体，即接收者，是对发送者传递的信息进行解码并加以理解的人，他与发送者相辅相成、相互制约。因此，沟通的接收者也是沟通中的要素之一。

二、编码与解码

编码是沟通的主体将其信息符号化，编成一定的文字或其他形式的符号。解码与编码正好相反，它是沟通的客体在接收信息后，将文字化、符号化的信息还原为思想，并理解其含义。

完美的沟通，应该是编码与解码完全"对称"的。对称的前提是沟通的主体与客体拥有类似的人生经验、学识、情绪和感情、态度等。如果双方对信息内容及符号的理解缺乏共识，那么就无法产生共鸣。因此，信息的发送者在编码过程中必须进行系统分析，充分考虑接收者的情况，注重内容、符号的可读性。接收者在解码过程中也必须考虑发送者的背景，这样才能准确地选择和分类，准确地把握对方所要表达的真正意图。

第二节　沟通的主体分析

一、沟通主体分析的基本问题

沟通中的主体作为信息的输出者，在整个沟通过程中占着重要的地位，决定着沟通的方向与路径，因此正确地认识主体的属性，对我们能否取得完美的沟通效果起到重要的作用。

（一）主体的类型

主体在沟通的过程中因为受到自身的身份、社会地位、水平以及沟通的目的等因素的影响，所以可以分为不同的类型。不同类型的主体在沟通的过程中采取的沟通方法不同。

（1）领导型主体　主体在信息掌握程度上处于完全的控制地位，仅仅只需向对方叙述或解释信息或要求，沟通的目标在于让听众接受结果和要求。

（2）服务型主体　主体在权威或信息方面处于主导地位，但听众有最终的决定权，主体只能向对方建议做或不做某种行为的利弊，以供对方参考。沟通的目标在于让听众根据自己的建议去实施这样的行为。

（3）合作型主体　主体希望就计划的执行行为得到听众的认同，或者主体希望通过商议来共同达到某个目的。双方都要付出，也都有收获。

（4）建议型主体　主体最初可能并没有形成最后的建议，需要通过共同讨论去发现解决问题的办法。

（二）影响主体沟通的因素

主体在沟通的过程中想要取得完美的效果，必须要解决两个基本问题：第一个是自我认知的过程，第二个是自我定位的过程。

要认清自我认知，关键在于剖析自身的物质认知、社会认知和精神认知，分析自身的内在动机和外在动机之间的统一程度。而要明确自我定位，就是要对自身的社会地位、能力、个性特点、价值观以及形象等方面都有客观的定位。正确的自我认知和自我定位是沟通的坚定基础。

1. 自我认知

（1）自我与自我认知的概念　　"自我"也称自我意识或自我概念，主要是指一个具备一定能力、性格、特征、本性等属性的个体对自己存在状态的认知，是个体对其社会角色进行自我评价的结果。在我们的经验中，觉察到自己的一切而区别于周围其他的物与其他的人，这就是自我，就是自我意识。这里所说"自己的一切"不单单是指我们的躯体，还包括我们的生理与心理活动。简单通俗地讲，"我长得高""我现在有点饿""我这个人比较随和，人缘不错""我现在在上课""我被判刑了，觉得前途黯淡，很悲观、失望"等都是自我意识，也就是自我。

美国心理学家威廉·詹姆斯（William James）把"我"分为主体的"我"（I）和客体的"我"（Me），自我认知即是主体的"我"对客体的"我"的意识，即人类个体对自身或部分相关事物的察觉与认知。比如，"我五官端正，体重70公斤"等是对自己体重、相貌等生理状况的了解，"我操作能力强"等是对自己能力、性格、思想、感情、个性等心理状况的认识，"我性格开朗、感情细腻"等是对自己的行为表现、自己与他人相处的融洽程度、自己在他人眼中的地位的理解。

自我认知是人际关系、社会互动的基础。自我认知可以激发人的自尊心、自信心以及荣誉感，有助于个体自觉认识自己，认识人际关系，增强自我控制和自我调节，改善沟通效果。

（2）自我认知的构成要素　　早在19世纪末，威廉·詹姆斯就探讨过自我的问题，他认为自我有三个方面。第一方面是物质自我，是指在个人躯体和条件（包括个人的身体、衣物、住所、家庭、财产等）基础上形成的自我。第二方面是社会自我，是指被他人所了解的个体。任何人都有许多的社会自我，因为有很多人都认得他。比如：一个人在孩子面前所呈现出来的是作为长辈的自我；作为一个团队成员呈现的是队友的自我；作为经营者呈现的是老板的自我，在员工面前呈现的作为管理者的自我等。因此沟通主体在进行自我认知时应分析自己所处的环境，这个过程将通过自我定位得到体现。第三方面是精神自我，是指个人内在心理（包括个人的意识状态、特质、态度、气质等）的自我。其中社会自我高于物质自我，精神自我又高于社会自我。

1）物质自我。奥尔波特（G. W. Allport）等人对个体物质自我的发生做了详细的研究，物质自我是自我意识最原始的形态，是个体对自己身躯的认识，包括占有感、支配感和爱护感。这些认识能使个体体会到自己的存在是寄托在自己的身躯上的。

2）社会自我。个体对自己在社会生活中所担任的各种社会角色的知觉，包括对各种角色关系、角色地位、角色技能和角色体验的认知和评价。在社会生活中，每个人都需要其他个体或群体关注自己、尊重自己，而且特别需要自己认为最重要的那些个体或群体来关注和尊重他。正是因为具有这种需求，所以一个人有很多的社会自我。

3）精神自我。精神自我是个体对自己理想、愿望的知觉，个体能够通过这种知觉来调节自身心理活动的过程、状态及特征，控制自己的某种行为，修正自己的经验和观念。实际上，精神自我既是个体对自己思想状况的一种认知，也是一种精神追求。

（3）自我认知的管理

1）通过他人评价，获得对自我的认识。这是通过他人对自己的评价来进行自我认识的一种方式。本人对自我的认识往往都是比较片面的。社会心理学家古里（Chartes Horton Cooley）认为，人与人之间可以相互作为一面镜子，照出相互的形象。如果一个人对自己品质的评价能与他人对自己的评价相一致，就会巩固和发展自己的这些品质；反之，如果他人的评价与自我评价相矛盾，这个人就会改变或部分改变自己的这些品质，改变对自我的认识。

2）通过测评法，促进自我认知的发展。在专业人员的帮助下，使用科学的方法进行认真的测试，可以对自己有一个较全面、客观、清晰的解读。他人评价可能会带着各种各样的主观因素，会影响到自我认知的客观性；通过各种各样的测试方法和量表，能让我们更客观地认识自我，了解自己的不足，从而去改变自己的这些不足，促进自我认识的进一步发展。

3）通过社会比较，评价自我。这种方法是指通过与他人进行比较来更加清楚地认识自己，一个人的自我认知和评价并不是孤立的，而是可以把自己与相类似的人加以比较来认识的。一个人要认识、评价自己的能力或知识，总是在与自己相当的人进行比较后才能得出结论。要注意选择较合适的参照目标，参照目标必须是日常生活里各方面条件与自己较接近的人，比较的内容和方式也应采用对双方都比较公平的，只有这样才能通过与参照目标的比较了解自己的优势和不足。人在认识自己的能力、情绪和人格特征时，都需要进行社会比较，这样才会更加客观地评价自我。

4）通过自我观察，认识自我。自我观察也叫内省法，古人讲"吾日三省吾身"，就是指通过对自己行为的观察以及对自己心理的分析来了解自己，它通常有两种形式：一种是对自己现有的心理活动、心理状态的观察与分析；另一种是对已有的心理经验的回忆与反思。自我观察虽然较主观，但与其他方法配合使用，也会收到正确认识自我的良好效果。日本企业家松下幸之助，在晚上睡觉前，总要坐在床头静静反省自己的一天，对一天做个总结。他认为企业管理者应该一日"五省"或"十省"甚至"百省"，他认为反省产生绩效。可见，自我分析或经常反省自己，是正确认知自己的重要途径。

运用自我分析的方法来认识自我要注意以下几点：①严于律己。善于运用回忆与反省的方法正确分析、剖析自己。②实事求是。一分为二地认识自己的长处与短处。③在良好的状态下做自我评价。如果情绪过于激动，就容易感情用事，难以做到客观评价。

2. 自我定位

自我定位与自我认知密切相关。自我认知的目的在于通过各种方法来了解自身的真实情况；而自我定位的目的在于根据外部情况，结合自我认知分析，确定对外传递信息的态度基础。

主体自我背景测试的内容包括在组织中的地位、可获得的资源、组织传统和价值观、人际关系网络、领导者的利益和偏见、沟通渠道、竞争者的经营现状、文化环境等。在自我定位时，主体可参考表 3-1 的自我背景测试框架。

表 3-1　主体自我背景测试框架

序　号	测　试　题
1	我的目标符合社会伦理、道德伦理吗？
2	在现有内部竞争环境下，这些目标是否具有合理性？
3	我就这个问题做指导性或咨询性沟通的可信度如何？
4	是否有足够的资源（人、财、物、知识、信息）与条件（包括主观条件与客观条件）来支持我的目标的实现？
5	我的目标能否得到那些我所希望的合作者的支持？
6	我的现实目标是否会与其他同等重要或更重要的目标发生冲突？
7	目标实现的后果如何？能否保证我与组织得到比现在更好的结果？

注：魏江、严进等编著，《管理沟通——成功管理的基石》，机械工业出版社，2006 年版。

3. 沟通主体的可信度

除了自我认识和自我定位之外，沟通过程中的可信度也是影响主体取得良好效果的一个重要原因。所谓可信度，简单地说，就是主体如何让对方感觉到自己是值得大家信任的，自己沟通的内容也是值得大家接受的。

分析自己在受众心目中的可信度，就是主体在策略制定时分析受众对自己的看法，因为主体的可信度将影响到沟通方式。根据弗伦奇（French）、雷文（Raven）和科特（Kotter）的观点，主体的可信度受到主体的身份地位、良好意愿、专业知识、外表形象、共同价值五个因素的影响。其中：

1）身份地位分析时要明确自身的等级权力，有时为了增强沟通效果或达到沟通目的，可以强调主体的头衔与社会地位，以增强自身的可信度。

2）主体的良好意愿状况。可根据个人关系的长期记录来获得沟通客体的信赖。

3）主体自身的专业技术水平和素质，特别是知识能力，是主体可信度的内在要求。

4）主体的外表形象，是产生吸引力的外在因素，当主体有良好的外表形象时，有助于获得客体的喜爱。

5）主体和沟通客体的共同价值，包括道德观、行为标准等，成为沟通双方良好的人际关系和持续沟通的本质要素，尤其是沟通双方在沟通开始时就建立共同点和相似点，将信息和共同价值联系起来，这样可以迅速提升主体的可信度。

主体通过对影响可信度的因素和技巧的分析（见表3-2），可以强调自己的初始可信度且加强后天可信度，以增强主体在客体心目中的可信度。

表 3-2　影响可信度的因素和技巧

因　　素	建 立 基 础	对初始可信度的强调	对后天可信度的加强
身份地位	等级、权力	强调主体的头衔或社会地位	主体将自己与地位很高的某人联系起来（如共同署名或进行介绍）
良好意愿	个人关系、长期记录	涉及关系或长期记录	通过指出客体利益来建立良好意愿承认利益上的冲突，做出合理的评估
专业知识	知识和能力	包括经历和简历	将沟通主体与客体认为是专家的人联系起来，或引用他人的话语
外表形象	吸引力	强调客体认为有吸引力的特质	通过认同沟通客体的利益来建立主体的形象；运用客体认为活泼的非语言表达方式及语言
共同价值	道德标准	在沟通开始时就建立共同点和相似点，将信息与共同价值结合起来	

注：玛丽·蒙特著，钱小军、张浩译，《管理沟通指南——有效商务写作与交谈》，清华大学出版社，1998年版。

初始可信度是指在沟通发生之前沟通客体对主体的看法。作为沟通策略的一部分，主体可能需要向客体强调或提醒他们自己的初始可信度。那些主体拥有很高初始可信度的场合，可以被当作"可信度银行账户"。假如客体对某沟通主体推崇备至，即使主体的决策或建议不受欢迎或者不能完全与客体的预先期望相一致，客体仍可能对主体充满信任。但是，应意识到的一点是，就像从银行取款后会减少储蓄额一样，使用初始可信度会降低主体的可信度水平，因此，主体必须不断通过良好意愿和专业知识来提高在"可信度银行账户"上的"储蓄"水平。

后天可信度是指主体在与客体沟通之后，客体对主体形成的看法。即使客体事先对主体毫无了解，但主体的好主意或具有说服力的写作和演说技巧有助于其赢得可信。因此，获得可信度的最根本办法是在整个沟通过程中表现出色。

二、沟通主体的目标与策略

(一) 沟通目标的确定

沟通目标，即沟通主体为达到某一目标，通过自我认知和自我定位以及采取相应的策略，去实现的沟通的目标。任何一个主体在沟通行为发生之前，都必须明确自己的沟通目标。

目标可分为三个层次，分别为总体目标、行动目标和沟通目标。

（1）总体目标　总体目标是指主体期望实现的最根本的期望。

（2）行动目标　行动目标是指导主体走向总体目标的、具体的、可度量的、有时限的步骤。

（3）沟通目标　沟通目标是指主体就客体对语言、非语言沟通做出反应的期望。

例如，为了实现研发部门、营销部门和财务部门的有机协调，某公司董事长决定这三个部门的负责人每半个月举行一次例会，共同讨论研发、营销、财务部门之间如何高效协调的对策。在例会上，董事长的总体目标是为了实现公司内部各部门之间的沟通；行动目标是各部门每隔半个月协调讨论一次；而沟通目标是各部门的负责人能够了解各个部门之间工作的实际情况，并且让各部门的负责人能够领会公司每个阶段的意图。

（二）沟通策略的选择

具体在沟通过程中，主体根据自己对沟通内容的控制程度和沟通客体的参与程度不同，可采取四种不同的沟通形式，即告知、说服、征询、参与（见图3-1）。

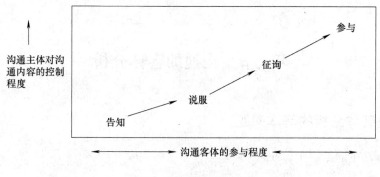

图 3-1　沟通策略的选择

注：Michael E. Hattersley and Linda M. McJannet. *Management Communication*：*Principles and Practice*，McGraw-Hill Companies，1996，P14.

（1）告知策略　告知策略一般用于主体在信息掌握程度上处于完全的控制地位，主体仅仅只需向对方叙述或解释信息或要求，沟通的结果在于让客体接受结果和要求。这种策略主要适合领导型主体的人群，比如单位的领导让员工知道或明白规定或任务的完成，但不需要员工参与意见。

（2）说服策略　主体在权威或信息方面处于主导地位，但客体有最终的决定权，主体只能向客体建议做或不做某种行为的利弊，以供对方参考，但主体的目标在于让客体根据自己的建议去实施这样的行为。说服策略主要适用于服务型主体，如银行的工作人员向客户推销理财产品，或者技术部门主管向预算委员会提出增加研究开发经费的建议，对方可以接受也可以不接受，最终决策权还在客体。

（3）征询策略　征询策略一般发生在主体希望就计划执行的行为得到客体的认同，或者主体希望通过商议来共同达到某个目的。双方都要付出，也都有收获。征询策略主要适用于合作型主体，如朋友希望说服您支持他一起完成某一项工作。

（4）参与策略　参与策略具有最大限度的合作性。主体最初可能并没有形成最后的建议，需要通过共同讨论去发现解决问题的办法。参与策略主要适用于建议型主体，如采用头脑风暴法让与会者就某个创新性的问题提出新的思想。

在上述四种策略中，我们把前两者（告知策略和说服策略）统称为指导性策略，把后两者（征询策略和参与策略）统称为咨询性策略。那么在何种情况下应该用指导性策略呢？何种情况下应采用咨询性策略呢？

一般来说，当主体认为沟通的目的在于通过为他人提供建议、信息或制定标准的方式帮助他人提高工作技巧时，可采用指导性策略；而当主体认为沟通的目的在于帮助他人认识他们的思想情感和个性问题时，则更适合采用咨询性策略。指导性策略重在能力，而咨询性策略重在态度。

第三节　沟通的客体分析

一、沟通客体分析的基本问题

客体是沟通的主要组成部分之一，沟通都是双方的，除了要了解主体之外，还要对客体进行客观、全面的分析，以取得好的沟通效果。

在沟通过程中，沟通客体是接收者，通常会根据自己的需要、动机、经验、背景以及其他个体特征等有选择地接收沟通主体所传递的内容和信息，因此成功的沟通应是以客体为导向的沟通，沟通过程中最重要的环节是沟通客体分析。

1. 客体的类型

沟通的本质是通过换位思考而得到信息与情感的交流。确定客体，目的在于解决"以谁为中心进行沟通"的问题。一般情况下，沟通中的客体包括五类。

（1）需求型客体　他们是对权力、成就、金钱等有着强烈的意愿，在沟通的过程中表现得较为积极主动的一类客体。比如公司里的经理，这类客体永远都有着对利润的追求。

（2）性格型客体　他们是一群身上常带有鲜明性格的客体，主要可以分为外向型和内向型性格的客体。比如销售人员就常常需要是外向型的对象，科研人员可能需要是内向型的对象。

（3）情感型客体　他们是一群感情丰富、有想象力和创造力、思路清晰又善于用逻辑思维进行思考的客体。比如：在银行工作的一些投资人，他们既要思路清晰，又要有想象力。

（4）气质型客体　他们是一群诚实守信、认真负责、做事稳重谨慎、勤勤恳恳的客体。比如工厂里的工人们、行政部门里面的服务人员等。

（5）领导型客体　他们是一群有着全局眼光又积极进取的客体。每一个部门或群体都会有这么一个或多个领导型客体。

这里要特别指出：在我们日常的沟通中，以上五类客体中的某几类可以是一个人，因为在不同的场合，客体可能兼有不同身份，角色是可以互换的。

2. 影响沟通客体的因素

在沟通过程中，客体会根据自己的需要、动机、经验、背景、兴趣、爱好等等选择性地过滤信息、接收信息。要实现高效的沟通，必须了解客体的兴趣、偏好等，只有明确了客体的不同需求，才能采取相应的策略。往往这些就是影响沟通效果的因素。

（1）背景资料　背景资料是沟通主体用来说服客体的工具和佐证。只有客体对沟通内容的背景资料有了一个相对明确和足够的认识和了解，才有可能对沟通的内容及沟通主体提出的问题产生兴趣以及进一步的需求。不同的客体对于背景资料的需求是不同的，我们要有针对性地去沟通。

需求低的，开门见山，直接切入主题即可；需求高的，总结出条理非常清晰的结构；需求不一致的，我们要根据具体的要求来提供相应的信息。

（2）信息的需求　在沟通的过程中，信息的需求是我们沟通内容的一个重要组成成分，面对需求高的，要提供充足的资料、数据及其他材料；面对需求低的，应该从客体的需要出发，而不是基于沟通主体能够提供的信息；需求不一致的，我们要根据具体的要求来提供相应的信息。

（3）偏好　客体对沟通的风格、方式方法上的不同喜好，影响着沟通主体的沟通策略。

风格上的偏好：了解客体在文化、组织及个人的风格上是否有偏好。比如，正式或非正式、直接或婉转、互动性或非互动性的交流方式。

方式上的偏好：了解客体在沟通方式的选择上是否有偏好。比如，是喜欢书面文件还是电子邮件沟通，是喜欢大众讨论还是个人交谈沟通。

方法上的偏好：了解客体对文件或报告的格式是否有偏好。比如有些人习惯用项目符号代替数字编号，或者偏好公文的标准格式。

例如，某个单位的某位领导有一些工作习惯，他要求下属工作过程中，尽量使用书面的形式工作，他认为书面的形式更易于记忆、理解，更具真实性，而且更容易储存，便于以后翻阅。领导审阅提交上来的书面材料后，如果认为有必要进行交流，会再约定一个时间，当面与相关人员交流感想、意见；如果觉得不需要面对面的交流，批阅后就转交给相关部门的人去处理。

所以，如果你的领导是这样一种风格的管理者，那么对他来说，书面沟通才是更加有效的沟通方式。从另一个角度来说，通过这种沟通偏好，也可以看出，这位领导可能是一位精明能干、雷厉风行的人。因此，在提交书面材料时，也应该尽量开门见山、简明扼要地表达出自己的想法、建议，以最少的笔墨让领导对你的建议产生浓厚的兴趣。

（4）兴趣　在沟通的过程中，兴趣是决定主体和客体是否能够顺畅地交流下去的一个重要因素。

兴趣较高：若沟通客体兴趣较高，即可直奔主题，但主体必须构筑完善的逻辑论证，因为客体很可能是这方面的专家。如果主体的言语有不妥之处，可能会引起客体的反感，甚至对主体产生不信任；但一旦说服了客体，比起兴趣较低的沟通客体来说，意见会保持得更持久，兴趣较高的客体会成为主体的忠实追随者。

兴趣较低：激发客体的积极性，要使信息尽可能简单明了、易于理解、易于激发兴趣，对于那些兴趣较低的沟通客体，应及时地对他们的意见及变化做出积极的反应，尽量提高他们的兴趣，使他们感觉自己被重视和自己很有这方面的天赋。

兴趣一般：在与这部分客体交流时，沟通的信息如果会对他们认为很重要的财务状况、组织地位、人生目标、价值体系等方面产生影响，他们就会对继续沟通产生较大的兴趣，倾向于继续倾听。

（5）执行的难易程度　在沟通的后期，沟通的主要内容是否可行？换句话说，沟通的内容是否可执行？执行的难易程度如何？

无论是轻而易举的工作、略具挑战的任务还是对客体来说十分难完成的目标，主体一定要让沟通客体明白这一行动符合他们的利益和信念，鼓励他们树立信心，在开始时就对工作有正确的认识。

二、沟通客体策略选择

好的沟通策略就意味着做事会事半功倍，对沟通客体的分析包括了解客体的兴趣、价值和目的，以便在沟通过程中准确地理解沟通客体，并及时做出反馈，以达到有效沟通的目的。

（一）需求型客体的沟通策略

对成就有着强烈渴望和需求的人群，我们在与他们沟通的时候要给予他们大量的信息，并给予他们肯定的答案，激发他们的斗志，激发他们的潜能，让他们发挥出创造力与创新能力。因为这一类人愿意承担责任，希望把事情做得更好以获得他们想要的成就。

对权力有着渴望和需求的人群，我们在与他们沟通的时候要采取咨询和建议的方式。因为这类沟通客体喜欢影响和控制他人，他们具有很强的权力欲和控制欲望。采取其他策略对这一类人效果不佳。

对利益有着渴望和需求的人群，我们在与他们沟通的时候要对信息进行深层次的剖析，采取陈述、分析、对比的方式，让他们快速、全面地了解这些信息能给他们带来多大的利益。因为这一类人只对结果感兴趣，对过程不感兴趣。

（二）性格型客体的沟通策略

在与内向性格型的客体沟通的时候，一般采取平和的语气，尽量将交谈的氛围营造得较为正式，尽可能给予其足够的思考时间，让其充分考虑后再做出相应的决定。因为内向性格的人多注重思维，喜欢隐藏感情，感情不外露，有主见，看上去不善于交际。该类型的人多喜欢独立思考，在工作中倾向于独立完成任务。

在与外向型客体沟通时，可以选择在非正式的场合、口头表达自己的观点，交谈的气氛也可以营造得较为轻松一点，可以考虑使用引导性语言，交流要大方、热情。外向性格的人更能够适应外界环境，善于适时地表露自己的感情，对外界事物反应更快，给人善于表达和喜欢表现的印象。这类性格的人一般都善于沟通，他们热情、诚实，在交往中愿意表现自己，喜欢与人交往，在组织和团队中较活跃，因此具有较大的影响力。

（三）情感型客体的沟通策略

情感型客体在沟通的时候会基于接收到的信息的不同而采取不同的处理方式。情感型客体根据其情感特征可分为情感不外露的严谨型、凡事重视自我价值的感觉型、进行决策主要依靠直觉的直觉型。面对严谨型沟通客体时，在与其沟通时要用一种尊重、谦虚、严谨的态度，并为他们提供充足的信息，方便他们的思考。因为他们在处理信息时思路清晰、思维缜密，他们更加注重客观的事实和数据，具有很强的责任感。

面对感觉型的沟通客体时，应该明确表达自己的观点，并尽量与对方达成共识，让他们感觉到你的支持与合作的愿望。因为这种类型的沟通客体通常根据自己的价值观和判断能力来处理接收到的信息，有自己的一套思维方式方法，所以直接打动他们才是较好的。

面对直觉型的沟通客体时，在明确表达自己观点的基础上最好不要轻易地否定对方的想法和观点，让其充分发挥创造性。因为这一类人有着丰富的想象力和创造力，容易受到周围事物的影响，也比较敏感。他们多凭直觉、预感来处理信息，所以与其沟通的过程中可以引导，但是不能干涉。

（四）规矩实干型客体的沟通策略

面对一群诚实守信、认真负责，做事稳重谨慎，勤勤恳恳，对人宽容不计较，注重感情，喜欢帮助、支持和鼓励他人的规矩实干型客体，在沟通的过程中应：提供一个融洽、适当的交流环境；尽可能提供所需的信息；只需表达自己的想法和观点，让他自己做出判断，要尽量避免自己的观点影响到他的判断。

（五）领导型客体的沟通策略

这主要是面对单位或公司领导者的沟通策略。面对有冲劲、有创新性、有改革意愿的领导，我们只需为他们提供详细充足的信息和资料。因为这种领导更加注重事物的全面性，他们有自己的判断和思考。面对一些实干型的领导，沟通时要主动，直截了当地提出问题，引起他们的注意，与他们达成共识，实现有效的沟通。因为他们在接收问题时更加强调解决问题的方案，注重结果和处理问题的效率。面对一些重视制度、流程、细节的领导，沟通时要适应他们的办事风格，在沟通细节上要注意。要尽量得到领导的认可和支持，才能保证沟通的顺利进行。

思考题

1. 沟通的主体有几种类型？
2. 沟通主体分析的根本是什么？
3. 沟通者的可信度受哪些因素影响？
4. 沟通形式有哪些？
5. 沟通客体有哪些类型？
6. 影响沟通客体的主要因素有哪些？

第四章

沟通障碍与沟通技巧

学习要求：

了解什么是沟通障碍，理解导致沟通障碍的原因，并能通过一些解决方案避免沟通障碍；能够利用一些沟通技巧促进有效沟通。

第一节 沟 通 障 碍

现实生活中，沟通随时随地都可能发生，某些影响沟通的因素会使沟通必要条件缺失，导致沟通障碍。这些沟通障碍会阻碍或歪曲有效的沟通，从而影响沟通效果。

一、沟通障碍的概述

沟通障碍是指信息在传递过程中的失真或中断。信息由信息发送者编码后通过一定的途径发出，信息接收者再将信息解码后反馈给信息发送者，在信息传递的过程中每个环节都可能存在"噪声"或受到干扰，这些因素导致了沟通障碍。常见的沟通障碍有以下几种类型。

1. 语义上的沟通障碍

语言是实现人与人之间信息沟通、思想交流的工具，但它并不是思想本身，而只是用以表达思想的符号系统，这就常常会使得沟通产生语义上的障碍。由于人们的语言修养不同，表达能力不同，对同一种思想、观念或事物，有的人表达得很清楚，有的人就表达不清。同样，不同的信息接收者，面对同一组信息，有的人听后马上理解，有的人则怎么也不理解；有的人听后做这样的解释，有的人做那样的解释。总之，用语言表达思想、表达事物，不可避免地会产生语义上的障碍。语言使用不当，文字不通顺、模棱两可，口齿不清、方言，学术、技术上的专业术语对信息接收者来说难理解等，都容易引起难解、误解、曲解，进而影响沟通。

案例4-1　理解的偏差

某晚，护士王某去告知明早要抽血化验肝功的患者李某抽血时间以及相关要求。为了化验结果准确，一般情况下都要求抽血化验前空腹8个小时，于是护士王某就告诉患者李某："明早6点我准时来给您抽血化验肝功，请您在今晚10点以后不要吃任何东西，也不要喝任何东西，好吧？"患者李某回答道："知道了，就是不吃不喝。"听了这个回答后，护士王某就去干别的工作了。

第二天，护士王某准时给患者李某抽血。操作完，患者李某说，他昨晚太渴了，没忍住，在后半夜喝了一大杯水。听完这话，护士王某就说："昨晚咱不是说好了，10点之后就啥也不吃、啥也不喝了嘛！"患者回答道："我没喝别的，只是喝了水而已。"

问题：护士王某表达的信息是什么？患者李某理解的信息是什么？为什么会出现这种偏差？

2. 组织结构障碍

有些组织庞大，信息传递的中间环节太多，会造成信息的损耗与失真。这种障碍是由于组织结构不合理而产生的。中间环节越多，沟通中信息失真的可能性就越大；机构过多，沟通过程就缓慢，影响沟通的时效性，而信息具有很强的时效性，时机已过，信息就失去了价值；组织结构复杂，则信息流动不畅；渠道单一会造成信息不足，影响沟通效果；组织结构不健全，沟通渠道堵塞，也会导致信息无法传递；处于不同层次的组织成员，对沟通的积极性也不一样，也会造成沟通的障碍。

3. 文化障碍

不同文化背景的人进行沟通时，不论是在商务还是非商务场合，都常因习俗不同产生沟通障碍，如语言不通带来的困难，社会风俗、规范的差异引起的误解等。文化障碍在我们生活中是屡见不鲜的。譬如，以紫色天鹅绒作为包装盒衬底，可能会无意中引起某些西方人群的不悦，因为在有些国家，紫色是不受欢迎的，这就是一种典型的文化差异。

4. 个体障碍

个体障碍是指沟通双方在社会地位、情感、价值观、受教育程度、性别、经验及其他方面的差异所引起的沟通障碍。沟通双方的差异会导致对同一件事情的看法不同，尤其是一些风俗习惯、规范或禁忌方面有很大差异，如不加注意，就很容易引起误解。相反，如果沟通双方的看法比较相近，沟通就更为有效。个体障碍还包括由于沟通双方的个性特征、理解能力、情绪、倾听习惯等方面的差异而产生的沟通障碍。人的行为是受其动机、心理状态影响的，现实的沟通活动常被人的态度、个性、情绪等影响，如有的人情绪稳定，沟通中表现得较为理智，而有的人则情感充沛，与人沟通时会因个人情绪影响沟通结果。个体障碍又与沟通双方之间的心理距离有关。如果一个人对另一个人的说话方式很反感或心不在焉，就会导致两人之间的心理距离加大，从而阻碍正常的沟通。沟通的个性障碍主要是指由于人们不同的人性倾向和心理特征所造成的沟通障碍。气质、性格、能力、兴趣等不同，会造成人们对同一信息的理解不同，给沟通带来困难。另外，个性的缺陷也会对沟通产生不良影响。

5. 信息过量

个体处理信息的能力是有限的。有些管理人员经常抱怨他们因沟通所花时间太多，如果要参加所有的沟通活动，工作时间内就没有办法完成了。一家大公司的金属装配部门的一位经理说，每天他收到 600 页计算机打印出来的文件，整理这些资料需要他花 3 个小时的时间。结果，他找了一间空闲的库房，把计算机打印材料都存在那里，又与一家垃圾搬运公司签订了合同，每个月来拉一次这些根本没动过的打印材料。当今社会，很多人是通过电子邮件进行沟通的，当人们面对大量的电子邮件时，需要处理的信息就可能超过我们的加工能力，就会出现信息超载的状况。在电子邮件、即时通信、传真和会议的包围下，为了在自己领域中跟上时代步伐，管理者和专业技术人员极有可能要承受信息超载的苦恼。当信息超过个体能够分类和使用的量时，个体会筛选、忽略或忘记信息，或者延缓信息处理，直到不了了之。无论如何，最后都会造成信息丢失，降低沟通的有效性。

6. 知觉的习惯性选择

接收信息是知觉的一种形式。出于种种原因，在沟通过程中，接收者会根据自己的需要、动机、经验、背景及其他个人特点有选择地去看或者去听信息。信息接收者在解码的过程中，还会把自己的兴趣和期望带进信息中，总习惯于接受一部分信息，阻塞与摒弃另一部分信息。这种知觉的选择性，既受客观因素的影响，又受主观因素的影响。客观因素方面，如组成信息的各个部分强度的不同而产生的对接收者的价值大小的不同，结果是沟通中的某些信息比较容易引人注意，进入认知世界而被人接受，另一部分为人所忽视或摒弃。主观因素方面，如个性特征、知觉的广度深度、个人身份等的不同，也会使人在自觉不自觉、有意无意中产生知觉的选择性，从而造成沟通障碍。譬如，刚大学毕业的新员工对问题的看法往往会被人忽视，而一个信誉好的医学专家的看法则会被人重视并被认为合理，但事实上可能并非如此。又如，一名面试考官总是认为女职员应该会把家庭放在事业之上，则会在女性求职者身上"看到"这种情况，而无论求职者是否真有这种想法。

7. 情绪或心理障碍

在接收信息时，接收者的情绪也会影响他（她）对信息的解释。对于在愤怒和暴躁时接收的信息，与在快乐时接收的同样的信息，人们所做出的解释常常不同。极端的情绪体验，如狂喜或悲痛，更可能阻碍沟通的效果。在这种状态下，人们常常无法进行客观而理性的思维活动，而代之以情绪化的判断。对沟通的恐惧或焦虑也会产生沟通障碍。对沟通感到焦虑的人在口头沟通、书面沟通或二者兼有的沟通中，可能感到过分紧张和焦虑。比如，口头沟通的焦虑者会发现自己很难与其他人进行面对面交谈，他们打电话时也会极为焦虑，他们会依赖备忘录或传真来传递信息，即使打电话更快捷和合适。斯塔福德（L. Stafford）和戴利（J. A. Daly）的研究表明，口头沟通的焦虑者回避那些要求口头沟通的情境。我们可以预期，当这些个体选择工作时，不会选择诸如教师的工作岗位，因为这类职业中最主要的要求是口头沟通。但是，几乎所有的工作都要求一定程度的口头沟通。戴利（J. A. Daly）和米勒（M. D. Miller）的研究数据发现，口头沟通高焦虑者为了把沟通需要降到最低限度，会歪曲工作中的沟通要求。由此我们认识到，在组织中确实有一些人极少使用口头沟通，并且他们会告诉其他人自己不需要太多沟通就能有效从事工作，从而使这种活动合理化。

沟通双方的思想倾向会致使信息的传递被歪曲或中途受阻。例如，接收者在观点、态度上对信息的内容不能接受，因而对信息敌对、不信任，或者有意歪曲、不感兴趣而故意搁置，以致信息走样、失真。再如，有人为讨好上级，往往报喜不报忧、夸大成绩、缩小缺点、掩盖矛盾、欺上瞒下，从而使上级了解不到真实情况、下级了解不了上级的真实意图。还有些人常常喜欢根据其主观判断推测对方的意图和动机，猜测对方的"言外之意""弦外之音"。这样，不仅会歪曲事实，产生误会，还会影响人际关系。

8. 其他

除上述类型外，还有很多因素可以导致沟通障碍，如物理障碍、传递障碍、沟通时机选择不当、性别差异等。物理障碍是指人们环境中存在的障碍，包括刺耳的噪声、令人不适的身体距离、隔着墙壁、静电等。传递障碍是指信息在传递过程中，经过多个环节时，经常会被曲解、删减或增加某些细节，造成信息失真而引起的沟通障碍。一般来说，信息在传递的过程中，所经过的环节越多，就越容易失真，有研究表明，信息在逐级口头表达时，每传递一次，信息丢失最多可达30%左右。

二、沟通障碍产生的原因

沟通是动态的、连续的、不断变化的过程。这表明沟通应被看成一个有许多变量不断相互作用着的过程。在沟通过程中，所有这些变量都在不停地变化着。也就是说，沟通双方生理的、情感的和社会的情况在沟通时发生变化，而这些变化又会引起他们之间互动的进一步变化。沟通过程包括许多变量，每个变量都对沟通产生影响。沟通的各个环节都可以产生沟通障碍，可以是信息表达方面和信息接收方面的，也可以是组织内部和信息反馈方面的因素。从整体角度来理解，可以是个人因素，也可以是环境因素。

（一）个人因素

个人因素包括生理因素、感知因素、价值观、年龄和生长发育水平、智力水平以及情绪因素。

1. 生理因素

生理因素包括是否疲劳、是否处于疾病状态、是否失语、是否有听力障碍等。生理因素会影响信息的传递与接收。

2. 感知因素

每个人对事物的感觉、解释和理解是不同的，一个人对事物的感知受个人经历的影响，由多年积累的生活经历所形成的感知是很难改变的。感知的不同会影响沟通的效果。

3. 价值观

价值观反映一个人在生活中认为什么是最重要的。不同的经历和不同的期望会导致不同的价值观。价值观既影响一个人表达自己思想的方式，也影响其解释他人思想的方式。

4. 年龄和生长发育水平

年龄和生长发育水平是通过影响一个人的词汇量而影响沟通的。语言发展速度在孩童之间是不同的，它与神经系统的功能、智力的发展以及环境因素等有关。

5. 智力水平

智力水平可以影响一个人词汇量的大小，也可以影响一个人对信息的编码、译码能力，即语言的组织和表达以及对所接收信息的解释能力。

6. 情绪因素

情绪是人们对周围事物的主观情感反应，如生气、焦虑、兴奋、紧张、敌对和悲伤等。情绪因素影响沟通的原因是：在这些情绪状态下，一个人的注意力过于集中，以至于他（她）不能使别人清楚地知道他（她）的需求，也听不清别人对他（她）所说的话。因此情绪因素可以使一个人不能准确地传递信息和接收信息，甚至错误地解释信息。在一些紧急情况下，情绪因素总是存在的。因此，紧急情况下的高效沟通需要更多的努力和关心。

（二）环境因素

环境因素包括物理环境、心理环境和社会文化环境。

1. 物理环境

物理环境是指进行沟通的场所，包括环境的安静程度、光线、空气温湿度、安全性等。环境中的安静度、舒适度和相距度等都会影响沟通者的心情和效果。

（1）安静度　环境安静是保证口语沟通的必备条件。环境中的噪声，如机器的轰鸣声、邻街的喇叭声、电话铃声、开关门窗的碰撞声、嘈杂的脚步声、各种喧哗声以及与沟通无关的谈笑声等，都会影响沟通的正常进行。当沟通一方发出信息后，外界的干扰可以导致信息失真，造成另一方无法接收信息或误解信息含义，发生沟通障碍。因此，当医务人员与患者或家属沟通时，应该选择一个安静的环境，注意排除噪声源，以增强沟通效果。

（2）舒适度　如果房间光线昏暗，沟通者看不清对方的表情、室温过高或过低、湿度过高或过低、房间里气味难闻等都会影响沟通者的注意力。一般情况下，在医院这种肃穆安静的环境中进行医患沟通，患者身处冷色调的病室，面对身着白色工作服的医务人员，会不由产生一种不适感，从而限制和影响医患间的沟通。

（3）相距度　心理学家研究发现，根据沟通过程中保持的距离的不同，沟通也会有不同的气氛背景。在较近距离内沟通，容易形成融洽合作的气氛。而当沟通距离较远时，则容易形成敌对或相互攻击的气氛。不仅如此，沟通的距离还会影响沟通的参与程度。

2. 心理环境

心理环境是指沟通双方在信息交换过程中是否存在心理压力。如沟通时缺乏保护隐私的条件，或存在因人际关系紧张导致的焦虑、恐惧情绪等，沟通就很难顺利进行。

（1）隐秘因素　凡沟通内容涉及个人隐私时，若有其他无关人员在场（如同室病友、清洁工甚至患者家属），就会影响沟通。因此，医务人员在与患者交谈时，应该注意环境的隐秘性，条件允许时最好选择无人打扰的房间，条件不允许时注意说话的声音不要太大，尽量避免让他人听到。

（2）背景因素　背景因素是指沟通发生的环境或场景。沟通总是在一定的背景中发生的，任何形式的沟通都会受到各种环境背景的影响，包括沟通者的情绪、态度、关系等。如学生正在自由交谈，突然发现学校领导或老师在旁边，就会马上改变交谈的内容和方式。有人专门对异性之间的沟通方式进行研究，发现配偶在场或不在场时，个体在与异性沟通时会表现出明显的不同。如自己的妻子在场，丈夫会与异性保持较远的距离，表情也较冷淡；而自己丈夫在场时，妻子不仅与异性保持更远的距离，而且笑容也会明显地缺乏魅力，使整个沟通过程变得短暂而匆促。由此可见，在某种意义上说，沟通并不是由沟通者自己把握的，而是由沟通背景控制的。

3. 社会文化环境

（1）社会文化背景　社会文化背景包括文化、语言、社会阶层、民族、种族、专业状况等。

文化或种族背景可以影响沟通。语言、手势和态度可以反映一个人的文化起源，例如，一些人的文化是不能表达他们的情感，不论其情感是好的还是坏的；一些人被教导不能批评权威人士（如医务人员对于患者来说就是健康方面的权威人士），即使他们可以肯定这个批评是公正的；一些人在说话时伴有大量的面部表情和手势，这一点可能对那些持抵抗情绪表露观念或文化的人们来说就是一种威胁。医务人员必须尊重并接受患者不同的社会文化背景。

（2）角色和关系 一个人与他人沟通时通常采用适合于他（她）所承担的角色及关系的方式。沟通的正式性或非正式性有赖于一个人的角色以及与他人关系的类型。只有参与沟通的人能够认识到自己的角色，沟通才可能是有效的；只有沟通主体和沟通客体之间建立了积极的关系，彼此才能更自如地表达自己的思想和情感。

三、沟通障碍的解决方案

克服沟通障碍，旨在实现有效的沟通，这就必然涉及信息的发送、传递、接收、反馈等易产生障碍的各个环节。因此，要解决沟通障碍，首先必须增强每一个环节沟通的有效性。信息发送者要善于正确、完整地表达自己的意思、想法、观念、事实，在使用信号和编码时要设身处地考虑接收者的情况，使对方能正确地理解信息，还要及时了解对方是否准确接收到信息，行动的意愿如何，并且要及时反馈。在传递中，尽可能减少中间的转承环节，以减少信息被干扰与失真。此外，还应切实做好以下工作。

1. 进行双向沟通

双向沟通是根据跟踪和反馈原理，使信息发送者可以检查信息实际上如何被理解，以及接收者所遇到的障碍。反馈是双向沟通的关键，为接收者提供了反应的渠道，使发送者能了解信息是否收到、有没有产生预期效果。面对面的信息沟通较有利于反馈，但在自上而下的沟通中，由于反馈不足，经常会引起信息扭曲。补救方法是将所要传递的重要信息，如政策文件等，印在备忘录上发给员工。自下而上的沟通反馈可以采用制定开放政策、设建议箱等。

2. 有效倾听

有效倾听是医务人员必须学会的技巧，它是指"复印"发送者的信息，不添入接收者的理解。事实上，接收者对所接收的信息往往在过滤、知觉选择和价值判断后做了重新组合，从而引起了信息的扭曲。因此，管理者必须学会让员工注意对信息的有效倾听。

3. 运用通俗易懂的语言

发出的信息能否被接收者理解，在很大程度上取决于信息发送者所使用的语言是否通俗易懂。鉴于接收者不同，所以信息发送者所使用的言语也应因人而异，并使用信息接收者最易懂的言语，避免言语上的含糊与误解。因此，在运用语言文字时应注意：①使用对方易懂的言语；

②意思要明确，不要模棱两可；③尽量少用专业术语；④尽量使用短句，少用长句，条理要清楚，有层次地深入；⑤重要的信息要复述；⑥心平气和，感情真挚，注意力集中，聆听对方讲话；⑦交谈中借助手势、表情，不东拉西扯，不讲空话、套话。

4. 提高医务人员的可信任度

医务人员是否值得患者及家属信任，这种信任程度如何，对于改善沟通有重要的影响。要想做到有效沟通，医务人员不仅要取得患者对他们的信任，而且必须保持这种信任，提高这种信任程度。因为如果一个医务人员没有得到患者及家属的信任，那么该医务人员的医嘱即使是最正确的，患者或家属依从性不高，医嘱也不会被有效地执行，其任何沟通都不会得到有效实现。

5. 良好沟通的十项建议

美国管理协会曾提出一套沟通建议，被称为"良好沟通的十项建议"，其也可被借鉴于医务人员与患者及家属的沟通中。内容如下：①沟通前澄清概念。只有对一项信息做一个系统的分析，沟通才能明确清楚。②为信息发送确定沟通目标。③研究环境和人的性格等情况。④听取他人意见，计划沟通内容。⑤适当选择沟通时所用的声调、词句和面部表情。⑥及时获取信息接收者的反馈。⑦保持传送信息的准确可靠。⑧既要注意符合当前的需要，又要注意与长远目标的配合。⑨言行一致。⑩听取他人意见时要专心，要成为一名"好听众"，只有这样才能真正明了对方的意愿。只有做到并做好以上工作，有效的沟通才会实现。

第二节 沟通技巧

一、促进有效沟通的原则

1. 先人后事

沟通往往是沟通某些事情，但事是人做的，所以，要想把事沟通好，就必须先把人沟通好，即从做人的思想工作、统一人的认识开始。人"通"了，事也自然而然地就"通"了。与平常人际交往中所谓的"就事论事"不同，沟通应从人开始，先人后事。

2. 先己后人

中国有句古训："己所不欲，勿施于人。"这是讲，自己不想要的东西，千万不要强加于人。当遇到他人所言之事与自己所思所想不尽相同，无法理解而需要沟通的时候，首先应该先想想自己，自己"通"了再去与他人沟通。沟通中的先己后人与先人后己是一个相互依存的互补过程。当遇到不好的事情需要沟通时应先己后人，当遇到利好的事情需要沟通时应先人后己。所谓群体中的"先天下之忧而忧，后天下之乐而乐"，这样才能达到"共忧共乐"。

3. 先通后同

"通"讲的是有差别的相联系；"同"讲的是无差别的求统一。沟通中必须先"通"，即弄清双方甚至多方的差别，寻求相联系的地方，然后固定并扩大联系，在联系之处达成共识、形成一体。

4. 先浅后深

在日常的人际交往中，喜欢把简单的问题复杂化而又把复杂的问题简单化的人不在少数。沟通中恰恰相反，随着沟通的进行，千万不要把复杂的问题前置，更不能把简单的问题复杂化，应把复杂的问题悬隔起来，从简单的问题入手，求得沟通的阶段性效果，为进一步的沟通打好基础，即所谓"步步为营"，直至取得最后胜利。

5. 承受不同点，寻求共同点，加大共鸣感，强化认同感

沟通有一个极为重要的前提，那就是承认"沟"的存在，承认不同点的存在。医务人员与患者及家属之间由于角色不同，存在着谁也否认不了的"位沟"。医疗行业与汽车行业由于行业不同，存在着显而易见的"行沟"。老年人和年轻人之间由于年龄不同、看问题的角度不同、结论不同，存在着越来越深的"代沟"。东北人和江南人，由于地域不同、文化风俗不同，存在着颇有争议的"文化之沟"，而男人与女人之间也存在着不可忽视的"性别之沟"。承认医务人员与患者及家属的不同点，承认这种差异的合理性，承认对方的价值，这是沟通的起点。承认"沟"的存在，承认对方存在的合理性，承认对方的价值所在，就是对对方的尊重、对对方的认同。沟通艺术就体现在：从认同开始，能够相互沟通交流，达到更高层次的认同。

寻求共同点的最有效的思维方式是换位思维，即站在沟通客体的角度，站在群体内一个普通成员的角度进行沟通。沟通主体寻求共同点，等于前瞻性地接受了对方、认同了对方，对方只有在这种情况下才可能情不自禁地接受沟通主体，认同沟通主体，也就是说真正的沟通才能开始，才有可能取得效果。

一般说来，共同点越多，沟通双方在思想、认识、感情、心理上产生的共鸣感、共振感就越强。这种共鸣感在沟通的过程中发挥着极为重要的作用。在共鸣共振的同时，沟通主体与沟通客体之间的心理距离越来越近，认知距离越来越近，观念距离越来越近。慢慢地，双方的思维、情绪就会"同步"运动，于是很容易想到一起、走到一起。

沟通的过程是一个由外到内、不断深化、不断强化的过程。从承认"沟"的存在开始，首先是寻找共同点，这是浅层次的沟通，外在的、一般的沟通；其次是产生共鸣感，这是深层次的沟通，内在的、双向的沟通；最后是实质性的沟通，即追求并强化认同感的沟通。就一般规律而言，寻求的共同点越多，得到的共鸣感也就越强；得到的共鸣感越强，则双方的认同感也就越强。

6. 其他

（1）真诚的态度　有效的沟通应遵循的重要原则就是要以真诚的态度与他人沟通。俗话说："精诚所至，金石为开。"与人交往，最重要的就是要真诚。真诚表示愿意打开心门，使真情流露；愿意"打开天窗说亮话"，使真相大白。

真诚除了具有沟通的诚意之外，还表示愿意知无不言、言无不尽，让沟通过程通畅。所谓"推心置腹""肝胆相照"，正是如此。心理学家罗杰斯（Carl Ransom Rogers）认为，真诚就是表里一致，即心里所想的与实际所经验到的以及自己所表达出来的一致，浑然一体。他从经验中发现，最有效的人际沟通，乃是基于真诚的。

（2）尊重他人　所谓尊重，基本上就是承认对方有自由表达心中意念的权利。不管他（她）是什么人，都有存在的价值；不管他（她）以何种方式表达，他（她）的想法与感觉都值得尊重。实践表明：尊重可以与人为善，弘扬人性的光明面。实际上，尊重主要是态度问题，即使你不善言辞，你仍然可以用非语言行为表达出尊重。

（3）给予温暖　通过给予温暖，医务人员可以表达真诚的关心。温暖主要是使用非语言行为来完成的，如保持目光的接触、亲近而又不亲密的距离、触摸等。

（4）明确目的性　医务人员在与患者沟通之前，首先要明确与患者沟通的目的：是要收集信息，还是要证实信息；是分享信息、思想和情感，还是与患者建立信任关系。只有明确了这一点，才能保证在整个沟通过程中紧密围绕主题进行沟通，从而达到预期的结果。

二、常用的沟通技巧

（一）倾听

1. 倾听的定义

倾听是指信息接收者集中注意力将信息发送者所传递的所有信息（包括语言和非语言信息）进行分类、整理、评价、证实，以使信息接收者能够较好地了解信息发送者所说话语的真正含义。也就是说，信息接收者不仅要听信息发送者说什么，还应根据他所表现的非语言行为来正确解释他所说的话。

倾听并不是只听对方所说的词句，还应注意其说话的音调、语言的选择、流畅程度、面部表情、身体的姿势和身体的移动等信息。对于医患间沟通，倾听需要医务人员"忘掉"自己，考虑患者以及患者所说的话。倾听是把"整个人"参与进去，并且试图去了解对方想要传递的"所有信息"。倾听包括注意语言行为和非语言行为。

2. 倾听的技巧

为了做到有效地倾听，医务人员可以运用下列倾听技巧。

（1）参与　参与是指集中注意力，不受其他声音以及进入视野的其他事物的干扰，从而能够听清他人所说的话和看清他人所展示的非语言行为。换句话说，参与就是完全地注意对方，它可以表示全神贯注地倾听。具体要求包括：①准备花时间与患者交谈；②与患者保持适当的距离；③保持放松、舒适的姿势；④保持目光的接触；⑤避免分散注意力的动作，如看手表；⑥给对方以及时的反馈和适当的鼓励。

（2）核实　核实是接收和给予反馈的方法，即核对个人的信息内容。核实的内容包括：①仔细聆听；②观察患者的非语言行为；③试着去了解其含义；④直接询问患者，以验证医务人员所理解的内容与患者想要表达的是否一致。

核实的方法有：①复述。把患者的话重复说一遍，但不能加任何判断。②改述。将患者的话用自己的语言重新叙述，但要保持原意，且要突出重点。③澄清。将患者一些模糊的、不完整或不明确的叙述弄清楚。④总结。用简单、概括的方式将患者的话再叙述一遍。在核实时，医务人员应注意留有一定的停顿时间，以便让患者纠正、修改或确认医务人员的理解。核实的技巧有助于建立正确的同理心。

（3）反映　反映是指医务人员将患者所表达的语言和非语言信息展示给患者，以便于患者能够重新评价自己的沟通；或者在沟通中出现停顿时，医务人员可以重述患者谈话中的最后一个词或句子，以使患者确信医务人员在倾听，从而鼓励患者继续展开他的叙述。

（二）同理

1. 同理的定义

同理是指观察和确认他人的情绪状态，并给予适当的反应。也就是说，同理是设身处地，以对方的立场去体会对方心境的心理历程。

2. 同理他人的过程

同理他人分为两个阶段。

（1）观察和确认阶段　这是同理他人的第一个层面，在医疗领域里，是指医务人员识别和确认患者的感受。同理心这一层面强调的是知觉技巧，要求医务人员根据患者的语言和非语言线索来确认患者的情绪状态。因为在人际沟通中有 65% 以上的社会性意义是通过非语言信息传递出来的，所以敏锐地察觉伴随语言行为的非语言信息是医务人员了解患者所传递的感受的先决条件。

（2）适当的反应　同理他人的第二个层面强调适当的反应。适当的反应需要医务人员运用良好的沟通技巧让患者知道：①医务人员了解所发生的事情；②医务人员了解他（她）的心理感受；③医务人员愿意听他（她）继续讲下去；④医务人员愿意给予安慰和帮助。同理让对方觉得，你虽然不是他（她），但是，你懂他（她）的心，了解他（她）的意思，知道他（她）

的感受。当一个医务人员具有同理心时，会让患者有一种"真正被理解"的感觉。

（三）自我表露

1. 自我表露的定义

自我表露是指个体在自愿的情形下，将纯属个人的、重要的、真实的内心所隐藏的信息向别人吐露的历程。在人际关系中，自我表露是必要的历程，也就是说，如果我们要增进彼此间的了解，就必须做适度的"自我表露"。通过自我表露，我们表达了对彼此的信任，也展现了愿意与对方更深入交往的诚意。这个过程通常渐进而缓慢。随着自我表露的增多，人际关系也更趋亲密、稳固。鲁夫特（Joseph Luft）、英格汉（Harry Ingham）所创的"周哈里窗"（Johari Window），将一个人的自我分割成四扇窗，分别是"开放我""盲目我""隐藏我"和"未知我"。"开放我"是指自己知道、别人也知道的部分。"盲目我"是指自己不知道而别人却知道的部分。"隐藏我"是指自己心如肚明、别人却被蒙在鼓里的部分。"未知我"指的是自己不知道、别人也不知道的部分。

2. 自我表露的意义

透过自我表露，"开放我"会增大，"隐藏我"会缩小，因而增进彼此的了解；自我表露能引发别人的反馈，因而能缩小"盲目我"，加深自我了解；自我表露更能拆除原先筑起的心墙，直捣内心的深处，缩小"未知我"，发挥潜能，绽放人性的光辉。

（四）沉默

语言技巧固然重要，但它并不是帮助患者的唯一方法。医务人员不必以为在沟通的整个过程中都必须说话，实际上，以温暖、关切的态度表示沉默同样会给患者非常舒适的感觉。

1. 医务人员沉默的作用

在医患沟通中，医务人员的沉默可以起到如下作用：①给患者时间考虑他的想法和回顾他所需要的信息；②使患者感到医务人员是真正用心在听的；③给医务人员时间以组织更进一步的问题及记录资料；④给医务人员时间以观察患者的非语言行为；⑤当患者受到打击时（例如哭泣），医务人员保持沉默可以给患者提供情感支持。

2. 对患者沉默的理解

在医患沟通时，患者有时也会沉默，患者的沉默可以传递下列信息：①患者可能表示很舒服，而且对医患关系感到满意，继续谈话已经没有必要了。②患者可能想表明他有能力应对所有的事情而不需要医务人员的帮助。③患者可能在探究自己的情感，此时，医务人员跟他讲话可能会干扰他的思路。在这种情况下，患者真正想说"我需要时间想一想"。④患者可能是担心、害怕，他用沉默作为对所受到威胁的一种逃避。

3. 使用沉默的要求

医务人员应学会使用沉默的技巧，能适应沉默的气氛。医务人员甚至可以通过说下面的话而允许患者保持安静状态："如果您不想说话，您可以不必说。不过，我非常愿意能待在这里陪陪您。"沉默是一种重要的治疗工具，然而我们不能一直保持沉默，在适当的时候，医务人员需要打破沉默。

4. 打破沉默的方法

医务人员可以通过下列问话来适时打破沉默：①"您是不是还想说什么？（停一下）如果没有的话，我想我们可以讨论其他的问题了。"②"您是否可以告诉我您现在正在想些什么？"③"您看起来很安静，您是否可以告诉我这个问题对您所造成的困扰？"④当一个人在话说到一半的时候，突然停下来，医务人员可以说"还有呢？"或"后来呢？"，或重复其前面所说的最后一句话来帮助患者继续说下去。

案例 4-2 此时需要沉默

> 某晚，一位 MODS（多器官功能障碍综合征）患者抢救无效去世了，患者家属悲伤地哭泣着，实习护士李某见此上前安慰，说道："别哭了，上课时老师说这个病的死亡率很高……"话未说完，其中一个家属上前阻止其继续安慰。
>
> 其实，有的时候沉默也是一种安慰。
>
> 讨论：安慰有哪些方式？

（五）关注

每个人都希望自己具有重要性，希望被他人重视。如果这种需要获得了满足，个体就会产生自我价值感，从而拥有良好的感觉。因此，在医患间的沟通过程中，医务人员应该把重点放在患者及患者的需要上，而不应该放在医务人员或者医务人员所进行的医疗活动上。请看下面 3 个例子。

例 1：患者："我不知道为什么这些治疗这么令我恐惧。"

医务人员："您害怕这些操作？"

例 2：患者："我不知道为什么这些治疗这么令我恐惧。"

医务人员："让我们抓紧时间快点儿操作完，那样的话，你将没时间去担心了。"

例 3：患者："我明天要做手术了，真有点儿害怕。"

医务人员："噢，没什么可怕的。去年我也做了这个手术，现在一直很好。当时呀……"

例 1 中的医务人员把重点放在患者及患者的需要上；例 2 中医务人员把重点放在医疗操作活动上；例 3 中医务人员把重点放在医务人员本人身上，这种类型的反应使患者感到他们的感觉是不重要的，医务人员只专注于他（她）自己而不是真正关心患者。要与患者建立良好的关系，医务人员应牢记：在沟通中应把患者及患者的需要放在第一位，谈论他们感兴趣的话题，时刻让患者感觉到他们是最重要的。

（六）治疗性会谈

1. 治疗性会谈的概念

治疗性会谈是指医患双方围绕与患者健康有关的内容进行的有目的性的、高度专业化的相互沟通过程。它是医疗工作的基本组成部分，是收集患者健康资料的重要方法。治疗性会谈要求医务人员对会谈的时间、地点、目的、内容及形式进行认真的组织、安排及计划，并实施好计划，最后评价会谈的效果。

2. 治疗性会谈的目的

专业性和基于治疗目的的会谈有以下几个目的：①建立并维系一种积极的、开放性的医患关系；②收集患者的健康资料；③和患者共同探讨医务人员已经确认的健康问题；④和患者共同协商并制订一个共同期望的、目标清晰的医疗计划；⑤向患者提供信息和指导。

3. 治疗性会谈的过程

（1）准备会谈阶段　治疗性会谈是一种有目的、有目标的交谈，为使会谈成功，医务人员在每次会谈前都应该进行细致、周到的准备工作。准备工作包括：①全面了解患者的有关情况，阅读患者的病历以了解患者现在和过去的病史，必要时可以向其他健康服务人员询问有关患者的健康情况。②明确会谈的目标。③选择合适的会谈时间，根据患者的病情以及入院的时间选择会谈时间，通常选择医患双方均感到方便的时间进行。此外，应根据会谈的目的计划会谈时间的长短。④根据设定的目标确定具体的会谈内容，并列出提纲，使会谈能紧扣主题。⑤布置好会谈环境。首先，保证环境安静，减少环境内会造成患者注意力分散的因素，如关掉收音机和电视机。其次，要为患者提供环境上的"隐私性"，如关上门或摆好床头屏风，可能的话最好要求其他人暂时离开会谈的地方。最后，会谈期间应避免进行治疗活动，同时也要谢绝会客。⑥提前告知患者会谈时间，使患者在良好的身心条件下会谈。⑦医务人员的自身准备。医务人员在会谈前要做好身体上和心理上的准备。医务人员应仪表端庄、态度和蔼可亲、言谈得体，让患者产生信任感。

（2）开始会谈阶段　与患者会谈开始时，医务人员需要：①有礼貌地称呼患者，使患者有平等、被尊重的感觉；②主动介绍自己，告诉患者自己的姓名及职责范围，使患者产生信任感；③向患者介绍会谈的目的、会谈所需要的大概时间；④营造一个无拘无束的会谈气氛；⑤帮助患者采取舒适卧位。

（3）正式会谈阶段　在相互熟悉之后，医务人员需要：①根据会谈的目标及内容，应用会谈技巧，提出各种各样的问题；②以特定的会谈方法向患者提供帮助；③观察患者的各种非语言表现；④可以应用沉默、集中注意力、倾听等沟通技巧加强会谈的效果。

（4）结束会谈阶段 一般会谈结束时医务人员需要：①让患者有心理准备，如医务人员对患者说"我们今天只有 10 分钟的谈话时间了"等；②尽量不要再提出新问题；③简要总结会谈的内容；④询问患者有没有补充，这样可以补充医务人员没有想到的内容；⑤对患者表示感谢，并安排患者休息；⑥必要时预约下次会谈。

4. 治疗性会谈的注意事项

医务人员在会谈时需要：①对患者有同情心、责任感，关心患者；②尊重患者，对患者称呼得当，言语措辞得体；③尊重事实，实事求是；④善于体谅患者；⑤会谈时注意紧扣主题；⑥尽量少用专业术语；⑦应用人际沟通技巧；⑧注意患者的非语言表现；⑨注意对会谈内容的保密；⑩仔细做好会谈记录。

总之，沟通是一个不断发展的、复杂的过程，它需要有一定的技巧。和其他技巧一样，沟通技巧也不是一下子就能掌握并且运用自如的。它需要医务人员树立经常与患者及家属沟通的意识，并在医疗实践中不断应用以提高自己的沟通技能，同时，还要对自己的沟通情况进行客观的评价。医务人员只有掌握了沟通的原则并能灵活地、恰如其分地运用这些沟通技巧，才能与患者建立起良好的医患关系，最终达到为患者提供优质的、适应个体需要的身心整体医疗，使患者达到理想的健康状态。

思考题

1. 常见的沟通障碍有哪些？
2. 沟通障碍产生的原因有哪些？
3. 如何解决沟通障碍？
4. 促进有效沟通的原则有哪些？
5. 想想自己在以往生活或学习中遇到的沟通障碍的案例，并分析一下其产生原因。

第五章

组织沟通、团队沟通、群体沟通

学习要求：

掌握组织沟通定义及组织沟通的特殊方式，了解组织沟通的职能以及在组织内如何实现有效沟通；掌握团队沟通的含义及特点，了解不同发展阶段的团队沟通；能够区分团队与群体，了解群体实现有效沟通应该具备的特征。

在沟通中，经常遇到需要多人沟通的情景。当沟通对象是多人时，根据对象是否有组织性、沟通双方目标是否有一致性，可将多人沟通分为组织沟通、团队沟通和群体沟通。组织沟通、团队沟通和群体沟通对比见表5-1。

表 5-1　组织沟通、团队沟通和群体沟通对比表

多人沟通类型	人　数	组　织　性	目标一致性	沟　通　难　度
组织沟通	多人，人数不限	高度组织化	比较一致	难度中等
团队沟通	通常在 3～10 人	中度组织化	高度一致	难度较低
群体沟通	多人，人数不限	无/弱组织化	不一致	难度较高

第一节　组　织　沟　通

一、组织沟通的定义及内涵

组织沟通是管理中极为重要的内容，管理者与员工之间有效沟通是管理艺术的精髓。美国著名未来学家奈斯比特（John Naisbitt）曾指出：未来竞争是管理的竞争，竞争的焦点在每个社会组织内部成员之间及其外部组织的有效沟通上。

组织是按一定规则和程序为实现其共同目标而结集的群体，组织目标的实现与否取决于组织沟通是否畅通，有效的组织沟通有利于信息在组织内部充分流动和共享，可以提高组织的工作效率，增强组织决策的科学性、合理性。

组织沟通是指为实现和达成组织目标、传递信息和意义，交流思想和情感并执行信息的过程。所有涉及管理（计划、组织、检查、控制）和领导（方向指引、动机激发、能力培养、文化凝聚）功能内容的沟通都是组织沟通。组织沟通与一般意义上的沟通的区别主要在于，组织沟通特定的情境是工作场所，所以它既具备一般人际沟通的特点，同时又是工作任务和要求的体现。因此，组织沟通具有明确的目的，通过影响组织中每个人、每个部门的行为，使之与组织的整体目标相一致，并最终实现组织目标。组织沟通是按照预先设定的方式，沿着既定的轨道、方向、顺序进行，作为管理的一种日常活动而发生的。由于组织沟通是管理的日常功能，因此组织对信息传递者具有一定的约束和规范。

二、组织沟通的特殊方式

（一）正式沟通与非正式沟通

1. 正式沟通

正式沟通是指通过组织明文规定的渠道进行的与工作相关的信息传递和交流，它与组织的结构息息相关，如组织中上级的命令指示逐级向下传达、下级的情况逐级向上报告等。

正式沟通对内建立在组织内部管理制度之上，对外则依据社会主流的交往规则（如道德、法律）。优点是效果较好，比较严肃，有较强的约束力，易于保密，可以使信息沟通保持权威性。重要信息和文件的传达、组织的决策一般都采用正式沟通渠道。缺点是由于依靠组织系统层层传递，沟通速度较慢，比较刻板，不够灵活。另外，正式沟通很难做到双向沟通，因此沟通效果比较差。因此，组织为顺利进行工作，必须要依赖非正式沟通以补充正式沟通的不足。

2. 非正式沟通

在组织中，除了正式沟通之外，非正式沟通也是一条非常重要的沟通渠道。所谓非正式沟通，是指不通过组织的正式渠道而进行的信息传递和交流。如组织成员私下交谈、传闻和"小道消息"等。非正式沟通是以社会关系为基础的沟通方式，不受组织的监督，自由选择沟通渠道。通常情况下，非正式沟通不受社会层级的控制，并且在很大程度上与人们的切身利益休戚相关。

行为科学家认为，非正式沟通的目的不总是有关人员故意搬弄是非，或者为了满足传播"小道消息"者的好奇心。组织中非正式沟通也有非常重要的作用，具体表现在：

1）可以满足员工情感方面的需要。

2）可以弥补正式通道的不足。

3）可以了解员工真实的心理倾向与需要。

4）可以减轻管理者的沟通压力。

5）可以防止管理者滥用正式通道，有效防止正式沟通中的信息"过滤"现象。

非正式沟通的优点是沟通方便、内容广泛、方式灵活、速度快，而且由于在这种沟通中比较容易表露思想、情绪和动机，因而非正式沟通能提供一些正式沟通中难以获得的信息。但非正式沟通难以控制，传递的信息不确切，容易失真，而且，它可能导致组织内形成小集团、小圈子，影响组织的凝聚力和人心稳定。

（二）上行沟通、下行沟通和平行沟通

1. 上行沟通

上行沟通是指在群体或组织中从较低层次向较高层次的自下而上的沟通。员工利用它向上级（管理层）提供反馈，汇报工作进度，并告知当前存在的问题。上行沟通可以使管理者经常了解员工对他们的工作、同事和组织的总体感觉，以及了解哪些工作需要改进。上行沟通的困难更大，因为：角色差别使员工难于接近上级；或管理层的态度可能使员工有所顾虑，下情不愿上达，或有所保留。

2. 下行沟通

下行沟通是指在群体或组织中，从较高的层次向较低层次的自上而下的沟通。例如，群体的管理者给下属指定目标，进行工作指导，告知政策与程序，指出需要注意的问题，提供工作绩效反馈等。这种沟通可以协调组织内各层级之间的关系，增强各层之间的联系；但容易形成"权力气氛"，影响士气，且曲解、误解或搁置等因素使传送的信息量逐步减少或信息内容歪曲。

3. 平行沟通

平行沟通发生在同一工作群体成员、同一等级的工作群体成员或同一等级的管理者之间以及任何等级相同的人员之间。平行沟通可以节省时间和促进合作，加强信息传递的时效性和准确性。但是平行沟通也可能会促进非正式沟通的产生。

三、组织沟通的职能

组织沟通的目的是促进组织行动，即按有利于组织发展的方向影响组织的行动。组织沟通的作用可主要表现在下述几个方面。

1. 控制内部成员行为

组织沟通可能通过指派任务、设立目标、建立权威和责任等方式来控制员工的行为。比如，员工必须遵守组织中的权力等级化规章制度；有关工作方面的不满和抱怨，应首先跟直接上级沟通；必须按照工作说明书工作；要遵守公司的政策法规等。组织内正式沟通可能实现这种功能。非正式沟通有时也同样控制着员工的行为。比如，当某位员工工作十分勤奋并使其他成员相形见绌时，其他人会通过非正式沟通的方式控制该员工的行为。

2. 传递组织信息，征求员工意见，促进决策合理有效

信息由基层一级向上传递，上一级把收到的信息进行总结并消化，并在职权范围内采取行动，最终传递到最高主管部门。最高主管部门对收到的信息进行总结归纳，并用来进行决策。同时，组织在决策过程中和制定决策后，还必须进一步与组织成员沟通，征求成员的意见，让成员参与决策并对决策提出建议，从而使组织的决策更加合理、有效。

3. 统一组织行动，激励成员改善绩效

组织沟通可以使组织成员了解组织的内部政策、惯例、规章制度，并遵守这些要求，从而保持组织的统一性。在绩效考评方面，上级评价下级对组织所做的贡献，并将此评价传达给下级，是十分重要的，有利于下级了解自己的现状，了解上级对他们完成任务的看法，了解他们如何改进对组织的贡献，以及了解他们的前途，这将极大地激发组织成员的士气，使其工作更有成效。组织沟通还可以促进组织成员交流感情，分享成功和失败的经验，引导组织成员强化正向行为，避免错误的行为，改进组织成员工作，促进组织成功。

4. 情绪表达

对大多数员工来说，工作群体是主要的社交场所，员工通过群体内的沟通来表达自己的挫折感和满足感。因此，沟通提供了一种释放情感的情绪表达机制，并满足了员工的社交需要。

5. 逐步沉淀积累，塑造企业独特文化

组织通过内部不断沟通，逐渐积累经验，形成组织独特的沟通文化，进而积淀为组织文化，形成组织的沟通内涵，如组织间乐于共享的气氛，对他人的尊重、开放的沟通网络等。这些资源作为企业文化的重要内容，能够为组织的发展增添活力。

总之，在实际工作中，组织沟通实际上主要承担两个职能：一是帮助和支持组织成员完成组织目标；二是促使组织成员结合成一个统一的整体。

四、组织内有效沟通的实现

组织沟通受到组织结构设计、组织功能划分、组织信息管理制度、组织工作氛围、组织文

化、组织内人际关系等内容的影响。

如果组织结构不合理，例如组织机构过于庞大、中间层级太多，就容易在传递过程中发生信息失真，导致信息沟通的障碍；一个组织的气氛对信息接收的程度也会产生影响，信息发自一个相对高度依赖的组织，它被接收的可能性要比来源于气氛不正、相互猜忌和提防的组织高得多。

许多企业在组织沟通方面存在许多问题。一些企业的内部沟通渠道单一或不完善，缺乏灵活性，因而企业内部的信息传递进程缓慢，严重影响了企业的运作进程和决策效率。而另一些企业虽沟通渠道较为完善，但信息沟通反馈机制不健全，企业内部的沟通发起者根本无从了解信息的传递进程和决策的执行程度。还有一些企业中组织沟通存在的问题正是由于组织内的沟通者缺乏沟通技能。针对这些实际情况，要有效改善组织沟通应从以下几方面入手。

（一）学习沟通技巧

提高组织沟通者自身的沟通技能是改善组织沟通的根本途径。因为沟通者自身就是组织沟通的行为主体，他们的文化知识水平、知识专业背景、语言表达能力和组织角色认知等因素直接影响沟通的进行。如何提高组织沟通者的沟通技巧在前面已经论述过。

（二）在组织内建立良好的沟通机制

组织要充分考虑组织的行业特点和人员心理结构，结合正式沟通渠道和非正式沟通渠道的优缺点，设计一套包含正式沟通和非正式沟通的沟通通道，以使组织内各种需求的沟通都能够准确、及时、有效实现。

正式沟通渠道的形式有月会、周会、座谈会等，非正式沟通渠道有微信、周末旅游、小型聚会等。无论是通过哪种形式沟通，都要让员工说话，并且是说自己愿意说的话。

随着社会科学技术的进步，网络技术也已被用于组织的沟通领域。网络沟通的特点就在于超时间性、超地域性和沟通双方的互动性。通过互联网，一台计算机可以将任何时间、任何地点需要沟通的双方联系起来，传递信息速度之快、沟通方法之便是以往任何工具都不能比拟的。另外，网络也因其虚拟性这一特点，而为非正式沟通提供了良好的沟通平台。一些组织相继开设了网站论坛、微博、微信公众号、抖音等多种非正式的沟通渠道。在这些渠道当中，组织成员的沟通一般是在身份隐蔽的前提下进行的，所以这些沟通信息能够较为真实地反映组织成员的一些思想情感和想法。对于组织管理者来说，掌握、了解这些信息资料对他们日后的管理决策也是大有裨益的。

（三）在组织内建立沟通反馈机制

没有反馈的沟通不是一个完整的沟通，完整的沟通必然具备完善的反馈机制。否则，沟通的效果会大大降低。但是目前很多组织却没有重视沟通反馈的作用，这应该引起组织的重视。

反馈机制的建立首先应从信息发送者入手。信息发送者在传递信息后应该通过提问以及鼓励接收者积极反馈来取得反馈信息。另外，信息传送者也应仔细观察对方的反应或行动，以间接获取反馈信息。因为反馈可以是有意的，也可以是无意的，所以信息接收者不自觉流露出的震惊、兴奋等表情，都是反馈信息的重要组成部分。信息接收者在沟通反馈中实际上处于主体地位，但他们往往会因为信息发送者（通常是上级管理者）的威慑，而不能客观准确地做出信息反馈。这就需要接收者端正沟通心态，以实事求是的态度对待信息沟通，尤其是信息反馈。信息发送者也应积极接收信息接收者的反馈信息，使得组织沟通成为真正意义上的双向沟通。

（四）改善组织沟通环境

不难理解，组织沟通总是在一定环境下进行的，沟通的环境是影响组织沟通的一个重要因素。这种环境包括组织的整体状况、组织中人际关系的和谐程度、组织文化氛围和民主气氛、领导者的行为风格等。组织中和谐的人际关系是优化沟通环境的前提。平时组织管理者可以多开展一些群体活动（举办球赛、观看演出、聚餐等），鼓励员工之间的相互交流、协作，强化组织成员的团队协作意识。这些措施都能一定程度上起到促进人际关系和谐的作用。组织中民主的文化氛围和科学的管理者作风是良好的沟通环境的核心要素。所以，组织应致力于营造一种民主的组织氛围，组织管理者也应适当地改善自己的领导风格和提高自己的管理水平。在这些组织，管理者办公室的门总是敞开的，随时欢迎下属来沟通情况，交换想法；同时他们还在组织内部设立了奖励基金，奖励那些善于提出自己的并有利于组织发展的想法和意见的成员。与此同时，在领导方式上，他们善于充分发挥管理者非权力性影响力的作用，凭借自身的人格魅力去领导人，而不是用权力去领导人。并且他们善于和下属进行私人性沟通，准确、全面地了解下属的思想感情，为组织的管理沟通打好了良好的基础。

第二节　团队沟通

一、团队的概念

团队是两个或两个以上的个体相互作用和协作以便完成组织预定的某些特别目标的单位。团队的概念包含三个要素：①需要两个或两个以上的人员，团队的规模可大可小，但一般的团队规模都低于 15 人；②团队人员有规律地相互接触，彼此不打交道的人不能组成一个团队；③团队人员共享绩效目标。

二、团队沟通的含义及特点

所谓团队沟通，是指为了更好地实现团队目标，团队成员之间所进行的信息传递与交流。概括起来，团队沟通具有下述特点。

（一）平等的沟通网络

团队成员之间的关系是平等的，是一种任务的协作和分工，而不是管理与被管理的关系。根据这一特点，团队形成了内部平等的沟通网络，团队成员之间是平等的沟通关系。另外，在团队内既有正式沟通渠道又有非正式的沟通渠道，信息传递高效、直接，中间环节少。

（二）内部沟通规范化

与非正式团体相比，团队是一种工作协作方式，团队成员为着同一个目的工作，有共同的目标，团队中的成员共同对团队所要达到的目的负责，同样也对团队采用的工作方法负责。所以在这种情况下，团队的沟通是以任务为导向的，有一定的群体规范和路径。

（三）沟通气氛融洽

团队内充满着健康、坦诚的沟通气氛，成员彼此间不仅能有效地进行工作任务方面的沟通，而且能进行情感上的沟通。不仅如此，团队成员还具有很高的情商，在各种沟通情景下能够做到有效倾听他人的意见，并清楚地表达自己的观点。

（四）外部沟通频繁

团队要有效地实现自己的目标，就必须处理好与其他团队的关系。例如：团队要处理好与组织内的处于垂直关系的团队之间的关系，以使信息和资金流动通畅；要处理好与水平层次上其他团队及或部门之间的关系，以获得其他部门的技术支持和帮助；还要处理好与客户的关系，与社会公众的关系，以及团队制度、作风、文化与整个组织制度、文化之间的关系等。处理好这些关系，才能实现团队与其他团队之间的配合与协作，并最终更好地实现团队目标。

三、影响团队沟通的要素

团队沟通受到团队行为规范、成员角色分配以及团队领导风格等多种因素的影响。概括起来，影响团队沟通的因素主要表现在以下几个方面。

（一）团队行为规范

团队行为规范是团队成员共同遵守的行为准则，是团队内部的法律。在团队内部，规范的形成与延续需要团队成员的默契与相互认同。一般来说，团队的规模越大，团队的行为规范就可能越复杂。团队行为规范可以以明文规定的方式存在，如规定、条例等，也可以以心照不宣的方式存在。前者容易被遵守，后者往往被团队新成员忽略，或新成员会在不经意中触犯。

案例 5-1

> 　　在小组的每月例会上，老王向组长汇报了 3 月份的项目执行情况，老王的话音刚落，刚加入团队的大学生小李就接上话茬说："这个月的项目执行情况本应更好，如果……"小李说完后，会场一片寂静，平时热烈的气氛不见了。这是怎么回事呢？跟他坐在一起的小刘悄悄地对他说："这里发言要一个人一个人轮着来，主任讲完了，该轮到副主任，不要抢先……"
>
> 　　问题：这个团队沟通有哪些行为规范？不遵守行为规范可能导致什么情况？

　　这个案例表明，不成文的规范容易被触犯，一旦发生这种情况，其他成员就会以不同方式对"犯规者"施加压力，迫使其遵守。因此，团队内的沟通有时会显得很微妙。

　　通常，以下几种方式常用于"校正"违规者的行为：

　　1）让时间来"校正"，潜移默化。

　　2）以幽默轻松的方式提醒。

　　3）调侃违规行为。

　　4）严肃劝说。

（二）团队成员的角色

　　每个团队都由若干个成员组成，这些成员从团队成立之后到团队解体之前都扮演着不同的角色。按照团队成员对团队工作所起的作用，可将团队成员角色分成积极角色和消极角色两大类。

1. 积极角色

　　在团队中，起积极作用的角色主要包括以下几个。

　　（1）领导者　该角色能确定团队目标任务，并激励下属完成工作。

　　（2）创始者　该角色能为团队工作设想出最初方案，其行为包括明确问题、为解决问题提出新思想和新建议等。

　　（3）信息搜寻者　该角色能为团队工作不断澄清事实，搜集证据，提供相关信息。

　　（4）协调员　该角色能协调团队活动，整合团队成员的不同思想或建议，并能减轻工作压力、解决团队内分歧。

　　（5）评估者　该角色主要承担方案分析、计划等工作。

　　（6）激励者　该角色能起到保持团队凝聚力的作用。

　　（7）追随者　该角色能将方案付诸实施。

　　（8）旁观者　该角色能以局外人的眼光评判团队的工作，并给出建设性的意见。

2. 消极角色

　　（1）绊脚石　该角色是指那些固执己见、办事消极的队员。

（2）自我标榜者 该角色是指那些总想靠自吹自擂、夸大其词来寻求他人认可的队员。

（3）支配者 该角色是指那些试图操纵团队、干扰他人工作，以便提高自己地位的队员。

（4）逃避者 该角色是指那些与别人保持距离、对工作消极应付的队员。

在一个团队中，如果积极角色多、消极角色少，则该团队是通畅的和有效的；如果两类角色比例相差无几，或者消极角色大大多过积极角色，那么这样的团队就无效率可言了。因此，在团队管理过程中，应根据工作需要不断调整成员结构，尽量增加积极角色，减少或剔除消极角色。

（三）团队管理者的个人风格

管理者角色在团队中的作用举足轻重。管理者个人的性格特征、管理风格与团队沟通效果密切相关。如果团队管理者是专制型的，或是放任自流型的，那么团队沟通就会低效或无效。前者压制了来自团队成员的新思想、新建议，后者则会使团队沟通显得漫无目的。现代管理越来越强调柔性管理，所以团队管理者采用民主型的管理风格，无疑会使团队沟通更加有效。

四、不同团队发展阶段的团队沟通

团队的形成和发展大致可分为四个阶段：初创阶段、初见成效阶段、持续发展阶段和成熟阶段。有些团队在第二个阶段会止步不前，由于无法达到组织创建团队时的目的而出现功能失调。同样，即使是成熟的团队也会停滞不前，因拒绝接受新思想、新观点而背离原定的团队目标。

1. 初创阶段

这一阶段的团队沟通表现为谨慎相处型。团队刚形成、缺乏稳定性，这样的团队尚未确立统一的愿景，缺乏运作规范，领导职责不明确。从本质上讲，新形成的团队缺少组织文化，所以成员缺乏对团队的认同。这个阶段的团队成员可能表现出谨小慎微，即通过评价其他成员的态度和能力来决定自己该怎样做，他们对团队的归属感是暂时性的；也可能表现出很强的个人主义意识或对其他组织而非本团队的忠诚。这个阶段的团队工作效率很低，因为成员之间需要时间相互适应。

2. 初见成效阶段

这一阶段的团队沟通表现为相互竞争型。一旦确立了统一愿景，团队便开始完成组织交予的任务。在这一阶段，尽管团队成员解决了有关团队使命、目标、运作规范及领导者等问题，但团队本身依然只是名义上的，因为尚未形成团队文化，所以其成员仍然没有明确的团队意识，但是这一阶段与上一阶段相比多了一些活力和协调性。这个阶段处于初创阶段与持续发展阶段之间，团队成员可能为了其在组织中的地位或影响力而相互竞争，也可能对组织中的事情更加漠不关心。成员之间可能会在目标和主导性问题上发生争执，并且想方设法争取领导权。与此同时，团队成员对彼此的知识和技术能力有所认识。团队成员的经历不同，而且不同团队从初创阶段发展到这一阶段的时间长短也不相同。如果团队中的相当一部分人过去曾在一个紧密协作的团队中工作过，这一过程可能会短一些；如果团队是由第一次参加团队的人员组成的，且管理者试图将一个处于僵局中的团队改变成一个具有统一目标的团队，则这一过程可能需要更长的时间。然而，有些团队在这一阶段可能会陷入困境，无法在操作程序和优先权的问题上达成共识，有时甚至连应对常规问题都会有困难，更不用说去面对新的难题了。另外，由于团队成员存在个性差异，因此在团队工作过程中，一些成员的性格显得与其他人格格不入。在这个阶段陷入困境的团队，很可能从初见成效转变为功能失调。

3. 持续发展阶段

这一时期的团队沟通表现为和谐融洽型。团队在经历了竞争阶段之后，会建立起大家认可的正式或非正式的团队运作规则和工作程序，团队成员之间的合作显得比竞争更重要，他们能够像一个整体一样发挥作用。尽管成员在有关新方法或职位认定等问题上仍会存在分歧，但是这一阶段的团队成员对此持开放的态度，认为团队中的每个成员都可以发表不同的观点，提出不同的意见。

4. 成熟阶段

这一时期的团队沟通表现为协作进取型。进入成熟期的团队能够紧密协调地合作，因为团队成员已将团队文化完全消化吸收，进而融为自我意识的一部分。他们了解团队对每个成员的期望，因此会将时间和精力花在实质性问题而非一些程序性问题上。和谐的团队通常为自己制定很高的标准，因为他们了解自己的能力，并且相信每个人都能够履行自己的职责。团队成员以自己是团队的一员而自豪，也以自己能为团队的成功做出贡献而骄傲。处在成熟阶段的团队，一方面更具协调性，另一方面也有变僵滞的危险。由于团队成员都了解自己和他人的观点和办事方式，因此可能会变得自以为是，做事很容易想当然而不是深思熟虑。如果集体的意见代替了团队讨论中有建树的观点，这样就会轻易地抹杀掉个体的特性和建设性意见。团队如果进入这一阶段，可能就不会去寻找或接受新的观点和思维方式了，因而容易形成团队的官僚主义。团队中成员之间的关系既是一种协调性极强的沟通渠道，又是束缚自身健康运作的绳索，使其无法为组织创新和提高组织效率发挥应有的作用。

第三节　群体沟通

一、群体与团队的区别

群体是指两个或两个以上相互作用和相互依赖的个体，为了实现某个特定目标而结合在一起。在工作群体中，成员通过相互作用、共享信息、做出决策，帮助每个成员更好地完成自己的责任，但并不一定参与相同的工作项目。工作群体的绩效是每个群体成员个人贡献的总和，也不存在一种积极的协同作用。

群体与团队不同，工作团队成员的工作目标是统一的，通过其成员的共同努力能够产生积极协同作用，团队成员的努力结果使团队的绩效水平远远高于个体成员绩效的总和。

二、群体沟通的定义及特征

群体沟通指的是组织中两个或两个以上相互作用、相互依赖的个体，为了达到基于其各自目的的群体特定目标而组成集合体，并在此集合体中进行交流的过程。群体沟通具有如下特征：

1）有一定数量成员的社会群体应由两个或两个以上的人组成，这是构成群体的主体基础。在较大的群体中，还有一定的组织结构和一定的分工协作，并且有领袖人物的存在。

2）有为群体成员所接受的目标，群体目标是群体功能的具体体现，也是组织的灵魂，没有目标的群体也就失去了其存在的意义和价值。

3）有明确的成员关系，在成员中形成归属感，群体成员之间互相依赖，在心理上和行为上互相影响，围绕群体目标展开活动，具有相对独特的互动方式。

4）有某些行为准则、群体规范。有些是明文规定的，有些则是约定俗成的，以保证群体有秩序地、协调地开展活动。

5）时间上具有一定的持续性。任何群体都是现实的社会实体，它不仅占有一定的空间位置，而且在时间上也具有一定的持续性。从群体的含义和特征中可以看到，群体和我们一般所讲的人群是不同的概念。

三、群体沟通的优缺点

1. 群体沟通的优点

在充分地进行群体沟通之后，群体的信息共享、组织创新能力、成员的自我管理能力等一般会提高很多，群体沟通比一对一沟通的优越之处通常表现在如下几个方面。

1）产生更多的信息，使管理者决策、解决问题和思考问题更为全面，质量也更高。

2）提高了群体成员之间的理解，关系更加融洽。

3）因为"社会效应"，当人被他人包围时，会更有干劲和活力，所以团队有较高的动力和业绩水平。

4）消除影响问题分析和问题效率的个人偏差和盲点。

2. 群体沟通的缺点

以群体沟通合作方式解决问题，也存在着很大的局限性，具体表现在如下几个方面。

（1）时间和效率 以群体沟通的方式来解决问题或制定决策，会使过程变得很长，成员会因为集体思考而降低效率，尤其是在时间很紧的情况下，如果群体成员达不成一致意见，很可能使决策延误。

（2）群体压力 群体沟通中的"从众心理"可能导致不好的结果和决策。群体中会产生一种群体压力，这种压力会影响一个杰出的人，可能使他做出平庸的决策。

（3）专家或领导压力 群体沟通过程中，如果专家或领导不是以平等的、参与式的风格与其他成员沟通的，就会阻碍双向沟通的实现，有时不仅无助于问题的解决，而且可能恶化群体成员之间的关系。

（4）说而不做 群体更容易倾向于以说代做，因为大家都有"反正不缺一人决定"的感觉，不愿意去积极地解决问题。

四、实现有效群体沟通的要点

要实现有效的群体沟通，必须保证群体具有如下特征。

（1）团结意识 一个群体的团结意识是非常重要的，它是完成群体任务的保证。研究表明，团结往往来自于共同的兴趣，例如共同喜欢乒乓球、篮球等运动项目；也来自于工作中的相互了解，例如交往中相互欣赏、相互理解、相互交流。这些互动加深了感情、增进了友谊。

（2）重点突出 无论是群体讨论也好，还是完成某项任务也好，群体的领导者都是很重要的。只有把重点集中在存在的问题上，群体才能把任务完成得很好。

（3）规模适宜 当一个群体的所有成员都能与其他成员相互沟通和相互作用时，群体沟通就能最好地发挥作用。一般来讲，群体的规模以 3～10 人为宜。研究表明，最理想的群体规模为 5 人。如果群体人数太少，就不能有效地解决问题。如果群体人数过多，可以分为更小的群体，每个小群体做自己的工作；它们可以向上一级的群体提出建议等。

（4）适合的开会地点 群体在哪里开会经常影响会议总体气氛。开会的地点可以以群体成员是哪些人以及要解决什么问题为基础来选择。如果成员相互非常了解，人数也比较少，就可以在家里开。如果有一些不太熟悉的人参加，在公共场合召开适宜些。群体成员的座位也很重要，成员坐好后可以看清每一个人的脸，例如一个环形桌子就比较好。

（5）凝聚力 凝聚力也称为内聚力，是一种积极的力量，是群体成员相互吸引的感觉，也是群体在一起工作和互相帮助的一种能力，还是一种向心力。凝聚力较强的群体沟通效果比较好。

思考题

1. 组织沟通是指什么？

2. 组织沟通如何分类？

3. 组织沟通的职能是什么？

4. 团队沟通是指什么？

5. 团队沟通的特点是什么？

6. 影响团队沟通的因素有哪些？

7. 群体沟通是指什么？

第六章

危 机 沟 通

学习要求：

掌握危机及危机沟通的内涵、危机的特点及危机沟通应遵循的原则，熟悉危机的类型、危机的预防和控制，了解医院医患沟通的相关规定。

案例 6-1

某患者，男性，68 岁，汉族，丧偶独居，退休工人，家庭经济状况一般。患者双眼均患有老年性白内障，左眼视力 0.2，右眼视力 0.3，经常规检查后收住入院，欲行白内障摘除术。在术前各项检查和手术中，各位医生与患者均未再次确认手术眼别，而对右眼进行了白内障摘除手术，并植入了人工晶体，手术顺利，术后视力有所提高。但术后患者却提出原本希望治疗的是左眼，而手术眼的术后视力与术前比较无明显提高，因此，患者及其家属提出异议。

(1) 患者的心理状态和表现分析　老人独居多年，性格比较内向，平时寡言少语，手术眼与本人希望的有差异，而且视力不如想象中理想，因此产生焦虑，继而对医生产生不信任、不满意。术前医生未与患者再次确认眼别，手术虽然顺利，但患者及家属仍然认为接受手术的眼睛术前还能看得见，不需要治疗，手术是白做的，"医生开错了眼睛"，因此一度情绪比较激动，认定是"医疗事故"，医疗费应由医方承担。

(2) 沟通过程与成效　针对这一情况，医生与患者及家属进行了耐心细致的沟通，说明患者双眼均明确诊断为"老年性白内障"，根据现代眼科学理论，白内障摘除手术并不一定要等到白内障成熟后才进行，只要有利于提高生活质量且没有手术禁忌，就都可以进行手术治疗，因此该患者双眼均有手术指征。医方进一步表示愿意给予患者左眼也进行白内障手术治疗，患者表示同意。数天后，手术圆满成功，术后视力有明显提高，患者较满意。此时，医生再以沟通不够向患者表示歉意，患者表示理解，从而纠纷得以平息。

问题：上面的案例中，危机是如何产生的？危机沟通有哪些可遵循的原则？

从该案例中我们知道，医者应当时刻牢记：我们面对的不仅是疾病，还是活生生的患者，在医患关系中，医方更多地处于主动地位，更有义务对不同年龄、不同性格的患者给予关心和疏导。特别是在患者接受手术或特殊的检查之前，主刀或主管医生要与患者进行必要的交流，向患者介绍相关的医学常识、注意事项，关心患者的意愿和情绪，消除患者内心的恐惧、疑虑，这样不仅能建立良好的医患关系，还让患者配合医方接受必要的检查和治疗，并能避免不必要的医疗纠纷。在该病例的处理中，如果医师在术前工作得再细致些，多听取一些患者的想法，多了解一些患者的意愿，完全可以避免上述纠纷。当然，此案例的补救措施是卓有成效的。关键点在于沟通后患者同意接受左眼的手术，这使得矛盾有所缓解，从"开错了眼睛"转变为双眼手术，这显然是两个层面上的问题，前者可能是医疗事故，后者仅是沟通问题。这样使医方处于一个较为有利的地位，也为矛盾的最终解决铺平了道路。但是值得注意的是，眼科医生在实施检查、操作时必须牢记并反复查对，以免造成不良后果。

第一节 概　　述

"危机"作为一个复杂的概念，源自希腊的一个用于描述濒临死亡的医学术语。它的定义经过赫尔曼（Hermann）、罗森塔尔（Rosenthal）、里宾杰（Lerbinger）等学者不断地丰富和充实后，可以解释为：对一个社会系统及其组成单元而言，会引起潜在负面影响的大事件，如果不能及时、科学地解除，将危害到系统的基本价值和各方面的目标。一般认为，危机是指在决策者的核心价值观受到严重威胁或挑战、有关信息很不充分的情况下，事态发展具有高度不确定性和需要迅速决策等不利情景的会聚。具体地说，危机是指迅速推动社会的运行及医院（或其他组织）的工作由正常态向非常态转变的客观状态及其过程。

概括地说危机有四大特点。

（1）突发性　危机爆发的具体时间、实际规模、具体态势和影响深度，是不可预料的。

（2）模糊性　模糊性是指危机的风险性、不确定性。当危机来临时，会产生很多的冗余信息，人们很难看清危机的细节，对危机的发生难以预测，对危机的后果难以确定。任何危机对于组织而言都是新问题，没有规章、先例可循，使得组织对危机的回应困难重重、模糊不清。

（3）破坏性 由于危机常具有"出其不意，攻其不备"的特点，不论什么性质和规模的危机，都必然不同程度地造成破坏，造成混乱和恐慌。而且决策的时间以及信息传递本身所需的客观条件，往往会导致沟通的延误和不畅，从而带来不可估量的损失。

（4）涟漪性 危机一旦爆发，其破坏性能量就会被迅速释放，并呈迅速蔓延态势，如果不能及时控制，危机将会急剧恶化，呈现连锁反应，使利益相关者遭受更大损失。

在社会系统中存在多种危机，而医患危机是这个世界上种种危机中的一种。医院本是救死扶伤和治病救人的场所，每年全球有几十亿的门诊量和住院人次，有巨大的医疗需求。医院不同于一般性质的公益单位，它承载着许多沉重的社会责任。《西氏内科学》中对医学是这样解释的："医学是一门需要博学的人道主义"，在所有职业中，医生是最无法速成的职业之一。由于医院中的突发事件和危机往往会涉及人员的生命和健康，所以医院是各类突发事件中公众十分关注的地方和媒体聚集的焦点。

危机事件对医院的影响是很深刻的，这主要是由公众和危机自身的特点决定的，具体表现为四个方面。

（1）公众对医院形象的非理性认知 在现实中，医院面对的公众有专家学者型公众和一般公众，前者占少数，后者占绝大多数。专家学者型公众可以根据医院形象的理论体系，以及更为细节的医院医疗技术水平做出评价；而一般公众由于缺乏专业素养，对医院形象的认知属于非理性的，对危机中的医院容易"断章取义"，不考虑医院平时的表现，故而一般公众也很难对医院平时的表现有一个正确全面的认识。在这个意义上说，虽然一般公众对医院形象的评价在客观上存在一些问题，但是由于他们占绝大多数，一旦形成舆论，力量不可忽视。

（2）危机事件本身的深刻影响 当医院危机发生时，往往会影响一个甚至多个患者，导致人的生命、心理受到严重的刺激和创伤，在公众心里打上深深的烙印。医院在危机期间所采取的任何措施都可能招致公众的审视，被人们所记忆，一旦举措不当，就会影响医院在公众中的形象，甚至招来政府、媒体的关注。

（3）公众心理的"放大效应" "放大效应"是指由于对个体某一方面的特征尤其是行为特征的突出印象，掩盖了对其他方面的感知，进而扩大成整体行为特征，导致以点带面的结果。由于危机的破坏大、刺激强，因而公众容易产生"放大效应"，将一家医院的不当行为扩展为整个医疗行业的行为特征，或者当医院在一个危机中稍有差错时认为该医院一向如此，认为危机中表现不佳说明它平时的表现也不佳。

（4）舆论传媒的焦点作用 危机因其高度破坏性，天然地成为公众关注的焦点，能够激起公众的兴奋情绪。在危机中，公众的兴奋情绪是一股不可逾越的波涛：引导得好，会向着危机管理有利的方向发展；引导得不好，则不利于危机事件的处理，对医院形象产生巨大的负面影响。

当医疗纠纷危机发生时，患者和其家属的情绪往往是最为激动的。如果处理不当，就可能会使事态扩大，甚至造成不堪设想的后果；相反，如果处理得当，也可以使患者和家属积极配合院方，处理好医疗纠纷。所以危机之下，沟通工作显得尤为重要。

沟通中的信息是指组织中被理解的信息而非发出的信息，沟通是一个涉及思想、信息、感情、态度和印象的互动过程。美国威斯康星大学的教授丹斯曾经做过调查，发现人们对沟通一词的理解大致分为六种：①沟通是一种信息的共享活动，即"使许多人共有、分享、告之、分配"，由此一些学者强调沟通是一种通过信息的传递与交流而达到一致和共享的过程；②沟通是一种通过信息的交流，达到影响他人行为目标的活动，即在一些人中间传递某些信息而使他人在思想和行为方面发生变化的过程；③沟通就是一种信息、思想、情感的交流过程；④沟通是组织的黏合剂；⑤沟通是传递信息并被理解的过程，这种观点强调沟通不仅是信息的传递，还是对传递的信息的理解；⑥沟通是一个系统的范畴，是组织有机体的生命线。

著名的危机管理学家罗伯特·希斯（Robert Heath）明确指出：在危机管理中，沟通是最重要的工具。除在医疗纠纷中，在日常生活的许多纠纷中，我们都可以看到由于缺乏沟通而使纠纷更加恶化，甚至有些纠纷就是因为缺乏沟通而产生的。英国危机管理专家罗杰斯特（Regester）曾提出著名的危机沟通"三T"模式。

（1）主动沟通　主动沟通（tell your own tale）强调组织应主动披露危机信息，抢夺危机话语的主动权，形成对信息流的引导之势，而非被其"牵着鼻子走"。

（2）充分沟通　充分沟通（tell it all）包含信息的"量"和"质"两方面的要求：①提供尽可能多的信息给利益相关者（危机处理中也有保守机密的原则，在遵守这一原则的情况下要做到信息最大限度开放）；②提供最有价值的信息给利益相关者。

（3）尽快沟通　尽快沟通（tell it fast）是指要在最适宜的时机，通过最适宜的人，以最快的速度将信息告知利益相关者和公众。而医患之间的沟通不同于一般的人际沟通，是医患双方为了治疗患者的疾病、满足患者的健康需求，在诊治疾病过程中进行的一种交流。患者就诊时，特别渴望医护人员的关爱、温馨和体贴，因而对医护人员的语言、表情、动作姿态、行为方式更关注、更敏感。这就要求，医务人员必须以心换心、以情换情，站在患者的立场上思考和处理问题。医疗危机中的沟通也必须将患者视为"中心"，并围绕这个中心来形成有效的沟通方式，从而满足患者或者公众在危机中的特定需求。

因此，危机沟通是指以沟通为手段、解决危机为目的所进行的一系列化解危机与避免危机的行为和过程。危机沟通可以降低危机的冲击，并存在化危机为转机的可能。如果不进行危机沟通，则小危机可能会变成大危机，对组织造成重创，甚至使组织就此消亡。危机沟通既是一门科学也是一门艺术，它可以取得危机内涵中的机会部分，降低危机中的危险成分。

知识链接 6-1　医院舆情危机的特点

舆情，是由个人以及各种社会群体构成的公众，在一定历史阶段和社会空间内，对自己关心或与自身利益紧密相关的各种公共事务所持有的多种情绪、意愿、态度和意见交错的总和。医院舆情危机主要是指能够对医院正常运营或声誉造成潜在破坏的舆情。其特点总结如下。

1. 事件来源与扩散媒介转为网络

在新媒体时代，越来越多的医疗事件的来源与扩散媒介为网络。

2. 事件发生的不确定性

如今的舆情危机在发生之前毫无征兆，事发突然，无迹可寻。一天中的任何时间，在任何一个新媒体平台，任何一个网民，发出的一句抱怨、一张照片，都有可能引发一场舆情危机。

3. 事件传播的速度快、范围广

新媒体时代，在网络的催化下，几小时甚至几分钟就能使事件白热化。网络传播也打破了人际、地域限制。这就使得如今医院舆情危机事件的传播速度之快、范围之广，大大超出以往人们的预计。

4. 爆料者的目的可能非善意

舆情危机意味着医院正面临声誉严重受损的危险，一个负面内容的发布，不管程度深浅，总会对该医院形象产生一定影响。而爆料者的目的可能是非善意的。

5. 事件内容片面、失真

一方面，由于各种原因对事情真相理解有误，导致信息从源头上就已经与事实相去甚远。另一方面，在传播过程中难免出现信息的碎片化传播，或者片面放大传播。

6. 网民负面评价倾向性

由于网络的虚拟性、隐匿性，因而网络中存在大量虚假信息，但网民对虚假信息的辨识能力没有跟上网络发展的步伐。长久以来医患关系都是社会矛盾的焦点之一，这也使得群众会更容易相信医院的负面新闻。

资料来源：赵君，孔斌，杨莉敏. 医院面对新媒体舆情危机的应对模式. 中国卫生信息管理，2017，14（3）：506-509.

第二节　危机的类型

患者很容易把治愈的希望都寄托在医生或医院身上，但医术和疾病就好像"道"和"魔"

的关系，某种疾病需要多年的研究实践才能攻克，在这个过程中患者出于对生命和健康的渴望，一方面会不由自主地对治疗产生过高期待，另一方面也会表现出盲目的不信任，两种极端的心理使患者对治疗难以持有一个理性态度。而医疗危机的产生有很多复杂的原因，如医疗技术的不发达、医疗设备的不先进、医疗过程中双方配合不默契、医生没有恪尽职责等，总体归纳起来大致有三类。

一、由医方引起的危机

一方面，医学还是一门不断发展的学科，还有许多未知的领域，治疗的过程中可能出现的并发症尚未可知，这是不可避免的客观问题。另一方面，由于有些医院本身的医疗质量管理工作不到位，个别医护人员不遵守规章制度，缺乏严谨的工作态度和责任心，误诊和医治时的漏诊等时与发生，这些都可能引起危机。

二、由患者方面引起的危机

随着法律意识的增强，患者的维权意识增强，在医疗过程中，被治疗者不仅以患者的身份，甚至以维权者的身份参与治疗，一旦患者及家属认为其权益受到了侵犯，那么医患危机便产生了。

三、由社会因素引起的危机

医疗行业有着极强的专业性、发展性和不可知性，社会公众对其特殊性和风险性理解不够，一旦出现医患纠纷就难免过度偏袒弱方，特别是一些舆论和媒体夸大了医疗纠纷的负面影响，更增加了双方的沟通障碍。这些使双方原本应有的合作立场变成了对立立场。

患者及其家属面对疾病的治疗时，首先关注的焦点是治疗风险所带来的危害情况和程度，其次便是关注相应的防范和应对的具体措施，最后关注的是与其相关的其他信息。因而，患者及其家属可能对风险形成有层次分别的认知，并以可能出现的医疗危险为焦点，对其他相关风险信息的知觉进行轻重层次的划分，并考虑它们的逐渐延伸，这被称为风险信息的"焦点渐进知觉模式"。该模式表明，公众并非等权重地知觉风险信息，医疗风险沟通必须考虑公众信息知觉的层次。要想圆满地处理医疗危机，分析事件的起因非常重要。首先要区别医疗事件是由什么原因造成的，是目前的医疗设备、医疗技术无法企及所致，还是错误地行医、医生的不负责任及医患之间没有很好的配合所导致的。接下来双方就要积极沟通，对危机情况做出全面、理性、客观的调查分析，以便确定危机中的主要责任人、次要责任人等，为危机的解决提供良好的前提和依据。

第三节 危机的预防

危机沟通是危机管理的基础性手段，在整个危机管理中具有重要的地位。国内外学者在阐释危机沟通策略时主要集中于危机中和危机后两个阶段，却忽略了危机前的阶段。事实上，医疗沟通应该分为三个阶段：危机前、危机中以及危机后。第一阶段是为了预防医疗纠纷的产生，在危机出现前，沟通可以对危机潜伏期的情报进行及时处理，为准确分析危机发生的概率以及危机后可能产生的负面影响提供数据支持。第二阶段是为了危机出现后的解决，这时候良好的沟通更是必要，既可以防止事态恶化、信息误传、稳定人心，又通过宣传与互动，促进双方达成共识，团结一致，共同应对及解决危机。第三阶段是为了医疗纠纷的总结。通过与患者及公众的沟通，彻底解决危机留下的一系列问题，弥补危机造成的损失，避免类似事件再次发生，也为其他危机的解决提供良好的范例。因此，沟通在医治过程中，应该是贯穿始终的。

在患者就诊之时，医生和患者就应该建立良好的沟通关系，他们可以采取以下几种方式进行沟通。

一、床旁首次的沟通

在患者住院期间，原则上要求主管医师查房结束时，及时地将病情、病情的初步诊断以及治疗方案、进一步诊治检查方案等与患者进行沟通交流；护士在患者入院 12 小时内向患者以及陪护家属介绍医院及科室概况、住院须知，并安慰患者卧床休息，同时把沟通内容记在护理记录上。

二、住院期间的沟通

在患者住院期间，主管医生和分管护士必须对患者所患疾病的诊断情况、主要治疗手段、重要检查目的及结果，某些治疗可能引起的严重后果、药物不良反应、手术方式、手术并发症和防范措施及费用等内容与病人进行经常性的沟通，并将沟通内容记在病程记录、护理记录上。

三、集中性的沟通

对带有共性的常见病、多发病、季节性疾病等，要由科主任、护士长、主管医师、护士等一起召集病区患者及家属，集中对该病发生、发展、疗程、预后、预防及诊治过程中可能出现的情况等进行沟通，回答患者及家属的提问。至少每月一次，并记录在工作座谈记录本上。

四、出院后的拜访沟通

对已出院的患者，医护人员要采取电话访视或登门拜访的方式进行沟通，将患者出院后的康复状况、有无继续服药等做好记录，并保存妥当。

五、其他相关方面的沟通

对于重大或典型性疾病的发生，在不违反有关机密规则的情况下，应主动与媒体联系，鼓励其关注病情，这不仅能增强患者的治病信心，也是对医方的侧面宣传、监督，还是对医治过程的有效记录。

医患危机的产生是有阶段性的，大致可以分为四个时期。①前兆期。这一时期危机已成潜伏状，并可能出现某些征兆，向医患双方发出警告。如果不加以纠正，那么就会使情况恶化。②加剧期。危机的加剧期一旦到来就不会自行消失。这时，问题暴露、患者投诉、媒介追踪、公众关注、医院的声誉下降等状况接踵而来，有时甚至情况危急。③处理期。处理期包括危机全面呈现后的调查清理、双方的自我分析、院方安抚患者和联络媒介向媒体及公众发布处理决定等。④消除期。这一时期主要是落实整改，从医患危机中吸取经验、教训，依靠公共关系手段消除影响，请政府部门对有关医疗政策进行修正，从而形成新的医疗政策和措施。

医疗纠纷全面爆发前的危机潜伏时期，涉及医疗、护理、服务态度或管理等方面，引起患者或家属不满的情绪、冲突甚至对抗的种种问题都已在孕育和形成中。一旦危机出现，医院任何一位员工的言行都有可能影响事件的发展态势，所以危机的预防工作就必须从医院的每一位医护人员做起、做好。

（1）树立危机意识　医院培养全体人员树立危机意识，加强医护人员的危机防范意识和危机处理能力的培训学习，加强医务人员的责任心，树立全心全意为人民服务的理念，增强全体人员在医疗纠纷中的道德责任感和较强的承受能力。

（2）树立人文关怀理念　人文关怀本质是以人为本、以患者为中心的，表现为对人的生存意义、患者的生命价值、患者的权利和需求、患者的人格和尊严的关心和关注。大量的医疗事件证明，只有医学人文精神和医学科学精神相辅相成、互为补充，才是最佳的医疗途径。

在医患危机的预防中需要注意医治前的风险沟通。信任是风险沟通有效性的至关重要的指标，它在解决风险争议方面扮演着重要角色。只有信任，才能消除风险事件时的心理恐慌，理性应对医疗事件。在医患沟通中医患之间如果没有信任，就不可能克服沟通中出现的障碍。也就是说，信任是医患沟通中将医生与患者联结起来的中介，没有信任，不可能达成有效的沟通。

知识链接 6-2

信任需要经过很长时间的互动和努力才可能建立，却很容易遭到破坏，有三种行为导致信任丧失：①隐瞒事实，当危机发生时，患者和公众有权利知道事实的真相，隐瞒只能使事态更加恶化；②傲慢型，无论是面对事实真相时，还是在处理危机过程中，双方的态度都不能傲慢；③过度地自我防御、延迟处理、院方有关责任人置身事外，都会使双方对彼此失去信任。

在医疗风险的耐受能力方面，医方与公众之间的差距越大，双方沟通就越困难，达成共识的可能性就越小，要妥善地解决这个问题，公众就需要克服"零风险"的心理，调整自身的风险态度，提高对不确定性的耐受能力。因此在风险沟通中，医方应该详细地讲明治疗可能产生的一切后果，尝试有步骤地放开对"不确定性"的传播，而患方则需逐步转变"零风险"的观念，学会理性面对风险。

另外，可以通过建立医患危机预警机制来更好地应对医院危机事件（见图6-1）。

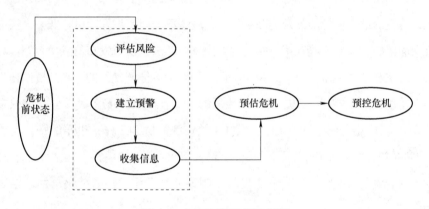

图 6-1 危机预警机制流程图

第四节 危机的管理

沟通是化解危机最重要的工具，贯穿在危机管理的每一环节中。无论事前的危机预防、事中的危机管理还是事后的恢复管理，都离不开沟通。放弃沟通，危机管理就无从进行；沟通不善，组织就会在危机的泥潭里越陷越深。因此，沟通管理是危机管理的核心。

一、建立危机信息沟通机制的重要性

危机信息沟通机制作为危机管理的核心，是危机管理参与者之间及其与危机利害关系人之间的信息传递与反馈机制。良好的危机信息沟通机制：有利于及时传递真实的危机信息，进而使组织（如政府）能及时启动危机管理系统；有利于公共组织（政府、医院或其他公共性组织）、公众传媒等形成应急联动，以便赢得危机管理参与者的理解和支持并达成应对危机的共识，在适度整合各方力量的基础上，形成应对危机的组织系统；有利于优化资源配置、降低危机管理成本，保证危机信息沟通通畅；有利于公共组织尽早掌握危机信息，最大限度地将危机遏止在萌芽状态，也可以通过启动危机应对计划、提前储备重要战略物资，遏制危机发展并降低危机管理成本；有利于树立良好的公共组织形象，加强与公众的信息交流，可以及时控制危机引发的社会恐慌，形成二者之间良好的互动关系。

二、注重危机沟通的时效性

鉴于危机发生时的意外性，以及发生后效果的迅速蔓延性，只有在最短的时间内和利益相关者进行沟通并共享那些必须让对方知道的信息，才能迅速控制局势。沟通的时间迟滞会引发诸多负面影响，如致使危机扩散和恶化，失去对危机处理的内、外部支持，引起利益相关者的猜测和不信任，等等。危机事件所涉及的公共信息，应该第一时间披露，以降低公众获取信息的成本，稳定公众的信心；如果未能在第一时间内做出反应，未能及时发布信息，人们就会对公共组织失去信心，而重获公信力是要公共组织付出百倍的努力才能够挽回的。在危机沟通中，经常提到"24 小时"原则，有关专家认为，危机发生后的 24 小时是最关键的，即公共组织应在获悉危机发生后的 24 小时内启动危机管理机制，做好相关资源的协调工作，也要做好一切应对及处理工作。危机沟通中的"第一时间"原则，即不要等到问题全部搞清楚以后才发布信息，而是要第一时间向公众表明公共组织的立场和态度，表明该公共组织关注着危机，并且启动了相应的机制来处理危机。

三、危机中的沟通原则

良好的危机沟通：可以防止信息的误传；可以灵敏地启动预警系统；可以在短时间内控制事态；可以对危机潜伏期的情报及时进行处理，为准确分析危机发生的概率以及危机后可能发生的负面影响提供数据支持。沟通中要把握的一些必要的原则如下。

（一）与患者的沟通原则

1. 态度真诚，语言得体

首先要懂得倾听患者的申诉。所谓倾听，就是要充分给患者以阐述自己的意见和想法的机会，并设身处地依照沟通对象表达的思路来思考，鼓励他人倾诉他们的状况与问题，找出对方说话的合理性，以充分了解患者，收集自己所不知道的信息，并把患者引导到所要沟通和讨论的议题上来，协助他们找出解决问题的方法，使患者感到自身的价值和所受到的尊重。倾听要有相当的耐心与全神贯注，要懂得适时地鼓励、询问、做出反应与复述。①鼓励。促进对方表达的意愿。②询问。以探索方式获得更多对方的信息资料。③做出反应。对对方的倾诉有积极的回应。④复述。用于讨论结束时，确定没有误解对方的意思，以便依此采取相应措施。

2. 尊重患者的知情权

医护人员与患者沟通时，要把治疗过程中可能发生的情况（如并发症、药物副作用等）尽可能详细告知患者；对于医学知识要多做些解释，以便增进医患间的相互理解和信任，避免医疗纠纷的发生。面对危机时，患者往往由于知识的局限性等原因表现出极大的情绪波动，因此除了紧急救治外，情绪安抚、信任机制和沟通渠道的建立也是重点工作。留意对方对病情的认知过程和对交流的期望值，给予相应的应对措施。注意一定不能强求对方即时接受事实，避免使用过激的词语和语气刺激患者的情绪，避免使用对方不易听懂的专业词汇，避免使其渴望了解事实真相的心理更加急躁，更要避免试图改变和压制患者的情绪，应该适当地给他们释放压力的空间，并且适时地舒缓他们的情绪。

（二）与媒体的沟通原则

此外，医患危机发生时，医院要及时与媒体及其他相关者沟通。媒体是把"双刃剑"，在危机管理中的作用既有其积极的一面，又有其消极的一面。媒体的积极作用主要表现在可以为危机管理者提供有关危机预警信息，帮助院方更好地做好危机预防工作，帮助院方传递危机的真实信息、避免谣言传播，媒体客观、公正的报道有助于树立院方的良好形象。媒体也可能成为危机的制造者或"导火索"，使医患危机进一步扩大，许多危机都是从媒体对某一事件或内幕曝光而开始发展的，如果院方在医患危机出现时及爆发后不及时与媒体联络，就无法通过它们向公众发布事实真相，对谣言所造事实加以澄清，危机的危害程度就可能会进一步加剧。

因此，在与媒体沟通时要注意以下几个原则。

1. 要在第一时间进行沟通

为了避免危机的影响进一步扩大，沟通部门要有目的地选择信息传播渠道，在第一时间主动与媒体沟通，将危机有关信息对外披露，同时，也要防止不正确的信息蔓延。

2. 要设立专门的小组和媒体建立信息传递和沟通的渠道

为确保信息的连续性和准确性，要设立专门的部门和发言人与媒体进行沟通，发言人要及时跟踪最高危机管理层对各类危机信息传播的意见。

3. 要妥善处理和媒体的关系

媒体是信息传递的主要载体，由于它获取信息的及时性要求可能给沟通部门造成压力和反感，因而沟通部门常对媒体抱有敌意，而与其对峙，或者用一句"无可奉告"搪塞。事实上，这并不能阻止媒体报道危机事态，因此，沟通部门应明智地采取积极的态度与媒体合作，尽快将危机的实际情况和对危机的看法呈现给公众，这才有利于危机的解决。

从媒体深切关注医疗纠纷这一现象看，医院与媒体以及相关方的沟通很重要。这并非是危机出现时的临时性措施和权宜之计，医院平时应该与媒体维持良好的互动关系，运用媒体的宣传报道，展示医院风貌和医务人员的风采，展现医院在医疗技术及服务方面取得的新成果，让社会及时了解医院。在出现问题引起媒体关注时绝不能采取"鸵鸟政策"——回避问题、态度傲慢、不顾事实、苍白辩解，否则必将使医院陷入被动的境地，应冷静沉着、态度坦诚，同时协同各级政府以及主管部门从医学发展的科学性、局限性、风险性、不可预测性出发来正确引导媒体对医学的理解。

四、建立医院的"医患沟通制"体系

把"医患沟通制"纳入医院质量管理体系，医务部、护理部、质量考核办公室将定期抽查，查病历了解"医患沟通"记录情况，并且不定期进行督查，了解医患沟通的实施情况，听取患者意见。由考核办公室通报实施效果，并加以评价，提出改进措施或意见，向全院通报。对拒不执行"医患沟通制"和在执行过程中仍有患者投诉、患者不满的，则按相关规定给予处理。

医院应设立网络平台进行沟通监督。网络为沟通双方提供一个公正、沟通障碍最小化的交流平台，这一多元互动的信息平台，除了能秉承程序公正外，更能增强公众对信息来源的信任，强化透明度，以网络的公共论坛与网民及时沟通等方式，获取医疗事故涉及的对象及公众对医疗事故的认知和评价，以及他们最迫切、最关心的议题，倾听其呼声，还要对他们的要求给予不同程度的回应和反馈。对于公众来说，这样加强了他们参与和影响事件处理的能力，同时有了参与和影响政策的机会，从而增进他们对突发事件的自我学习和理解。要将这一平台发展成集对话、平权、沟通为一体的窗口。

总之，医院要尽力避免医治过程中出现医疗危机，尽力减轻患者及家属的恐慌情绪、减少社会不安定的因素，必须采取切实有效的措施，建立良好的医患沟通渠道，联合媒体理性传达信息，满足公众特定的心理需求。医院必须全方位地加强危机管理，强化应对医患危机能力，建立必要的危机应急机制，完善信息披露机制，建立应急长效机制，建立专才储备机制，完善问责纠错机制，建立善后恢复的保险机制。

思考题

1. 为什么会发生沟通危机？

2. 危机有什么特点？

3. 危机有哪些类型？

4. 危机预警机制是什么样的？

5. 与媒体沟通时有哪些原则？

第七章

会见与面谈

学习要求：

了解会见与面谈的基本含义、目的、种类、特点和过程，明确有效会见与面谈的原则、特点，掌握几种主要会见与面谈方式的基本程序与技巧。

案例7-1　本人比简历更能打动人

李林在爱声公司担任培训师已经十余年了。她当年找工作时，爱声公司才成立两年，规模也不如现在大。当时爱声公司给她的反馈是："虽然我们眼下不打算招聘培训师，但是你还是可以马上把简历寄过来，因为我们总是在挖掘人才。"

翌日，在爱声公司刘总的办公室里，秘书拿来了李林的简历，并说："我告诉她和您面谈得预约，可她执意要见您。"刘总扫了几眼简历，发现还不错，但没什么过人之处，他感觉李林有点咄咄逼人，但出于礼貌，他还是接见了李林。就在他见到她的一瞬间，他发现女孩本人比她的简历更能打动人。

她的从容淡定、明亮的嗓音、充满朝气的举止、优雅的姿态和真诚的笑容，无一不流露出自信、体现出才能。就在见面握手的那30秒钟，刘总感觉，自己已经进一步了解了简历之外的那个李林。

他们面谈了半个小时。两个月后，李林如愿以偿地被录取了。

资料来源：魏江，严进. 管理沟通：成功管理的基石. 高等教育出版社，2013.

案例7-2　展现真实的自我

　　小庄是1999年毕业的，谈到如何得到这份工作时，他说："我并不认为自己在面试中有多突出，我只是在面试中把真实的自我展现出来了。"

　　小庄应聘的是一家公司的文秘工作。当他得知应聘要面试时，心里怦怦直跳，因为他从来没参加过面试，而他也不是那种善谈的人，所以他觉得自己没戏了。但是，就业形势的严峻，让小庄不得不硬着头皮上了。在面试前，他做了一系列准备，揣测考官会问什么问题，并翻阅了一些文秘书籍。尽管如此，小庄还是很担心自己的临场发挥。

　　小庄说，当时考官问的问题，他心里怎么想的就怎么回答出来，没有过多的技巧。"虽然我觉得自己回答得并不是很出色，但完全都是自己的想法，可以说，我在考官面前展示了一个真实的自我。"面试结束后，小庄觉得自己表现不好也不坏，心里有些忐忑。

　　一周之后，小庄坐在这家公司的办公室里，成为一名文秘职员。现在小庄已经不再是秘书了，但他仍在这家公司任职，并找到了更合适自己的工作。

　　资料来源：姜文刚.卓越员工有效沟通.北京工业大学出版社，2012.

　　问题：面谈中都有哪些重要的因素？

第一节　概　　述

一、会见与面谈的含义

　　会见与面谈，是日常生活中经常发生的活动，也是管理工作中发生频率很高的活动。管理者需要经常与各种人打交道，掌握会见与面谈的技能，能够帮助管理者更好地进行人际沟通，提升管理效益。

　　会见，是面对面近距离的即时会面。会见的主要目的是收集信息、传达命令、交换意见和解决问题。会见不是一般的见面，它是管理活动中进行管理沟通的重要方式，是获取信息最常用、最直接、最有效的工具之一。

　　面谈，是指一种涉及两名或以上人士的对话，由一方发问，并由另一方回答。面谈的一种常见形式是面试，为大部分员工招聘过程中必备的一环。此外，面谈也是市场研究中一种收集资料的方式。

　　综上，会见与面谈就是"人与人面对面的相会与谈话"。会见是面谈的条件，面谈是会见的手段。会见与面谈的关系是相辅相成、密不可分的，在很多时候其含义甚至是相同的。二者的不同之处在于，与面谈相比，会见的正式程度更高，参加的人可能更多，而面谈通常是指参与人数较少的正式会面。

管理意义上的会见与面谈，是一项为了达到预定目的而有组织、有计划开展的沟通交流活动。面谈不同于日常生活中的见面或闲聊。面谈是有目的、有计划、正式的，一般受场所限制，排除无关信息，非常讲究技巧性；而自发性交谈一般是礼貌的寒暄，是无目的、自发、非正式的，不受所限制，无须排除无关信息，无须特别讲究技巧性。

管理者进行招聘面试、绩效反馈、交流信息、解决问题等活动时，都需要用到会见与面谈的方式，以达到预期的效果。它是管理者获取信息最常用、最直接、最有效的工具之一，更是一种非常有效的人际沟通技巧。管理学研究结果表明，面对面的沟通是所有沟通方式中运用沟通技巧最丰富的方式，其快速和高效最能满足沟通双方交流和反馈的需求，因而成为管理者常用的沟通方式。

我们一般称发起会见与面谈的一方为访谈者（或者面谈者），称应约接受会见与面谈的一方为面谈对象。

二、会见与面谈的特点

（一）目的性

目的性，是会见与面谈区别于一般闲聊的基础，也是其关键所在。会见与面谈先要确定对话目的和主题，再围绕主题发挥，尽可能获取合适的资料。根据目的的不同，会见与面谈的形式、技巧也不尽相同。

（二）计划性

会见与面谈是管理中的正式活动，要根据会见与面谈的目的，制定预案，确定和谁谈（Who/ Whom）、谈什么（What）、何时谈（When）、何地谈（Where）、怎样谈（How），周密准备，认真实施，有计划地进行。

（三）控制性

会见与面谈中，双方的角色是有一定差异的，至少有一方处于控制地位，或者由双方共同控制。通常访谈者组织和控制面谈，处于主动地位，引导面谈进行。

（四）互动性

互动性既包含双向性，也包含即时性。与其他沟通方式一样，会见与面谈必须是双向、互动的沟通与交流，而不是简单的、单向的教训或者批评。并且，只有双方都愿意倾听、倾诉、分享彼此的意见，即时对沟通内容做出快速的反应，双方特别是访谈者能够灵活掌握和处理，才有希望完成一次成功的会见与面谈。

　　四个特点中，目的性是最基本的，其他特点是为实现目的性而服务的。实现目的性需要有计划以及一方或双方的控制，同时也离不开双方的互动和即时反应。以上这些特点决定了会见与面谈是一种具有较高技巧性的沟通交流方式，需要管理者反复实践，提高会见与面谈的技能。

三、会见与面谈的目标

　　任何会见与面谈都必须有明确的目标。只有确定了目标，才能决定怎样去实现这个目标。会见与面谈的目标，大致可以包括以下几个方面。

（一）交流信息

　　交谈双方通过双向的信息交流，完成信息收集或者发布，达成面谈目标，探求新的信息，如上下级交流、新闻采访、师生面谈、汇报工作、交流看法、收集信息、市场调研等。面谈的信息，可以分为主观性信息和客观性信息两类，其具体内涵如图7-1所示。

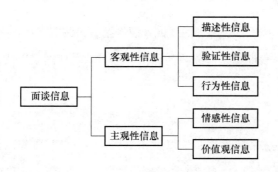

图7-1　面谈信息的内涵

（二）改变观念或行为

　　通过自己提供的信息与资料，影响对方判断，以达到转变对方观念、改变对方行为的目的，如产品推销、训导劝告、绩效评价等。

（三）做出决策

　　通过面谈，了解情况，以便做出工作上的决策，确定适当的人选从事某项工作或者完成某项任务。

（四）解决问题

　　通过面谈，接受面谈对象的咨询或者申诉，达到解惑释疑、纠正偏差的效果。

四、会见与面谈的分类

　　根据不同的标准，会见与面谈可以分为不同的种类。

面谈根据重要程度，可以分为正式面谈和非正式面谈。正式面谈，即双方按照确定的时间、地点，按照规范的礼仪和程序进行的面谈；而非正式面谈，主要是为了联络感情、加深了解，往往是为正式面谈做准备的。

根据面谈过程中提问的控制程度，面谈可以分为非结构化的面谈、一般结构化的面谈、高度结构化的面谈以及高度结构化（标准化）的面谈。

根据面谈涉及的目的，可以分为招聘面谈、绩效反馈面谈、交流信息面谈和解决问题面谈四种。

（一）招聘面谈

招聘面谈是常见的面谈类型。通过面试者与应试者面对面地接触和问答式交谈，招聘单位可以了解应试者的情况，做出正确的录用选择；同时，应试者也可以了解用人单位，找到合适的工作。

（二）绩效反馈面谈

绩效反馈面谈也称考绩面谈、考评面谈或者评价面谈，是指绩效考核结束后，管理者向面谈对象反馈管理者对其工作表现和工作绩效的评价，双方对考评结果达成共识，探讨工作中存在的问题并提出改进措施。

（三）交流信息面谈

交流信息面谈包括信息收集面谈和信息发布面谈两种。信息收集面谈是常用的调研方式之一，包括数据信息、客观事实、主观评价和感受等内容，结果常采用研究报告或者面谈记录等形式。信息发布面谈，主要是访谈者向面谈对象发布信息，如上岗培训中向员工发布单位情况、工作职责、岗位说明等，使面谈对象尽快适应新环境、新岗位。

（四）解决问题面谈

解决问题面谈包括咨询性面谈、申诉性面谈、解惑性面谈和纠正性面谈。

第二节　会见与面谈的过程

一、会见与面谈的一般过程

从沟通的一般过程来看，会见与面谈是一个互动的沟通过程。这个过程通常包括三个阶段，即准备阶段、实施阶段和总结阶段。每个阶段都有大量的细节工作，只有认真细致地完成这些工作，才能实现一次有效的会见与面谈。会见与面谈的一般过程如图7-2所示。

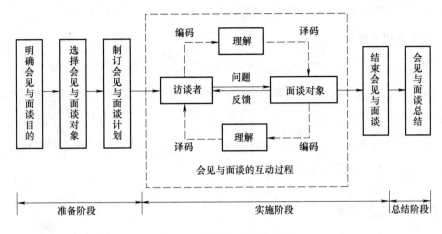

图 7-2 会见与面谈的过程

二、会见与面谈准备

凡事预则立，不预则废。做好准备，是会见与面谈成功的关键环节。充分的准备可以缩短实际会见与面谈的时间，提高会见与面谈的效率和质量。会见与面谈的前期准备工作，一般要从明确会见与面谈目的、选择会见与面谈对象、制订会见与面谈计划（包括收集相关信息、选择时间地点、设计会见与面谈结构）等环节入手。

三、会见与面谈实施

会见与面谈实施阶段是会见与面谈的主要阶段。任何准备工作都是为开展有效的会见与面谈实施服务的。实施阶段主要包括营造氛围、阐明目的、交流信息、结束会见与面谈四个步骤。

（一）营造氛围

营造一个双方认可、适合交流的氛围，对于开展有效会见与面谈十分重要。由于双方角色的差异，面谈对象往往具有紧张心理。因此，访谈者需要在一开始就着力营造一种宽松、和谐的气氛，缓解面谈对象的紧张情绪，促进信息交流，提高会见与面谈的有效性。同时在会见与面谈的整个过程中，要不断注意气氛是否受到了破坏，要有意识地保持这种和谐、开放的气氛。

（二）阐明目的

当会见与面谈气氛调节好之后，访谈者即可简明扼要地向面谈对象说明会见与面谈的目的、步骤、进度安排，以及访谈者的期望等。切不可认为会见与面谈目的显而易见而将其忽视，除非有某种特殊目的需要有意不向面谈者透露。

（三）交流信息

交流信息是会见与面谈的关键阶段，它大约占用 90% 的会见与面谈时间，主要通过问答来获取信息、传递信息和交流信息。掌握提问技巧和提问方式在这一阶段显得尤为重要。

（四）结束会见与面谈

当访谈者获得了所需信息之后，或者约定的面谈时间已到，会见与面谈就应该及时结束。在结束会见与面谈时：访谈者应该对内容做简要的归纳，以便确认双方对问题的理解与认识，避免误解；同时也可以为面谈对象提供了解相关信息的机会，并感谢其合作。

会见与面谈双方道别并不标志着任务已经完成，而只表示访谈者已获得相关材料，后续还须进行会见与面谈总结，以达到最终目的。

四、会见与面谈总结

通过会见与面谈解决问题，这是会见与面谈的原始目的和终极目标。会见与面谈结束后，立即对会见与面谈过程中掌握的信息进行归纳、总结和分析，据此提出解决问题的方案，促成问题解决。

会见与面谈总结一般包括检查记录、分析总结、撰写报告等环节。

第三节　会见与面谈的原则与技巧

一、会见与面谈的一般原则

（一）尊重和坦诚

会见与面谈中，双方的地位是平等的。只有双方互相尊重、坦诚相见，才能克服对立思维，客观、理性地了解对方。不管是共识多于分歧，还是分歧多于共识，只有双方相互尊重和坦诚，交流才能正常进行。

（二）充分准备

做好充分准备，是会见与面谈成功的关键因素。访谈者掌握的信息越多，会见与面谈成功的可能性就越大。因此，要想获得成功，就必须做好大量的基础准备工作。

（三）措辞精当

面谈对象往往会从会见与面谈的措辞中，了解访谈者的知识水平、思维方式、价值观念等，从而决定自身的态度和反应。因此，面谈时访谈者要力求措辞简洁、精当。言语内容要准确、明确，不能模棱两可，要努力做到言之有理、有信、有益、有情，言辞对路，有针对性。

（四）守时，合理利用时间

不论是访谈者还是面谈对象，遵守时间的一方总会给对方留下良好印象。尤其是访谈者，遵守时间、合理分配和利用时间，往往是会见与面谈成功的重要因素。

（五）灵活把握

为了有的放矢，访谈者需要事先准备、精心谋划会见与面谈内容。但是，在会见与面谈过程中则要灵活掌握，控制与开放并重，既要让面谈对象充分表达，又不能任其漫无目的地自由发挥。

二、会见与面谈的常用技巧

（一）了解会见与面谈对象，周密准备

成功的会见与面谈取决于周密的计划和准备。只有经过充分准备且目的明确的会见与面谈，才能达到预期的目的。完备的会见与面谈准备工作，包括明确会见与面谈目的、选择会见与面谈对象、确定会见与面谈内容、安排时间地点、策划会见与面谈方式等。会见与面谈准备工作的基本清单见表 7-1。会见与面谈对象可以参照准备或事前了解其中各项。

表7-1 会见与面谈准备工作清单

准 备 项 目	准 备 内 容
目的（Why）	希望通过会见与面谈达到什么目的？ 需要交流信息吗？交流什么信息？ 寻求观念或行为的改变吗？ 需要解决的问题的性质是什么？ 如果无法说服会见与面谈对象，有无满意的退路？
对象（Who/Whom）	他是组织内部的还是外部的？ 他的职位如何？是我的上级、下级还是平级？ 他是否对我心存偏见？ 他的个人和家庭情况如何？ 他参与会见与面谈的能力如何？ 他对会见与面谈的可能反应或弱点是什么？ 他的性格特点是什么？
内容（What）	会见与面谈的主题是什么？ 需要提问的问题有哪些？ 了解（介绍）事情的全貌，还是略做提示？ 面谈对象可能提及的问题有哪些？ 我对会见与面谈内容的控制程度如何？
时间（When）	会见与面谈在哪一天及这一天的什么时间进行？ 会见与面谈前是否给予自己和会见与面谈对象足够的准备时间？ 会见与面谈可能被打断吗？ 会见与面谈前可能会发生哪些影响时间安排的意外？
地点（Where）	会见与面谈在什么地点进行？是否受到及如何避免干扰？ 如何布置环境（座位、光线、温湿度、色彩、装饰）？ 你在会见与面谈中处于什么位置？ 会见与面谈前后可能发生哪些影响已安排地点的事情？

（续）

准 备 项 目	准 备 内 容
方式（How）	应该如何表现？如何实现目标？ 我的仪表、举止、措辞要给会见与面谈对象什么印象？ 营造什么样的会见与面谈氛围？以何种方式开始？ 如何注意倾听和反馈？ 如何考虑提问的顺序？ 如何避免被打扰？ 是否需要小心谨慎、多听少说？

（二）营造氛围，避免障碍

良好的开场和气氛，是会见与面谈成功的重要因素。下面是几种常用的开场和营造氛围的方式：①简短的寒暄；②以问题为先导，简要概述双方或者一方面临的问题，与会见与面谈对象一起讨论，或就某个问题诚恳地征询意见、寻求帮助；③列举我方切实可行的建议并陈述其好处；④以某个引人注目的事实打开话题；⑤提及会见与面谈对象对某一问题的看法；⑥不谈问题本身而谈其背景、原因，以缓和对立情绪；⑦明确请求占用会见与面谈对象 10 分钟或者几十分钟时间，以获得会见与面谈对象的允许和理解。

注意禁忌在会见与面谈中也很重要。例如，不要评价会见与面谈对象的观点，更不要与会见与面谈对象发生争论，同时要注意不要让会见与面谈对象喧宾夺主、耽搁时间，而且注意不要给神情紧张的面谈对象施加压力；注意提问方式、语气语调和体态语言，注视会见与面谈对象等。

（三）阐明目的，巧妙提问

开场之后，访谈者要明确地向会见与面谈对象阐明本次会见与面谈的目的，并开始会见与面谈的提问。

提问的功能，主要表现在定向、激发、反馈三个方面，即通过提问，把会见与面谈对象的思维活动引向会见与面谈议题，激发双方的信息交流与反馈。

1. 提问顺序

最常见的顺序有三种：

1）由一般到特殊，即从大方面开始问起，逐步缩小范围，称为漏斗型。

2）由特殊到一般，即从小方面开始问起，逐步扩大范围，称为倒漏斗型。

漏斗型和倒漏斗型使用背景见表 7-2。

表7-2　漏斗型和倒漏斗型使用背景

漏斗型使用背景	倒漏斗型使用背景
试图发现会见与面谈对象的总体看法 避免诱导会见与面谈对象回答 想尽可能地探求问题 会见与面谈对象愿意讨论该话题	在总体反应之前了解特定事实 想要鼓励不愿开口的面谈对象 想唤起会见与面谈对象的记忆

3）各个不相关的问题的平衡组合，称为隧道型。适用于只要求获得对多个问题的最初答案，而不要求了解进一步的情况。

2. 提问控制

提问控制，是指针对会见与面谈目的恰到好处地提问，即有效把握提问的数量和质量。研究人员根据提问的控制程度，把会见与面谈划分为以下四种。

（1）非结构化的会见与面谈　它没有十分周详的计划或问题框架，会见与访谈者只要围绕会见与面谈的目的，对几个可能涉及的领域或问题做一些思想准备即可，需要尽可能地鼓励会见与面谈对象完整回答问题。

（2）一般结构化的会见与面谈　它包括比较周全的计划和准备回答的主要问题的框架。如果需要做进一步调查，还应该准备一些更深入的问题，这些更深入的问题只在会见与面谈对象没有自愿提供所要求的信息时才使用。

（3）高度结构化的会见与面谈　所有问题都是经过事先周全准备的，这些问题以完全相同的方式向每一个会见与面谈对象提出，有些问题可能是不限定答案的，但这类会见与面谈通常都是封闭式的。

（4）高度结构化（标准化）的面谈　所有问题都是经过事先周全安排和计划的，且同时预先给出了可能的答案，会见与面谈对象可以从多项限定性答案中做出选择。这些问题都属于封闭式问题。

3. 提问方式

（1）封闭式提问　这类提问给会见与面谈对象的选择自由度很小，通常只有一个明确的答案，可以帮助会见与面谈对象进行判断，有些类似于考试的选择题。

（2）开放式提问　这类提问允许会见与面谈对象在回答时有很大的自由空间，可以有效地鼓励会见与面谈对象做出其认为全面完整的答复，帮助访谈者更多地了解情况。比如："你对这个问题怎么看？"

（3）是非性提问　这类提问把答案限定在两个可能或者简单的"是"或者"不是"中。

（4）引导式提问　这类提问带有一定的倾向性，常常有意无意地将会见与面谈对象的反应引导到访谈者所期望的方向。比如："你是否像大多数人一样喜欢使用 A 产品？"

（5）提示性提问　这类提问可以帮助会见与面谈对象正确理解访谈者的提问。

（6）重复式提问　访谈者向会见与面谈对象"重复"对问题的"答复"的理解，方便确认某个问题或者对几种不同表达加以归纳或总结，同时可以使对方了解自己在集中精力、认真倾听。比如："刚才你说的是 A 这样吗？"

（7）假设式提问　这类提问给出某种假设的情景，用以考察会见与面谈对象处理某一问题的能力或者了解其态度、见解。这种问题为应答者提供了在具体的环境背景下处理问题的机会，也可以更进一步探究其对某个问题的态度及处理方式。比如："如果你是经理，会如何处理这个问题？"

（8）中性提问　这类提问要求访谈者在提问时严格保持中立态度，不要给予会见与面谈对象任何有关偏好的暗示，以提高答案的真实性。比如："对这件事你有什么看法？"

（9）追踪性提问（深入性提问）　访谈者基于会见与面谈对象对前一个问题的回答提出问题，以便更多地了解细节，进一步加深对会见与面谈对象的认识。比如："你认为自己的沟通能力较强，可以举例说明一下吗？"

（10）别有用意的提问　这类提问往往是访谈者给会见与面谈对象设定的"圈套"，一般与追踪性提问一起使用，即先提出一个看似平常但"别有用意"的问题，把会见与面谈对象界定在一个特定背景下，然后用追踪性问题继续追问。这种手段对提问的技巧有很高的要求。

开放式问题与封闭式问题的优缺点见表 7-3。

表 7-3　开放式问题与封闭式问题比较

	开放式问题	封闭式问题
优点	访谈者有更好的机会观察会见与面谈对象 容易回答，给会见与面谈对象的压力较小 易揭示访谈者的兴趣所在	对访谈者的技巧要求不高 花费的时间较少 访谈者较易控制会见与面谈过程 较容易比较会见与面谈对象的回答
缺点	通常需花费较多的时间 通常较难记录与评价所获的信息 难以控制会见与面谈的过程	能够提供的信息量有限 有时会影响彼此间的沟通 难以为会见与面谈对象展示额外信息提供机会
运用场合	了解会见与面谈对象优先考虑的事情 让会见与面谈对象无拘束地表达看法 明确会见与面谈对象的知识深度 了解会见与面谈对象的表达能力	节省时间和精力 控制会见与面谈的局面 从会见与面谈对象外获取特定的信息 可避免会见与面谈对象泛泛而谈 鼓励会见与面谈对象完整地描述一个特定事件 鼓励腼腆的人说话

（四）有效倾听，观察反应

在会见与面谈中，要认真倾听会见与面谈对象的谈话，仔细观察其反应。要实现有效倾听，就要精心准备，为倾听营造良好的环境；要保持良好的精神状态，调整好自身心态，多从会见与面谈对象的角度（如背景和经历）出发，消除成见，克服思维定式的影响，客观地理解信息；要适度使用开放性动作和表情，以表达接受、包容、尊重与信任，给予面谈对象呼应。

（五）适时记录，归纳总结

适时记录，是使会见与面谈对象感觉受到重视的方式之一。当然，会见与面谈之前应该先征求会见与面谈对象的意见。如果会见与面谈对象同意，则应当在会见与面谈过程中适时记录好会见与面谈的要点或者重要信息，同时应保证不影响自己积极倾听或回应对方。如果会见与面谈对象心存顾虑，则不必勉强记录，而应用心倾听，把握会见与面谈对象谈话要点，在会见与面谈结束之后及时补上记录。

结束语是整个会见与面谈过程结束的标志。要尽量使用一种亲切、清楚的结束语。结束语主要包括：感谢会见与面谈对象花了宝贵的时间接受会见与面谈，或者期待有再次会见与面谈交流的机会；概述会见与面谈的要点；视情况请会见与面谈对象做最后的评论；握手告别。

握手告别只是会见与面谈实施阶段结束，而不是整个会见与面谈阶段的终止。完整的会见与面谈还需要总结和反馈。首先，要及时整理会见与面谈记录，没有在会见与面谈当时记录的，要及时追记补录。其次，要撰写面谈报告，做出结论，评价是否达到了会见与面谈的目的，是否取得了预期的效果。最后，要总结自己在此次会见与面谈中的得失，明确不足，以利今后改进。

（六）注重礼仪，事半功倍

在会见与面谈的活动中，人们逐步形成了一套约定俗成的见面礼仪，包括握手礼、名片礼、脱帽礼等。这些礼仪能起到表达尊重对方的愿望、体现文明风尚等作用。会见与面谈双方如果能在一开始的会见与面谈中注重礼仪，就往往能达到事半功倍的作用，留下重要而良好的第一印象，为接下来顺利地开展会见与面谈打下基础。

（1）握手礼　握手礼是中国人最常见的见面礼和告别礼，很能显示一个人教养水平。最普通的握手方式是会面双方各自伸出右手，手掌均呈垂直状态，然后五指并用，稍许一握，时间以3秒左右为宜。握手时，上身要略向前倾，头要微低一些，通常距离受礼者约一步，两足立正，上身稍向前倾，伸出右手，四指并齐，拇指张开与对方相握，微微抖动2～3次，然后与对方的手松开。

握手要讲究次序。一般地说，男女之间，男方需待女方伸出手后才可握手，而且要轻握，更不能长时间不松手。如女方不伸手，没有握手的意愿，男方可点头致意或鞠躬致意。

宾主之间，主人应先向客人伸手，以表示热情、亲切。如接待来宾，不论男女，女主人都要主动伸手表示欢迎，男主人也可以先伸手向女宾表示欢迎。

当年龄与性别情况复杂时，一般仍以女性先伸手为主。同性年长的先伸手，年轻的应立即回握。

有职位差别时，职位高的先伸手，职位低的应立即回握。

（2）名片礼　名片礼是指初次相识时，双方往往要互呈名片。呈名片可在交流前或交流结束、临别之际，可视具体情况而定。递接名片时最好用双手，名片的正面应朝着对方；接过对方的名片后应致谢。一般不要伸手向别人讨名片，必须讨名片时应以请求的口气，如"您方便的话，请给我一张名片，以便日后联系"。

（3）脱帽礼　脱帽礼见面时男士应摘下帽子或举一举帽子，并向对方致意或问好；若与同一人在同一场合前后多次相遇，则不必反复脱帽。在庄重、正规的场合应自觉脱帽。

（七）重视会见与面谈中的非语言交流

会见与面谈中并非只有口头语言的交流，还有表情、肢体动作的交流。非语言交流是交换信息的重要手段之一，可以为我们提供发现隐蔽情绪感受的线索，要求我们不光用耳朵去"听"，同时也要用眼睛去"听"。虽然非语言可能与语言相比不够确切肯定，但有研究表明，非语言线索可能比语言线索更可靠。因此，正确识别非语言交流的含义对提高会见与面谈技巧有重要作用。

第四节　几种常见的会见与面谈

一、招聘面谈

招聘面谈又称招聘面试，是很常见的一种会见与面谈形式。它为招聘单位提供了考查应试者的机会，也为应试者提供了自我展示和了解工作信息的机会，同时招聘单位也可以借面谈的机会来进行企业宣传，提高业内知名度。因此，双方对此都很重视。

（一）分类概述

按照不同的分类标准，招聘面试可以划分为不同的种类。

按照面试的模式，可以将面试分为口试和模拟操作两种。口试包括交谈式、问答式、辩论式、答辩式、演讲式和讨论式，主要考查应试者的思维能力和表达能力。模拟操作即应试者扮演特定的角色，完成特定的实际工作，以表现其某项技能，主要考查应试者的实际工作能力。

按照面试的用途，可以将面试分为招工面试、招聘面试、招生面试、选拔面试等。

按照面试的人数，可以将面试分为个别面试和集体面试。个别面试又称单独面试，是指面试者和应试者单独面谈，是面试中最常见的一种形式。个别面试的优点是能够提供面对面的机会，让双方进行比较深入的交流。集体面试主要用于考查应试者的人际沟通能力、洞察与把握环境的能力、组织领导能力等。在集体面试中，通常采用小组讨论形式，协作解决某一问题，具有情境性、典型性和可操作性。

按照面试的规范化程度，可以将面试分为结构化面试、半结构化面试和自由化面试。结构化面试实施的内容、程序和技法，在面试前都经过完整的设计，可以降低盲目性，保持结果的统一性，增加面试的可信度和有效度，但不够灵活。自由化面试实施的内容、程序和技法，在面试前完全不确定，实施时由面试者随机而定，有利于鼓励应试者多谈，但难以保证面试结果的一致性和统一性，不便于比较。半结构化面试就是将结构化面试和自由化面试结合起来进行，虽然面试前对内容、程序和技法有所设计，但是面试中可以调整，或者一部分在面试前确定，另一部分在面试中自由确定，因而兼具两种方式的优点。

按照面试的作用，可以将面试分为初试和终试。初试的作用主要是增进双方的了解，过滤基本条件不合格的应试者。终试的作用是从初试通过的人选中，考查了解应试者的实际能力与发展潜力，结合多种测试方法，最终做出录用与否的决定。

按照面试对应试者施加压力的大小，可以将面试分为压力式面试和非压力式面试。压力式面试是指在面试中给应试者较难的情景或者问题，以测试其在"压力很大"的情况下的思考判断能力、应对能力、气质性格和修养素质。而非压力式面试，则尽量为应试者创造一种友好、轻松的环境，让其充分表现自己。

（二）基本程序

招聘面试的基本程序，包括职位分析、制订面试计划、组织实施三个步骤。

职位分析。职位分析就是全面收集招聘职位的有关信息，并对该职位的工作内容、任职资格（知识、技能、能力等）进行描述，撰写职位说明书。职位分析是招聘面试的范围和依据。

制订面试计划。一个好的面试计划，可以保证面试工作正常开展，可以使面试者控制局面和节奏。制订面试计划，主要考虑面试者（面试小组）、面试时间、面试地点、面试策略、面试试题、评价标准、面试过程、复试事项、录用决策等方面。

组织实施。做好准备工作之后，即可进入面试的实施阶段。实施阶段主要是获取应试者的相关信息，为录用提供基础信息和依据。

（三）面试原则

充分准备。事先确定需要面试的事项及范围；拟定面试纲要，包括问题、问话次序及方式；了解应试者的资料等。

紧扣目的。面试者必须始终紧紧围绕面试目的，只问与目的有关的问题。防止偏离主题、浪费时间。

控制时间。在面试之前，面试者要根据面试人数与面试总时间，合理分配面试每位应试者的时间，预先规定一个基本的时间范围，避免前紧后松或者前松后紧，尽量做到均匀分配时间。

全面观察。要贯彻科学原则，全面观察每一位应试者。不要仅仅根据个人的喜好或者直觉测评和挑选应试者，要注意应试者的非语言行为，了解其心理素质。要防止晕轮效应，即不能简单地基于某一方面的印象对其做出整体判断。

一视同仁。要充分尊重每一位应试者。所有应试者都有同等的权利，这种权利不应该因为面试次序的不同而不同，也不应该因为其性别、年龄的不同而不同。这就要求面试者在面试中必须使用"同一把尺子"，不要出现难易程度与时间长短等方面的差异，应做到一视同仁、公平公正。

鼓励应试者。面试者应该用鼓励的眼光来看待应试者的表现，这会让他们更积极地做出反应，从而更积极地展现真正的实力。

防止以偏概全。面试者不应该根据自己对应试者某一方面的喜好而决定自己对其的态度和看法，不能带着成见看待其整个面试表现。

树立形象。面试的作用是双向的，面试者在测试应试者的同时，应试者也在评价用人单位的水平和前景。面试者的水平一定程度上代表了用人单位的水平，面试者的表现优劣也决定了用人单位能否吸引高水平的人才。

（四）面试技巧

营造和谐气氛。和谐的气氛是面试能顺利进行的"润滑剂"。由于招聘面试的性质，应试者免不了有些紧张，所以面试者营造和谐气氛显得更加重要。如在面试开始时适当聊聊家常，可以缓解紧张的气氛，使应试者能够表现出真实的素质和能力。

保持超然心态。要以客观的心态面对应试者，不要把自己的成见带入面试之中，尤其要防止"与我相似"（如同乡、校友等）的心态，确保面试的公正性。

适当提问。适当的提问，如按照逻辑顺序提问，有助于应试者保持清醒的头脑，发挥出真实的水平，也有助于用人单位招聘到合适的人才。特殊情况下，出其不意的问题可以了解应试者的真实情况或想法，测试应试者的反应能力和心理状况。

运用工具。适当运用面试工具，可以防止片面的结论，提高面试的可信度和有效度。如"面试评分表"就是面试中常用的工具之一。"面试评分表"充分考虑了面试项目的重要性（权重），其评分结果兼具了重点突出与全面考虑的优点。典型的面试评分表见表7-4。

表7-4 面试评分表

姓名		性别		编号	
面试者		应聘职位		面试日期	
序号	面试项目	权重	等级分		得分
1	个人成就				
2	知识与技能				
3	兴趣与爱好				
4	价值观念				
5	求职动机				
6	思维表达				
7	个人修养				
8	仪表形象				
	总分				

注：表中的项目得分 = 权重 × 等级分。

圆满结束。在面试结束之前，面试者要确定自己是否问完了计划中的所有问题，同时询问应试者是否有遗漏之处需要补充或者修正，之后便可圆满结束面试。

（五）面试问话参考提纲

面试者可以以"面试评分表"的内容为基础，设计出有针对性的面试问话参考提纲。表7-5给出了包括背景经历、知识技能、价值观念、智力性格、动机期望、兴趣爱好、思维表达、仪表仪态十项内容的面试问话参考提纲。

表7-5 面试问话参考提纲

考查项目	问话要点	提问方式
背景经历	不应局限于单纯的背景和工作简历，而是把注意力集中在应试者近期经历 深入考查责任感、业绩以及和其他工作的关联	你所学的知识和经验对应聘的工作有何帮助？ 可不可以谈谈你平时一天工作的典型工作流程？目前你最重要的工作设想是什么？你以前工作中取得了哪些杰出的成就？你工作中遇到的大的困难有哪些？你是怎样处理的？
知识技能	了解应试者的专业理论知识、专业知识应用能力 了解相关知识面的广度	提问专业术语和专业知识 提问知识的运用能力 提问其他常识性知识
价值观念	价值观念和个人品质的判断	你对人生目标和追求是什么？ 你对目前某种社会现象的看法如何？
智力性格	防止以貌取人	你认为怎样可以使你在应聘的职位上做得更好？ 如果与其他部门发生矛盾，你会怎么办？ 你性格中最大的优缺点分别是什么？
动机期望	对工作的态度；应聘动机对工作行为的预期影响；求职与变换工作的原因；期望的合理性和可满足性	你为什么对这份工作感兴趣？对这份工作（包括薪酬）有什么要求？ 可以简单谈一下你在2~5年内的职业目标吗？

（续）

考查项目	问话要点	提问方式
兴趣爱好	兴趣和爱好与职位要求的相关性	你怎样安排业余时间？ 你觉得理想的工作应该是怎样的？
思维表达	思维的逻辑性、分析问题的透彻性以及表达的清晰性	在应试者对各种问题的回答中判断
仪表仪态	礼仪、服装、举止、精神状态	从面试整体印象来提问

（六）应聘技巧

在就业竞争十分激烈的当今时代，若要谋求一份理想的工作，应试者应当掌握一些基本的应试技巧。

注意第一印象。要有得体的着装、良好的修饰、恰当的礼仪、热情的态度、适度的幽默感和微笑、出色的控制力、充满自信、对面试者的尊重与关注等。

收集相关信息。通过各种正常途径（如宣传资料、网站、产品等），获取用人单位的相关信息，在应试中展示这种信息将有利于提高被录用概率。同时也要了解目前的市场需求以及社会行业的发展趋势。

充分了解自己。可以选择做 SWOT 分析以了解自己的长处和短处，充分、严格地审视自己，了解自己喜欢什么、擅长什么等。同时在分析过程中也要适当考虑自己的工作条件要求，如工作岗位、薪资、工作环境等。

充分准备问题。面试中的提问大多是标准化的，应试者可以通过事先准备来扬长避短，以最佳方式展现自己的才能。

确认提问内容。如果面试者所提问题范围过大以致不知从何答起，或者对问题的意思不明白，应试者切不可贸然作答，一定要采取恰当的方式去搞清楚。例如，可以请面试者重复问题并且给予更加具体的提示。

回答简繁适度。面试者提问是为了深入了解应试者的情况，过于简短的回答会妨碍这种了解，并使面试陷入尴尬的局面。应试者可以根据自己的情况适度发挥，或者将话题引申到自己的特长上来。但是，切不可随意发挥，离题跑偏。

主动营造气氛。应试者不要简单机械地应对提问，而应该主动适应面试者，积极营造融洽的面试氛围。在融洽的环境下面试，双方都会留下良好的印象。

注意答问措辞。在面试中，措辞的简洁和高雅也是很重要的。要注意避免粗俗的词语和口头禅，避免滥用术语、故弄玄虚，要言之有物，不要废话连篇。

注意非语言行为。面试过程中，要与面试官保持目光接触、眼神交流，表情自然，吐字清晰、流畅，不要语速过快或过慢，态度要积极、热情。同时要避免过于夸张的非语言行为，不要用手指点、说话不要摇头晃脑等。

巧妙回避问题。应试者有权拒绝回答面试者提出的某些问题，特别是那些与工作关系不大或者容易带来歧视性印象的问题。

适当扬长避短。每个人在性格上或专业上都有自己的优势和不足，必要时可以委婉地说明自己的不足，并用其他方法加以弥补。

恰当询问。在面试过程中，如果应试者想要了解的问题尚未得到答复，可以询问面试官，如"公司为员工提供哪些发展和培训计划？""我的工作如何接受监督？"等，但一定要注意询问应随机应变、恰到好处，不要让面试者产生厌烦情绪，影响面试效果。

二、交流信息面谈

交流信息面谈并不直接解决某些实际问题，其主要目的就是交流信息——访谈者收集信息、发布信息，或者与面谈对象一起探求新信息。

收集信息面谈，也是平时最常用的调查研究方式之一。信息收集的内容通常包括数据、事实、描述、评价、感受等。收集信息面谈方式常用在市场调研、事故调查、员工离职调查、计划跟进、部门冲突处理等过程中。收集信息面谈的结果，常常包括报告或者研究文件，如新的政策、改革措施等。

调研面谈的双方较多采用简洁、容易记录、便于分析的封闭性问题，多使用规范的问卷调查方式，以提高调研结果的可信度和有效度。

离职面谈是一种较为特殊的面谈，目的在于了解员工离职的原因，特殊性在于获取真实信息的难度。如果一定数量的员工因为相同的原因而离职，就说明该组织在某方面确实存在问题，需要改进。另外，离职面谈中，访谈者要控制自己的情绪，以鼓励离职者说出心里话为宜，对离职者的观点做出适当的反应，澄清事实，合理解释，不要曲解离职者的原意，并设法安抚离职者的情绪，不要激化矛盾。成功的离职面谈可以帮助管理者找出组织内部管理方面可能存在的不足，进而有效预防人才的流失。

发布信息面谈，以访谈者向面谈对象发布信息为主。如单位新员工上岗培训的迎新会见，向新员工介绍单位情况和岗位要求，向员工代表宣布单位的某项重要决定，向管理骨干发布企业经营状况信息等。发布信息面谈的主要目的，是通过传递信息来影响和激励面谈对象，增强组织的凝聚力。

（一）准备问题

首先，要根据面谈目的，收集相关的背景信息。其次，确定在面谈中交流（收集或者发布）

什么信息，用什么手段和方式交流这些信息，在什么时间和地点交流这些信息，如何提问、问什么问题等。

（二）选择对象

在选择收集信息的面谈对象时，要考虑谁能提供需要的信息，以及谁愿意提供这些信息。比如，如果是一个专业性很强的问题，就需要向专业人士请教；如果需要了解专家建议实施的效果如何，则可能要和员工面谈。

（三）实施面谈

访谈者熟练运用各种面谈技巧，营造一个开放、轻松、友好、和谐的面谈环境，以使面谈对象轻松地交流信息；同时，也应合理把控面谈进程，引导面谈正常进行，实现面谈的目的。

（四）分析总结

成功的交流信息面谈会发布相关信息或者收集了大量的信息。面谈结束后，需要对面谈过程进行分析和总结。对于发布信息性面谈，要分析信息发布所产生的效果；对于收集信息性面谈，要分析、整理所收集到的信息，并运用于改进工作之中。此外，分析和总结面谈过程，对于提高今后面谈的工作效率和质量也是很有帮助的。

三、绩效反馈面谈

（一）面谈准备

绩效反馈面谈是绩效评估结果最主要的反馈渠道，也是管理沟通的一项重要任务。通常是就提高工作效率、工作业绩的方法和途径等，给面谈对象提供反馈。因此，要做好相关准备工作。

选择面谈对象，即确定向谁反馈其工作绩效。面谈对象通常是单位的员工，即被管理者。

一般情况下，对不同类型的员工所采取的面谈方式不同，面谈目标也不同（见表7-6）。

表7-6 面谈对象和目标

工作绩效评估面谈对象	工作绩效评估面谈目标
令人满意，可以提升	制订开发计划
令人满意，不能提升	维持现有绩效
不满意，可以改善	绩效改善计划
不满意，无法改善	无须面谈（解雇或放任自流）

准备面谈材料，主要是书面材料的准备。一般在绩效反馈面谈之前，一方或者双方都准备了书面评价材料。但是，大多数情况下，访谈者还需要用特定的、具体的信息来支持绩效反馈的内容，比如评价量表或者统计数据等。

拟定面谈提纲，即选择合适的时间和地点，注意突出面谈重点，留意需要澄清的事实，设计合适的面谈开场白及结束语。

选择面谈方式。人们一般倾向于非面对面地评价别人或者被别人评价。在面对面的绩效反馈面谈中，双方都可能感到不安。访谈者要努力消除面谈对象的顾虑，使之正确面对表扬与批评，找到提高绩效的方法与途径。访谈者可以从以下几种方式中选择。

"告知—说服型"面谈，主要用于评价。将评价告诉面谈对象，并劝说其遵循推荐的方式，以提高绩效。

"告知—倾听型"面谈，主要用于评价。将评价告诉面谈对象，接着以不做判断的方式去倾听其反应。

"问题解决型"面谈。并不直接给出评价，而是让面谈对象找出薄弱环节，并与其一同提出改进计划，帮助其职业发展。

"混合型"面谈。同时用于面谈对象的绩效评价和职业发展，从"解决问题"开始，以更直接的"告知—说服"方式结束。

（二）面谈程序

阐明目的。访谈者简短地向面谈对象说明面谈的目的和基本程序，并注意调节气氛，自然地过渡到正式面谈。

面谈对象自我评估。可由面谈对象根据评估时段初期制订的工作计划和目标，简明扼要地汇报该时段的工作情况与成效。这时访谈者要认真倾听，关注其工作实绩，留意其不足或失误，但不要随意插话打断其陈述。对于不清楚的地方，应当适时询问以澄清或确认。当面谈对象自我评估结束后，即可就其自评情况进行小结。

对面谈对象进行评估。访谈者根据当初制订的工作计划和目标，对面谈对象的工作绩效逐项进行评估或打分，对所评估的等级或者给出的分数予以必要的说明，并且提供充分的理由和数据。在评估中，应当实事求是，不带偏见，避免感情用事。既要充分地肯定成绩，又要客观地指出缺点或不足。

交换意见。认真听取面谈对象对绩效评估结果的意见，让其对有出入的信息做必要的说明与澄清。之后，就面谈对象工作中哪些需要改进以及如何改进交换意见，并作为今后他改进工作绩效、确定具体行动意向的依据。

达成共识。经过充分讨论，双方达成共识，访谈者明确对面谈对象今后工作的要求和期望，面谈对象明确需要组织提供的必要条件和支持等。

确认结果。填写有关绩效评估表格，将绩效评估最终结果交评估对象签字确认。

结束面谈。访谈者在面谈结束之际，给面谈对象以积极的鼓励和悉心指导，使面谈对象更加充满信心和干劲。

（三）面谈原则

绩效反馈面谈要区分面谈对象，避免发生冲突。因此，应该注意做到以下几点。

认真倾听，真诚友好。面谈中采取换位思考的方式，以鼓励面谈对象改善工作绩效为目标，坦诚相待。

先肯定成绩，再指出缺点。绩效反馈是为了考核过去、激励未来，面谈的基调是鼓励。因此，先要关注面谈对象的工作绩效，肯定和赞扬其成绩和贡献，再平和地指出其不足，并提出改进建议。

实事求是，客观评估。要注意评估的时间段，参照该时间段的计划和目标，实事求是地评估，不要翻陈年旧账。要善于纵向比较，寻找面谈对象的优点和进步，不要轻易地将面谈对象与他人做横向比较。

把握局面，顺利结束。通过交替运用适当的提问技巧，主动把握面谈局面。特别要营造轻松、愉快、和谐的气氛，避免出现对立或者冲突甚至不欢而散的情形。

案例 7-3

> 截至当年年底，TT 公司总经理信箱共收到匿名投诉信 5 封，投诉司机班服务差，包括接客户接不到、门难进、脸难看、话难听等。结果考核小组年底扣了司机班 5 分，但司机班一年来只发生过一次小交通事故，比去年有很大进步，加了 6 分。行政部杨经理结合工作实际与司机班赵班长进行了一次年终绩效面谈。杨经理先从赵班长的优点开始谈起，再谈缺点，这样的过程使沟通顺理成章，符合个性特点，减少了双方的心理障碍，有利于改进绩效。
>
> 杨经理：来，刚从上海跑回来吧，辛苦了。（评论：营造合适的沟通氛围。）
>
> 赵班长：还好，听从领导吩咐，客户是我们的衣食父母。
>
> 杨经理：今年司机班安全方面做得不错，资料上好像只有一起小交通事故，全年没有大的事情发生，很不错呀。（评论：表扬优秀的行为，询问成功的经验，这样有利于沟通顺利进行。）
>
> 赵班长：本来还可以更好呢，就是那一天，不知道哪个冒失鬼，要转弯却不打方向灯，结果小李来了个急刹车，把对方的屁股碰了一下，保险杠凹进去了。
>
> 杨经理：这一年来，大家都很辛苦，能做到大的安全事故为零，这个成绩很好，你有没有采取什么好的措施呀？
>
> 赵班长：措施有啊，每天上班前开早会，大家集中在一起大吼一声"安全第一"，还有考核，出事故的车要扣分，挨批评，回来站墙角五分钟，不能说一句话。当然站墙角是意思意思，主要是加强安全意识。

杨经理：我听说，公司出公车，保安拿到出车单时，会对司机说一声"注意安全"，是有这样的事情吧。

赵班长：有，还是为了安全，平时我们也互相提醒：不要开车打手机，不要加塞，不要酒后开车，不要……这些都经常、反复提醒。

杨经理：做得非常好，这是成功的经验，明年要继续保持。

杨经理：但是我们司机班也有问题，被考核小组扣了5分，你知道吗？（评论：讨论不足的地方，检讨原因，并引导改正。）

赵班长：谁那么黑啊，我们这么辛苦。是什么问题呀？

杨经理：有"客户"投诉说，门难进，脸难看，话难听。你看这是投诉单，这是怎么回事呀？

赵班长：这个……其实也不是我们故意的，因为开车辛苦，有时难免会发发牢骚，与他们争两句。王总反复强调增强客户意识，我们做得还不够。

杨经理：是啊，公司里面既是同事关系，更是客户关系。我建议你，在司机班里既要表扬一年来不出事故，也要要求大家加强客户意识，以免有争论，不能再被公司内部人员投诉了。（评论：提出要求。）

赵班长：好，我回去一定提到这点，叫大家练习微笑，露八颗牙齿（用手指撑开嘴角，做微笑状）……

杨经理：哈哈，有问题不怕，只要改正就好，相信大家一定会提升服务水平的，就这样吧。（评论：进行鼓励，结束面谈。）

赵班长：谢谢经理，我走了。

四、解决问题面谈

解决问题的面谈，主要包括咨询性面谈、申诉性面谈、解惑性面谈、纠正性面谈等方面。

（一）咨询性面谈

咨询性面谈通常涉及面谈对象的个人问题，通过有效的咨询性面谈帮助其解决这些问题或者困难。这就要求访谈者：努力获得面谈对象的信任，保证不向第三方泄露会见内容；营造和谐的气氛，令面谈对象可以毫无顾忌地倾诉；避免控制会见的过程，交由面谈对象决定谈话的主题；不对面谈对象的陈述做任何评价，不要将自己观点、反应、情感等强加给面谈对象，而要让面谈对象冷静地选择或者采纳访谈者的咨询建议。

咨询性面谈一般比较耗时，访谈者特别要安排合适的时间。

（二）申诉性面谈

申诉性面谈是让面谈对象反映工作中遇到的不满、矛盾、摩擦，或者对不公正待遇的抗议。大多数组织都设有专门的申诉机构，并制定了申诉的程序。在申诉性面谈中，访谈者要努力做到：富有同情心和耐心，表现出对面谈对象的关注与关心，真心倾听其陈述，让其对访谈者建立信任；不清楚的内容可以适当质疑或者询问；不要对申诉事项做出自己无法做到的承诺。

（三）解惑性面谈

社会的发展、科技的进步、工作量和质的不断升级，使人们面临的问题和压力也日益增多。解惑性面谈就是帮助面谈对象，为他们提供讨论问题的机会和解决问题的方法，以减轻其压力，使其更加专心地工作，提高士气。解惑性面谈是一种最特别的面谈，每个问题都具有独特性，没有统一的解决方法。因此，对访谈者有很高的要求：访谈者在组织内部应处于一定的职位，富有经验，在面谈方面具有高度的技巧，能够运用其丰富的人生经历、生活经验、观察力与判断力，为面谈对象提供帮助。在面谈中，访谈者应该以诚恳的态度面对面谈对象，认真讨论，找出问题的根源，并设法提供解决问题的办法。

（四）纠正性面谈

纠正性面谈，是针对表现欠佳的员工而进行的一种很严肃的面谈，轻的如批评性面谈，重的如惩戒性面谈。与其他类型的面谈相比，纠正性面谈更加需要充分的准备，慎重行事。这就要求访谈者：准备相关的事实资料，并经过严格核实，有确凿的证据，经得起推敲和辩驳；充分考虑面谈对象的一贯表现和工作绩效；安排在较为隐秘的场合进行面谈；控制自己的情绪，有的放矢，客观地指出面谈对象的错误，就事论事，集中于具体行为，而不应粗暴训斥、伤及其人格；鼓励面谈对象陈述、分析发生不当行为的原因和看法；指出必要的惩戒措施及其依据，讨论双方认识上的分歧，并最终达成一致；讨论可行的纠正行动；面谈结束前简要总结，鼓励面谈对象正确对待此次事件。

思考题

1. 会见与面谈是指什么？两者之间有什么关系？

2. 会见与面谈有什么特点？

3. 会见与面谈的目标是什么？

4. 会见与面谈的分类有哪些？

5. 会见与面谈的过程有哪些步骤？

6. 你如果要参加心仪岗位的面试，面试前需要做哪些准备？面试过程中应该注意什么？

7. 你如果要组织一场会见与面谈，前期应该做哪些准备？有哪些技巧可以促成面谈的成功？

8. 案例分析：

请结合本章所学内容，完成讨论题。

师傅的好技巧

一位理发师傅带了个徒弟，徒弟学艺 3 个月后正式上岗。这天，他给第一位顾客理完头发，顾客照照镜子说："头发留得太长了。"徒弟待在一边，不知道如何回答。师傅却在一旁笑着解释："头发长，使您显得含蓄，这叫藏而不露，很符合您的身份。"顾客听到这句奉承话很高兴，满意地走了。

徒弟给第二位顾客理完发，顾客照照镜子说："头发剪得太短了。"徒弟又窘在了一旁。师傅赶忙笑着插话："头发短，使您显得精神、朴实和厚道，让人感到亲切。"顾客听了欣喜而去。

徒弟给第三位顾客理完发，顾客一边交钱一边笑道："花时间挺长的。"徒弟不知道该如何回答。师傅笑着解释："为'首脑'多花点时间很有必要，您没听说进门苍头秀士，出门白面书生？"顾客高兴地离开了。

徒弟给第四位顾客理完发，顾客一边付款一边笑道："动作挺利索，20 分钟就解决问题。"徒弟不知所措，沉默不语。师傅笑着抢答："如今，时间就是金钱，'顶上工夫'速战速决，为您赢得了时间和金钱，您何乐而不为？"顾客听了，欢笑告辞。

到了晚上打烊，徒弟怯怯地问师傅："您为什么处处替我说话？反过来，我没一次做对过。"师傅却宽厚地笑道："不错，每一件事都包含着两重性，有对有错，有利有弊。我之所以在顾客面前鼓励你，作用有二：对顾客来说，是讨人家喜欢，因为谁都爱听吉言；对你而言，既是鼓励又是鞭策，因为万事开头难，我希望你以后把活儿做得更加漂亮。"徒弟很受感动。从此，他越发刻苦学艺，技艺也日益精湛。

资料来源：裴培. 职场礼仪与沟通技巧. 科学技术文献出版社，2015.

讨论：

（1）理发师傅迎合顾客心理的技巧是什么？

（2）学会面谈、应答技巧对我们有什么帮助？

第八章

人际冲突处理

学习要求：

掌握冲突及人际冲突的定义及内涵，了解人际冲突的产生原因，学习人际冲突的处理策略及处理原则，能够在日常生活中做到具体冲突、具体对待，采取适当的策略解决人际冲突问题。

第一节　概　　述

一、冲突的定义

冲突是一种普遍存在的社会现象，学者们对冲突概念并没有明确一致的看法。最初，冲突的定义概括起来，主要有两类。一类是以琼斯（E. E. Jones）等人为代表的，认为冲突是"一个人被驱动去做两个或更多个互不兼容的反应时所处的状态"。另一类是以雷文（B. H. Raven）等人为代表的，认为冲突是"由于实际的或希望的反应的互不兼容性而产生的两个或更多社会成员之间的紧张状态"。前者注重个人内部的互不兼容性，即个人内部冲突；后者注重两个或更多个体之间的互不兼容性，即个人与个人之间的冲突。后来，苏珊娜·杰纳兹（Suzanne C. de Janasz）等人认为冲突是"个人与个人之间、集体与集体之间以及集体内部，由互不相容的目标、认识或情感引起的对立或敌对"，这是一种更广泛意义上的冲突。可见，关于冲突的定义，不同类型的共同之处是都认为冲突来自互不兼容性，其区别在于对冲突的主客体的不同理解。本书认为，冲突是一种对立的状态，表现为两个或两个以上的相互关联的主体之间的紧张、不和谐、敌视、争斗等关系。

综上所述，冲突可以分为两类：一类是个人内部冲突；另一类是人与人之间的冲突，即人际冲突，包括个人与个人之间、群体与群体之间、群体内部人与人之间等。由于人处于社会中，人的一切都离不开与周围人的联系，因此，人际冲突是社会生活的普遍存在现象，是人类互动的一种方式，它与人际交往如影相随，几乎存在于人与人之间的所有关系之中。一般而言，人际冲突主要有两种表现形式：一是隐性的冲突，表现为心理上和情感上的对抗或不相容等；二是显性的冲突，表现为行为上的对立、侵犯和伤害等。

二、人际冲突的特征

1. 客观性

在社会生活中，人与人之间的互动不可避免，由于人与人之间的目标、观念和个性等方面存在差异，因而人际冲突就成为一种不可避免的社会现象，是一种客观存在，无法人为消除。

2. 主观性

冲突是个体的一种主观感受，冲突中，个体会感觉到愤怒、敌意、恐惧、怀疑等外显或内隐的情绪。如果导致双方冲突的客观条件已经具备，但双方并没有意识到这种对立和不兼容，就不存在所谓的人际冲突，因此，人际冲突具有主观性。

3. 对立性

人际冲突来自双方的互不兼容性，具有对立性。这种对立的表现形式和程度会有很大的差别，可能是消极冷漠，或者沉默抗议，也可能是明显的攻击行为。研究表明，绝大多数人际冲突都伴有不愉快的情绪体验，这种不愉快的情绪以潜在的愤怒的形式影响着个体，而潜在的愤怒会使个体对外部世界的敌对行为增多，有时会诉诸暴力。

4. 二重性

人际冲突并非完全是坏事，它的结果可能是负面的、消极的和破坏性的，也可能是正面的、积极的和建设性的，人际冲突是好事还是坏事关键在于对冲突的处理。只有破坏性的结果，才会对个体心理、人际关系和组织绩效造成有害影响，建设性的结果则可能促进问题的建设性解决，而这往往正是人们容易忽略的一面。因此，如何培养和提高人们处理冲突的能力和水平就成为人类必须面对的课题，冲突不可避免，但是冲突导致的破坏性结果可以避免。

5. 互动性

人际冲突是指人和人之间的冲突，是一个动态的、不断发展变化的过程。采取建设性的处理策略，冲突可以减少，双方关系得到改善；采取破坏性的处理策略，冲突可能增多，引发双方更加对立。可见，人际冲突具有互动性，冲突的发展变化取决于双方的互动过程。

第二节 人际冲突的原因及类型

一、人际冲突的原因

在实际工作和生活中，人际冲突的内容各不相同，其产生的原因也错综复杂：有实际利益的冲突，也有价值观念的差异；有客观存在的矛盾，也有主观臆想的分歧；有具体的冲突情境，也有不同冲突来源的交互作用等。具体来讲，人际冲突的原因主要有目标和需要冲突、认知冲突、情感冲突、行为冲突和个性冲突等。

（一）目标和需要冲突

为了生存和生活，每个人都有自己的目标和需要，为了实现各自的目标和需要，在争夺有限资源的过程中，人们总是企图使自己的利益最大化、损失最小化，从而产生冲突。例如，在集体宿舍里，如果一个同学在公用的地方放自己的东西，就会引起其他同学的不满。而在人类社会里，国家与国家之间、群体与群体之间、个人与个人之间，为争夺领土、资源、权力、地位、金钱、名誉等而展开了各种形式的明争暗斗，甚至发生流血冲突。目标和需要引发的冲突，从根本上来说还是利益冲突，是日常生活中冲突产生的普遍原因，是人际冲突最深刻的外在原因和客观基础。

（二）认知冲突

不同的价值观、不一致的态度和归因的差异等会造成个体认知的千差万别，从而引发人际冲突。

1. 价值观引发的冲突

价值观是一个人对周围的客观事物（包括人、事、物）的意义、重要性的总评价和总看法。每个人因不同的成长环境而形成自己独特的价值观，价值观的冲突是人际冲突的重要原因。例如，现代家庭中，爷爷奶奶与年轻父母一代由于不同的育儿观念经常发生冲突。又如，一直以来，由于宗教信仰的不同而导致的个体乃至群体、民族、国家之间的冲突更是屡见不鲜。同时，在政治经济全球化的大背景下，不同国家、不同地区和不同民族的文化基础、文化制度、文化习俗和文化观念也在进行着交流与整合，文化差异成为现在社会的主要冲突原因之一。

2. 态度引发的冲突

由于人们的社会角色、知识结构和人生经验等不同，对于同一事物会有不同态度，进而产生冲突。青春期发生的亲子冲突，就是社会角色不同引起的态度冲突。这个年龄的青少年觉得自己已经是大人了，很多事情应该自己做主，而父母觉得孩子还没有长大，孩子的很多事情还需要自己的帮助和干预，因此，父母和孩子之间产生冲突。

知识结构的不同也会引起态度冲突，例如，中医和西医，对于同一种病，中医会讲求治本为主、标本兼治，西医会进行针对性治疗，在某些时候，中西医就会发生冲突。

人生经验的不同也会造成对同一事物的态度不同，产生冲突。例如，古文《两小儿辩日》中，一个小孩认为由于太阳刚刚升起的时候大得像车盖，等到正午的时候太阳就像一个盛放物体的器皿那么大，而近的东西看起来大，远的东西看起来小，所以太阳刚刚升起的时候距离人近，正午的时候距离人远。另一个小孩子则认为由于太阳刚刚升起的时候阴凉，略带寒意，等到正午的时候就像把手伸到热水里一样热，距离远的东西让人感觉凉而距离近的东西让人感觉热，所以太阳刚刚升起的时候距离人远，而正午的时候距离人近。两个小孩由于经验的不同引发认识不同，从而引发不同的态度，产生冲突。

3. 归因引发的冲突

在生活中，当我们面对他人对我们的伤害时，我们就会分析原因：这个人是故意这么做呢，还是无意发生的，或者另有隐情？如果我们归因于对方的故意，就会引起我们的反感和愤怒，引发我们与对方冲突。如果我们归因于对方是无意的，或者不得已而为之，我们就会原谅对方，与对方的冲突减少，甚至消失。可见，归因是影响人际冲突是否产生的重要原因。

（三）情感冲突

情感冲突是指由于人们之间存在情绪与情感上的差异，并成为行为的动因时所造成的冲突。情感冲突具有浓厚的情绪色彩，非理性的成分很大，尤其是消极的情绪。例如，在生活中，我们偶尔在商店里看见个别顾客冲着售货员就出售货物的质量而大发脾气，发生争执。售货员试图沟通进行处理，而顾客却根本听不进去，并且继续大吵大闹，这就是典型的情感冲突；如果顾客发脾气的同时，售货员态度也很强硬，冲突会更严重，有时双方甚至在发生激烈口角的同时，进行肢体冲突。

一般而言，情感冲突一定有其能够产生此种情感的背景事件，找到了背景事件，就能够很好地缓解情感冲突，并解决问题。但当情感已经成为一种定式时，单靠具体问题的解决是无能为力的，这就需要冲突双方（或借助第三者）进行充分的沟通，相互之间取得信任，从而解决情感冲突。例如上面的例子中，由于货物存在质量问题，顾客非常生气，假如售货员承认货物质量存在问题，并且态度诚恳，顾客可能不会生气，冲突解决。也有可能尽管售货员承认货物质量存在问题，但顾客还是耿耿于怀、十分生气，这时就需要第三方介入调解，或者双方进一步沟通，以使顾客情绪稳定，冲突得到解决。报复是典型的情感冲突，是一种非常强烈的消极抵抗情绪。

（四）行为冲突

人与人在行为习惯上也往往表现出很大的不同，由此引发的冲突也司空见惯。一个常见的例子就是两个室友在生物钟上的差异，一个习惯晚睡的"夜猫子"和另一个生活很有规律的个体之间会发生冲突。

（五）个性冲突

个体的性格差异，也是造成人际冲突的重要原因。近年来，大学生宿舍的人际冲突事件明显增多，究其原因是现在的大学生多是独生子女。只有多站在别人的角度考虑问题，才能避免人际冲突。

如果个性武断、教条、冷酷、敏感、易怒、情绪化等，也容易引起冲突。最经典的案例莫过于马加爵事件。2004年2月，云南大学大四学生马加爵因为一些小事与同学发生冲突，他竟然残忍地杀害了自己的四名同学，引起了社会各界的强烈反响。马加爵被捕后曾经与心理学家进行对话，从对话内容来看，他应该不是一个邪恶之人。他和我们一样，迫切希望知道如何才能获取成功、自信和快乐，希望与同学们结下友谊。马加爵为什么会仅仅因为与同学打牌时吵架而怀恨在心？为什么会杀害与他没有任何冲突的同学？为什么会因为大学里同学之间常见的小矛盾而采取过激行为呢？分析原因，这是马加爵敏感、自卑、孤僻、以自我为中心的个性造成的。

综上所述，人际冲突的原因各异，虽然人际冲突的爆发有时是偶然的，但偶然中蕴涵着必然的因素。我们只有认真分析人际冲突产生的原因，才能更好地对人际冲突进行处理。

二、人际冲突的类型

人际冲突的类型随采用的分类标准不同而有所不同。

（一）根据冲突的表现层次、水平、起因等划分

根据冲突的表现层次、水平、起因等不同，布瑞克（H. B. Braiker）和凯利（H. H. Kelley）区分了三个层次的冲突。

第一层次是特定行为上（specific behaviors）的冲突，即双方对于某个具体问题存在不同意见。例如，两人一起外出度假时，对搭乘什么交通工具意见不一，一个想乘飞机，另一个想乘火车。第二个层次是关系原则（relational rules）或角色上的冲突，即双方对于如何处理两个人的关系，在关系中各自的权利、义务有不同的理解。例如，丈夫和妻子就在家庭事务中如何分工可能存在分歧。在人际关系中，有些角色规范比较明确，有些角色规范比较模糊，如果双方对于规则理解不同，就难免发生冲突。第三层次是个人性格与态度（personal characteristics and attitudes）上的冲突，大多数是双方人格与价值观的差异所造成的，属于深层次的冲突。例如，恋人之间因为婚恋观不同而闹矛盾。

在人际交往中，这三个层次的冲突有可能交织在一起。行为上的差异，可能是由于关系规则上的分歧，并进一步导致个性上的矛盾。一般来说，冲突层次越深，涉及因素就越多，双方情感卷入程度也越高，矛盾也越复杂，解决起来也越困难。

（二）根据冲突的来源划分

冲突可能源于客观存在的分歧，也可能源于主观想象的矛盾，根据冲突的来源不同，多伊奇（M. Deutsch）区分了五种类型的冲突。

（1）平行的冲突　平行的冲突（parallel conflict）是指存在客观的分歧，而且双方都准确地感知到了这种分歧。例如，你和家人一起看电视，你很想看韩剧，你的家人却想看新闻，你们俩都清楚地知道双方的愿望，但是却不愿意相让。

（2）错位的冲突　错位的冲突（displaced conflict）是指冲突的一方可能有一个客观的理由，在感知到存在分歧时，并不针对真正的问题去沟通。例如，某人觉得同学太小气，没有借钱给他，心理不满，但是又不直接去说，而是在同学们聊天的时候故意提反对意见。

（3）错误归因的冲突　错误归因的冲突（misattributed conflict）是指存在客观的分歧，但是双方对这种分歧并没有准确地感知到。例如，一个同学发现宿舍里面有异味，他很讨厌这种气味，认为是一个室友没有及时扔掉烂掉的水果造成的，所以见面时就告诉室友要及时扔掉坏水果，事实上异味来自于另一位室友没有及时的洗衣服。

（4）潜在的冲突　潜在的冲突（latent conflict）是指存在客观的分歧，但是双方对这种分歧没有什么感觉。例如，热恋中的男女，觉得对方的所有都是适合的，但实际上必然存在或多或少的分歧。

（5）虚假的冲突　虚假的冲突（false conflict）是指双方有分歧，但是这种分歧并没有客观的基础。例如，你的同学举行生日聚会，你没有得到邀请，为此很不高兴，而他也正因为你没有去参加聚会而感到生气。事实上，他邀请你了，但由于当时你不在宿舍，他拜托你的室友转告你，而室友却忘记了这件事。这时，双方的冲突纯粹是因为误会。

第三节　人际冲突处理策略及原则

一、人际冲突的处理策略

人际冲突处理策略反映个体处理冲突的倾向性。众多冲突处理策略模型中，托马斯（K. W. Thomas，1976）提出的五因素模型影响最为广泛。托马斯在满足自身利益和满足他人利益两个维度上，确定个体究竟应该采取哪一种冲突处理策略。其中，满足自身利益的愿望取决于追求个人目标的武断或不武断的程度，满足他人利益的愿望取决于合作或不合作的程度。在此基础上，托马斯提出解决冲突的五种策略：回避策略、竞争策略、迁就策略、合作策略和折中策略。五种人际冲突处理策略则分别代表了武断和合作的不同组合，如图 8-1 所示。

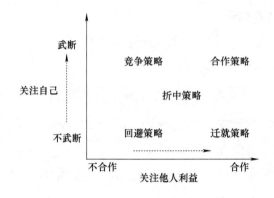

图 8-1　托马斯冲突处理策略模式

尽管个体对一种或两种策略有着自然的倾向，但当情境和相关的人员发生改变的时候，他可能会用到所有策略。

1. 回避策略

回避策略是指既不满足自身利益也不满足对方的利益，试图不做处理，置身事外，是一种逃避冲突的方式。发生冲突时，最常见的反应是冷淡、保持缄默、不发表任何意见。因此，采取回避策略的主体不但不能达成自己的目标，也无法与他人维持和谐的人际关系。回避策略反映了冲突主体对紧张和挫折的反感，而且可能包括让冲突顺其自然发展的决定。

回避策略可以由以下的表述来阐明：

1）我引用规则，如果没有，我让其他人自由做出他的决策。

2）我通常不会说出会引起争议的观点。

3）我避开那些引起我与朋友们争论的问题。

4）这就行了，不管怎样，那都不重要，让我们不要画蛇添足了。

回避策略适合的情况有：

1）问题很细小或者只有短暂的重要性，所以不值得耗费时间和精力去面对冲突。

2）我感觉不可能满足自己的需求。

3）情绪非常激动。

4）其他人或许能够更有效地解决彼此的冲突。

5）与双方对话会伤害合作关系的时候。

总之，回避策略在某些情况下可能是适当的。比如在对冲突的性质有所把握的基础上，双方暂时还没有找到合适的解决办法，或者继续争执下去也不能澄清是非，选择回避策略对双方来说都是有益的。但回避问题并不等于解决问题，它只是权宜之计。

2. 竞争策略

竞争策略是指一方在冲突中不惜一切代价寻求自身利益的满足，而不考虑对方的需求和利益。采取竞争策略的主体认为冲突解决意味着非赢即输，目标是获得自身利益最大化。这种策略会导致关系的破裂、敌意的增加，而且当人们用此心态报复时，会把原本的冲突原因都模糊掉，无法就事论事，而变成"我就是要赢"的输赢之争。

竞争策略可以由以下的表述来阐明：

1）我喜欢直截了当；无论是否喜欢，按我说的去做。

2）当目标极为重要时，一定要尽全力去争取。

3）在争执中我坚持自己的见解。

4）人际关系仅属次要。

竞争策略适合的情况有：

1）紧急情况需要迅速处理。

2）已经处于绝对优势地位。

3）涉及自己的根本利益，至关重要。

总之，竞争策略对取得自己的利益最大化是有利的，但是会增强对方敌意，提高双方冲突的程度，以及存在人际关系破裂的风险，严重时甚至会招致对方的报复。

3. 迁就策略

迁就策略是指只考虑对方利益而牺牲自身利益，或屈从于对方意愿，是向对方让步的做法。运用迁就策略的主体是典型的被他人给予积极评价的人，但是他们也可能被认为是软弱和顺从的，自己的意见会变得不受人关注，还可能会失去影响力和别人的信任。

迁就策略可以由以下的表述来阐明：

1）通过暂停我的个人目标来保持与那些我所重视的人的良好关系，从而使冲突得到最好的控制。

2）如果可以使其他人高兴，我完全赞成。

3）我喜欢通过使争议显得不那么重要来消除它。

4）我通过建议我们的分歧是细小的或者将我的观点与其他人的观点结合以示友好，缓解冲突。

迁就策略适合的情况有：

1）这个问题对我不太重要。

2）对我来说，人际关系远比我的目标更重要。

3）为了表示我的"宽容"。

4）当情况处于不利，为减少损失的时候。

运用迁就策略时，为了避免招致他人的责备或反对，个体会表现得好像冲突将最终消失，完全听任对方，将对方的需求看得比自己的需求还重要。可见，这种策略的使用表示了个体对冲突的情感方面予以关注，对于冲突的实质问题则没有什么兴趣。因此，可以说迁就策略仅仅导致个体掩饰或掩盖个人的情感。如果将迁就策略用于解决冲突，则它基本上是无效的。因此，在处理冲突中过分迁就可能非常不利，自己的利益得不到很好的保护。

4. 合作策略

合作策略也称整合策略，在面对冲突时，个体在满足自己利益的同时，也关注对方的需求，寻求彼此都能接受的解决途径，使共同的利益最大化。它对人际冲突的解决而言是双赢的方法。运用合作策略的个体通常被视为是有能力的，并得到他人的积极评价。

合作策略可以由以下的表述来阐明：

1）我首先努力克服任何存在于我们之间的不信任，接着我努力得到我们双方对这个项目的共同感情，我强调没有什么是不可改变的，同时建议我们找到一个可以进行尝试的方案。

2）我告诉对方我的想法，积极主动地获得他们的观点，同时寻找一个对双方有益的方案。

3）我喜欢提出新的并且建立在已表达观点的基础上的方案。

4）我努力深入研究一个问题以找出对我们大家都有利的方案。

合作策略适合的情况有：

1）有足够的时间处理冲突。

2）双方都有合作的意愿。

3）涉及的问题对双方都很重要。

4）当学习和尝试集思广益的时候。

通常，使用合作策略的主体倾向于把冲突看作自然的、有帮助的，如果处理得当就能找到彼此都满意的问题解决方案；他们表现出对他人的信任和自己人品的正直；认识到如果冲突的解决能使双方满意，则双方也将对这个解决方案给予承诺。合作策略是一种最理想的冲突处理策略，但是由于必须在沟通和谈判中花费大量的时间和精力，因此，并非适用于所有的情况。同时，合作策略受制于冲突双方如何看待冲突以及对问题的了解程度，完全达到心理上欲求的满足是不易做到的。

5. 折中策略

折中策略是一种双方"各退一步"的策略，冲突双方都放弃自身的部分利益，在一定程度上满足对方的部分需求。运用这种策略的主体进行平等交换并做出一系列的让步。折中是一种被广泛使用和普遍接受的解决冲突的方法。

折中策略可以由以下的表述来阐明：

1）我想知道其他人感觉如何。时间适合时，我会解释自己的感觉并尽力告诉他们错在哪里。当然，在适中的基础上解决问题是非常有必要的。

2）在我自己的方法失败之后，我通常发现为我们大家寻找一个收益和损失的合理结合点是很有必要的。

3）当他人想迁就我时，我对他们做出让步。

4）就像那句古老格言说的，"有总比没有好"，大家都折中一下。

折中策略适合的情况有：

1）双方势均力敌。

2）达到一个绝对的双赢协定是完全不可能的。

3）竞争策略也不奏效。

4）时间紧迫。

然而，折中策略不能在冲突解决中过早使用。第一，对方很可能在被宣称的表面争端上而不是实际的争端上折中，冲突中提出的第一个争端往往不是真正的争端，所以过早使用折中策略将妨碍对真正争端的全面分析或探究；第二，接受一个最初的方案比寻找一个使双方都满意的方案要简单得多；第三，当折中不是解决冲突的最好决策时，它对所有或部分的情景是不适合的，完全有可能通过进一步讨论找到一个更好的方案。

总之，与合作策略相比，折中策略没有使双方的满意最大化。折中使每个人获得中等的、仅仅是部分的满意，是一种小输小赢的策略，反映了一种实用主义的解决冲突的方法。当然，一位向他人妥协、折中的主体将更可能被积极地评价。折中基本上被视作一种合作性的"退让"，有助于为未来保持良好的关系。

综上所述，合作策略最具建设性；折中策略仍属于具有建设性的处理方式，虽然有所退让，但同时也有所获得；回避策略和竞争策略则很可能会损害与对方的人际关系；迁就策略对于解决冲突则是无效的。因此，各种策略各有利弊，哪一种策略都不能够适用于全部情况，必须根据具体的冲突情况采用不同的策略。同时，由于冲突的动态性，因而主体必须及时从一种策略调整到另一种策略，适合的策略才是最好的策略。

二、人际冲突的处理原则

无论采用哪一种策略，在人际冲突处理中，为了有效地提高冲突处理的能力和水平，应该遵循以下原则。

1. 正确认识冲突

只要有人的地方就有冲突，冲突是人的生活事实，每个人都无法避免冲突。冲突不等于坏事，冲突是好事还是坏事取决于能否正确处理冲突。正确处理冲突：可以促进问题的尽快解决；增进人与人之间的沟通与了解；促使冲突双方化解积怨；能够宣泄愤怒与敌意，避免过度累积各种负向情绪等。同时，冲突还可以让个体经受锻炼、变得更成熟。

2. 控制好自己的情绪

人际冲突中，消极的情绪不可避免，但当人受制于情绪时，往往很难冷静下来解决实质性的冲突问题，还容易逞强示勇，借以在心理上压倒对方，使冲突升级，不利于冲突的处理。为了防止事态的进一步恶化，冲突的各方要控制好愤怒的分寸。谈话时如果情绪过于激动，就应该立即停下来，等到双方情绪稳定后再沟通。

3. 直接沟通

沟通质量的好坏受到信息源、信息内容、交流渠道、信息接收者、背景以及信息反馈等要素的影响，其中任何一个环节出现问题都可能导致沟通不良，从而引起冲突。直接沟通能避免更多误会。在直接沟通中，冲突双方可以充分地表达彼此的需求或愿望，有利于协商和寻求能让双方利益最大化的解决策略。另外，直接沟通也有利于冲突双方进行情感互动，有利于冲突的解决。

4. 介入调解

很多时候，第三方调解可以更好地促进双方冲突的解决。比如，冲突双方的心理对抗已达到僵化的程度时，就需要外力的介入。一般来说，第三方应该是中立的，其任务是帮助双方实现一个公平的解决；第三方应该有一定的权威性，否则调解的办法可能无效；第三方可以是个人，也可以是仲裁机构。第三方的出现，可以为冲突双方营造沟通合作的氛围，使冲突双方明白彼此之间互相依赖，有着共同的利益，可以帮助冲突双方以建设性的策略来解决冲突；并且，在反复调解无效的情况下，第三方可以依据冲突双方的要求，按照实际情况做出公平的裁决。尤其是在解决时间紧迫的冲突时，第三方介入调解非常有效。

5. 换位思考

换位思考就是换个角度，站在对方的立场来考虑问题。你可以问自己："如果把我放在对方的位置上，我的态度会是怎样的？"只有这样，才能更好地理解对方，在寻求冲突解决的时候才会倾向采取合作策略或者折中策略等建设性策略。

6. 尊重对方，求同存异

每个人都拥有自己的个性特点和自我目标，因此我们要尽可能地理解他人的需要，尊重他人的兴趣爱好，承认他人与自己存在差异。我们可以建立冲突双方的共同目标并以此作为解决冲突的有效方式。

7. 就事论事

解决冲突时，对事不对人，就事论事，将谈判焦点集中于问题本身及此时此地。不要掺杂个人感情和偏见，不要翻陈年旧账，也不要因为情绪的激动、愤怒或其他与冲突无关的事情干扰或中断彼此的沟通与协商。

思考题

1. 冲突是什么？如何分类？
2. 人际冲突的原因主要有哪些？
3. 根据冲突的基础不同，冲突可以如何分类？
4. 解决冲突有哪些策略？
5. 人际冲突有哪些处理原则？

第九章

倾　听

学习要求：

掌握倾听的内涵及技巧，并能够在需要倾听的沟通情境中运用倾听技巧，避免影响倾听的因素，实现有效倾听。

人要存在和发展，就必须依赖社会。社会存在的基础之一就是信息的传播。人们在社会中要选择信息、辨别信息，要与周围的人、媒体、组织进行信息沟通。

从使用工具的角度看，沟通就是我们使用符号的过程。说者与倾听者使用双方熟知的符号体系进行编码和解码。沟通要能不断地进行下去，双方的角色就要能够不停地互换，这更多地依赖于倾听者对信息的理解和随后的反馈，可以说无倾听则不沟通，这要求我们必须是一个良好的倾听者。

第一节　概　　述

一、倾听的含义

倾听是指在交谈时，全神贯注地接受和感受对方所发出的全部信息（包括语言的和非语言的），并做出全面理解的过程。倾听除了听取交谈对方的声音并理解其内容这一语言信息外，还需要注意对方的声调、语气、表情、动作等非语言信息所传递的含义，既要观其言又要观其行，从而获得全面的信息，以做出全面的理解。

倾听是人们对听觉、视觉感知到的信息进行接收、注意和解读的过程。它是一个连续的过程，不只要听到或看到信息，还要有随之而来的对信息进行选择、注意和赋予意义等一系列环节。倾听也是沟通的开始和基础，它与随后的提问、反馈、共情等环节共同组成了沟通过程。

（一）听与倾听

从过程看，听是倾听的一部分，是倾听的开始；从结果看，听与倾听是完全不同的两件事。

听的最初意思是用耳朵感受声音。现代医学解释得更清楚：耳朵感受声波，转换成神经脉冲传达给听觉神经，再传给大脑。这种生理方面上的解释不能满足沟通理论的需求，也无法解释生活中高质量、主动倾听的形成。每天人接收的声音难以计数，其中的少部分能进入人的记忆系统，大脑筛选之后，只有更少的声音转入分析过程。为什么人们不去选择全部信息，而只是其中的一小部分？在这个过程中，一定存在着一个具有识别能力的选择机制，它帮助人们把听到的刺激分为需要的和不需要的。这个选择机制就是注意。注意是指对信息进行筛选、集中并将它们存入记忆系统的感知过程。普通的听是大脑被动地对声音进行确认，它不需要个人的意愿；而倾听是人们注意信息，并且尽力去接受、理解信息的一系列过程。

当人们注意到一些信息之后，还要为它们赋值——赋予意义。同样都是对某件事的赞成，有人会说"太好了"，有人会说"没问题"，也有人会说"就这样吧"。有过一些社会经验的人，会毫不费力地知道不同说法的主体对事情的态度。说者总是有些想法的，很多时候语言不能、也不适合表达出说者的全部意思，听出有限信息背后的更多意义是倾听者必须具备的能力，这种为信息赋予意义的能力，即倾听的能力。

由听到倾听，必须经历注意以及随后的分析环节，离开它们，倾听是不存在的。所以，听只是倾听的必要条件之一，而倾听从来不仅仅是听。

（二）耳听与眼观

从倾听的信息来源看，倾听不仅仅开始于耳听，还必须包括眼观，甚至还有鼻嗅、体触的环节。人与人之间有语言沟通和非语言沟通两种方式。通过言语传达的信息在人与人的沟通中占比不会超过35%，而通过非语言传达的信息量最多时会达到90%。由其他感觉刺激得来的信息绝不可忽视，倾听过程需要倾听者投入大量的精力对信息进行分类及整合。人体全方位感知环节的加入，丰富了倾听的含义，也说明了倾听是一个过程，在沟通中具有决定性作用。

正如古语所说的"言为心声，字如其人"，人们在社交时，最主要是通过听觉和视觉系统来接收外界刺激。

耳听到的是语言信息，其中只有一部分是说者关于事件的陈述，更多的是表达说者的情绪、态度、个性、背景等。事件的陈述是要通过语言符号来进行的，而情绪、态度等的表达往往是通过语速、音调、某些词的使用方式等呈现出来的。因此，倾听者听到的不仅是词语的声音，还是听到说者的状态，这就需要不断且刻意训练出来的主动倾听能力。

视觉、触觉、嗅觉的非语言沟通则是利用身体线索、空间使用等途径获得信息，比如眼神、手势、面部表情、身体姿势、外貌、位置、时间运用、身体接触、环境布置等。这些非语言沟通可以分为两种类型：欺骗性非语言暗示和常规性非语言暗示。常规性非语言暗示能够加强说话人的态度，控制沟通的节奏、轮次。而欺骗性非语言暗示可以使信息发送者通过组织过的语言和控制良好的面部表情进行欺骗，但他们的手、脚、腿却总会泄露出他们的意图。可惜的是，由于没有受到很好的倾听训练，大多数听者没有能力仔细观察，最终会错过对欺骗性非语言暗示的理解。这也能证明，与听觉获得的信息相比，视觉等其他感觉得来的信息量要更大，并且更可靠，有助于更好地理解他人的意图。因此，倾听不仅仅是耳听，而是全部感官的整体应用。

（三）倾听与认知

从倾听使用的工具看，倾听是说者和听者使用共同熟知的符号体系进行的。符号本身并没有意义，使用者对它的理解才使它具有意义，把符号看作事物本身是一种极其错误的做法。倾听过程要求听者把握、理解说者的意图，也就是要"读懂"信息。这要求说者、听者要在约定的规则下运用符号，并且对抽象的、不稳定的词语符号进行确认。只有这样沟通，双方才会连续交换角色，把沟通进行下去。这要求听者在沟通中，要对说者传递的信息进行解码、赋予意义，缺少这个环节，倾听就会失去存在的可能。

理解信息、赋予意义，是一个标准的认知过程。认知，是指人们获得知识并进行信息加工的过程。研究者认为，在人们的记忆库中存在着认知结构，它包括单个概念形成的节点以及概念之间的关系所组成的链两方面内容，再由它们组成一个个的图示或镜像。新输入的信息首先要由图示或镜像分类，然后再去寻找能够与之匹配的内容。完成这个过程后，人们才可以思考、判断、推论。

这种认知结构的建立源于每一个个体的经历、学习，它包括了个人的文化背景、生活经历、人生态度、知识结构、交际手段、现有的思维和感觉、对自身和他人的期望、价值观、信仰、个性、兴趣爱好、需求、情绪以及健康状况等一切因素。这些因素使每一个人在观察世界、解读世界时都拥有一个独特的认知"过滤器"。对信息进行解读前，听者会把每条信息都在"过滤器"中过滤一遍。因为每个人的认知结构不同，所以认知"过滤器"会改变说者话语的意思，也会影响听者对要加工的信息的选择。生活中听者经常对那些自己想要感知或被要求感知的信息进行理解，以解读出和预期相符的意义。多数听者不会主动寻找那些证明自己错误的信息，不会注意那些自己不赞同的意见，不会检查自己和别人不同的理解，不会保留那些和自己的信仰不相符合的信息；甚至输入信息与听者的好恶、信念等有巨大差异或相似，还会触动听者的情绪，导致信息的错误分类，与说者产生矛盾或对说者过度认可。

沟通中出现的这种情况，让我们确信，倾听与认知过程是不可分割的。而且由于每个人认知结构的独特性，错误解读信息难以避免。为避免这种情况，沟通中的反馈环节必不可少，而每一位听者都有必要主动了解、完善自我的认知结构。

（四）倾听与同理心

倾听的最终目的不仅仅是听者对说者信息的理解，更是理解说者的态度、立场、情感，没有情感的包容，沟通是低层次的，甚至是无意义的。但是在现实生活中，由于每个人的背景、立场不同，听者对说者的观点常会不感兴趣，甚至完全不同意。倾听的目的和现实经常会出现对立，听者在这个时候需要有一种能力来弥合双方的对立。这就是同理心，它不仅是保证倾听过程能够进行的能力，而且也表现出倾听的本质——认同对方、包容对方。

近年来，同理心在沟通研究中越来越被重视，在现实沟通中重要性也日益凸显，因此对它的定义也是多样的。同理心的简单定义是指暂时进入对方的内心世界，不带任何评价地去感受对方的感受和经验，敏锐觉察对方经验意义的改变。复杂的定义是指产生同理心需要三种必要的成分：①区分与辨认他人情感状态的能力；②假设对方观点和角色的能力；③经验情绪和反应的情感能力。无论同理心的定义有何不同，它们的共同点都是——同理心，就是接纳他人说的内容及方式，对他人的感情抱有一种开放的态度。同理心也被称为共情。

沟通最重要的作用就是让人们感知到自我存在的价值。生活中人们的观念天差地别，离开具有同理心的倾听，沟通无法进行，并最终会失去意义，个人会变得固执、极端，对自我存在、自我价值的认识也会发生偏离。不被了解的感觉是人类最痛苦的经验之一，只有具有同理心的倾听，才可以化解这一痛苦。可以说，倾听关乎生命的活力，就如同空气、水和阳光一样重要。对于一位好的听者来说，对于一次完美的沟通来说，同理心是倾听的核心力量，可以说同理心表现出了倾听的本质。

知识链接9-1　聽（听）

> 繁体字"聽"里含有耳、目、心、王，不难看出，倾听不仅要用耳朵去听对方的声音，还要用眼睛去观察其行为，用心去体会其含义，同时要尊重对方。

二、倾听的意义

（一）倾听是人的基本需要

换个角度思考一下：我们跟他人说话的目的是什么？目的是礼貌问候、联络感情、倾诉心声、告知事项、请求帮助、劝导建议、教育管理、推销产品等。无论出于何种目的，我们都不希望对方毫无反应、不理不睬或者当作耳旁风。按照马斯洛（A. H. Maslow）的人类基本需要五层次理论，归属感和爱的需要、尊重的需要是较高层次的需要。在现代社会中，物质文明水平不断提高，工作节奏逐渐加快，精神压力持续加大，交往范围日益宽泛，这些使得人们对尊重和理解的需要比以往更强烈了。在现实生活中，人们对自己的感觉和需要、自己的事情更有兴趣；对于高兴之事，人们不吐不快；对于痛苦和烦闷，人们则需要宣泄。许多人去找医生，不仅仅是想获得医治，还是想找一名听众，以袒露自己的身心不适。别人倾听我们讲话，会在一定程度上满足我们对归属感和爱的需要及尊重的需要。

（二）倾听能够获得重要的信息

在社会生活中，人们需要掌握大量的信息，网络、报刊、图书等都是了解信息的有效途径，但这些途径常常受到环境或时间等的限制。而倾听则可以打破这些限制，让我们及时获得大量、最新的信息，一个善于倾听的人能从对方的谈话中捕捉到某些宝贵的信息，进而产生灵感的火花。也就是说，一个认真倾听他人讲话的人，在与他人的闲谈中也可以得到有价值的信息。

（三）倾听可以减少误会和错误

倾听能让说者觉得自己的话有价值，他们会更愿意说，说得更多；倾听还会促使对方思维更加敏捷，启迪对方产生更深入的见解，双方均受益。可见，倾听可以丰富人们的信息来源，有助于人们对事情做出有效的判断，能帮助人们在社会生活中形成正确的见解，减少误会和错误。实践证明，在现实生活中，有许多遗憾正是不善于沟通、没有耐心倾听所造成的。

（四）善于倾听才能更好地表达

倾听其实也是一种学习机会，倾听别人说话可以提高自己的说话技巧。善于表达的人往往也是善于倾听的人，倾听使他们从他人的谈吐中学习经验、汲取教训，增长了见识，有利于其有针对性地应对交谈，不断提高自己的表达能力。相反，在听他人说话时表现得冷漠、烦躁、坐立不安、急于发表意见，以一种消极的心态去倾听，最终自己说的话也会缺乏针对性和感染力，导致沟通失败。

（五）倾听能够发现说服对方的关键

沟通有时是为了说服对方，这时就应该广泛听取对方的意见。人们可以通过倾听，从对方的谈话中了解对方的看法、依据和思路等，从中发现问题，找到说服对方的突破口；同时，倾听也有助于人们了解对方的性格特点，进而找到说服对方的最佳角度和方式。此外，倾听并适当反馈，还可以让对方感到听者是会充分考虑他的需要和意见的，使对方更容易接受说服。

（六）倾听能够掩盖自身弱点

俗话说"沉默是金""言多必失"。有时我们会因为对别人所谈的问题一无所知或所知甚少，或者对问题尚未形成成熟的见解，或者见解与对方对立又不便于表达……此时，静静地倾听是恰当的选择。如果不善于倾听，不适时保持沉默，冒失开口，就很可能使沟通陷入僵局，使自己处境尴尬。倾听可以使我们获得更多冷静思考的时间，避免因急于表达而引发不必要的矛盾。

（七）倾听能够获得友谊和信任

善于倾听能够给人留下良好印象，并进一步获得友谊和信任。心理学研究表明，人们喜欢善听者胜于善说者。倾听体现了对人的尊重与理解，让对方觉得自己被欣赏和有价值，使其提高自尊心与自信心，有利于加深交谈双方彼此的感情。许多人不受欢迎，往往和不善于倾听有关。

（八）倾听能够缓和冲突、化解矛盾

现实生活中，对于因我们的失误而引起的纠纷，或者对那些就爱发牢骚、挑剔，甚至易怒的人，最好的应对方法就是倾听他们的牢骚和不满。在一个既有耐心又富有同情心的听者面前，他们的怒气最终会平息下来。因为，注意倾听正是我们对说者的最大恭敬，而且是最不露痕迹的恭敬，很少有人能抗拒他人对自己的注意，纵使是最难缠的人或是最苛刻的批评家，一旦遇见耐心的听众，他们的态度也都会软下来。

知识链接9-2　名人对倾听价值的叙述

> 苏格拉底说：自然赋予人类一张嘴、两只耳朵，就是要我们多听少说。
>
> 德谟克利特说：只愿说而不愿听，是贪婪的一种形式。
>
> 伏尔泰说：耳朵是通向心灵的道路。
>
> 歌德说：对别人述说自己，这是一种天性；认真对待别人叙述他自己的事，这是一种教养。
>
> 卡内基说：如果你想成为一个谈话高手，必须首先是一个能专心听讲的人。
>
> 卡尔·罗杰斯说：人之缺乏交流能力，乃是不善于听和误解他人的结果。

三、需要倾听的情境

（一）问题可能是由我们引起时

1. 我们的行为不当而使对方不满时

例如：你离开宿舍时忘记关窗，结果因风大雨大而淋湿了同学的物品；医生在为患者检查时因技术不熟练而使患者感到痛苦；厂家出售的商品有质量问题等。

2. 我们的行为并无不当却引起对方误解时

例如：医疗过程中出现并发症，患者及其家属却认为是医疗事故；消费者购买商品后因使用

不当而使商品受到损坏等。

上述两种情况，对方的情绪都是非常不满或者愤怒的。因此，我们都需要认真倾听，不仅要用积极的倾听平息对方的恼怒，还要从对方的言谈中找到问题的症结所在，以做出恰当、有效的反应：如果确实是我们错了，则应当承认错误并表示歉意；如果是对方的误解，则应进行合理的解释。

（二）对方主动前来谈论其个人事件时

1. 对方在工作、学习、生活中遇到了困难时

此时，说者有可能已有了主张，想进一步获得我们的支持；也可能是面临两难选择而想与我们商量；或者是完全束手无策而向我们求助。我们只有认真倾听，才能为其提供有针对性的帮助。

2. 对方倾诉心中的痛苦时

倾听本身就是给说者宣泄情感的机会，同时也是对其的同情与理解，更有利于其尽情宣泄、释放痛苦、舒缓心情、平和心态。

3. 对方表述其成就或观感时

快乐是需要分享的，正同"痛苦经分担会减半"一样，与人分享时快乐也会倍增，我们的倾听是对对方的成就与想法的肯定与赞赏。

（三）在与他人讨论问题时

讨论过程中，我们需要对他人的观点表示赞同和支持，或者质疑与反驳。只有倾听，才能恰如其分地阐述自己的意见与建议。

（四）当需要与对方建立良好的关系时

1. 与陌生人初次交往时

倾听对方可以使其感受到我们真诚的态度，并使其觉得自己是一个值得尊重的人，从而给对方留下良好的第一印象，有利于增强首因效应。

2. 在经常的交往与合作关系中

对于熟悉的人，倾听可以使对方处于中心位置，使其觉得自己很重要，愿意与我们继续保持良好的关系。

第二节　影响倾听的因素

一、生理和心理的差异

（一）生理差异

个人听觉功能完好是听别人说话的必要前提。除了先天或者后天导致听觉障碍的人以外，

一般人的听觉器官虽然没有太大差异，但也有所不同。有些人听力较强，有些人听力则弱一些，前者对于信息的接收就可能比后者完整和全面。对于生理差异，自身较难克服，但可以借助仪器设备等增强听力。

（二）心理差异

人们的情感、想象力、理解力不尽相同，因此对说者的感知与反应就会有较大差异。同样一句话，有人能够听出其言外之意，有人则只能理解表面含义。对于心理认知差的，可以通过有意识地培养和训练加以提高。

二、走神

在别人讲话时，我们有时会不跟随对方的思路，或者在想其他的事情，或者即使什么也没想，但什么也没听。走神的原因主要有以下几点。

（一）听的速度快于说的速度

一般人说话的速度大约在每分钟 140 个词左右，而听话的人却可以在每分钟处理近 500 个词，而且人们在讲话时因个人习惯的不同而或多或少地附带了重复、停顿、口头语、拉长音等无实质意义的内容，这些无关紧要的信息增加了听者接受信息的时间，使听者因为难以忍受冗长和拖沓，不再倾听，索性休息一下，或者琢磨一些其他事情。可能这是一种客观存在的现象，而非听者主观意愿。但是在特别需要倾听的场合，听者仍然应该提醒自己注意排除这种因素的干扰，因为在走神的时候，一些重要的信息很有可能被漏掉了。

（二）听者自身有许多让其分心的事情

当听者心里有事，或者对方的谈话内容触动了听者的内心时，听者也会不跟随说者的思路而去思考自己的事情。这时，听者应该及时提醒自己把自己的事情暂时放下。若通过这样的提醒，听者仍然不能集中注意力的话，那么在可行的情况下只有改日再交谈。因为，听者的分心不仅使有效的沟通难以实现，而且还会影响他人对听者的印象。因此，当听者的确有更加重要的事情时，先礼貌地结束交谈为宜。

三、听者主观好恶

听者的主观好恶对倾听的影响是非常大的，听者厌恶说者或者说话的内容时，不仅可能拒绝接收信息，而且可能在行为上有所反应，使对方难以继续说下去。若是在一般场合，听者当然可以自由表达自己的真实感受，但是如果是在特别需要倾听的情境下，听者就必须考虑交流的目的，而对自己的情绪加以控制。

听者还应注意的是：不喜欢说者本身，并不意味着说者所说的内容无意义；不喜欢说者的话，也不意味着说者错误而自己正确。真正有效的沟通是寻找双方的同感，而不是让他人遵从。因此，提高倾听技巧的过程，也是学会接纳他人的过程。

四、被动倾听

在与人交谈的过程中，听者没有集中精力听说者讲话，而是不得不听，这个过程就是一个被动倾听的过程。听者只是动用了听觉，并且常常是用一只耳朵去听，结果可能就是只听到了自己想听或者能够引起自己注意的内容，也可能产生对信息的误解或者遗漏。

在被动倾听时，听者一般只能理解说者字面的意思，而较难把握他的言外之意。而实际上说者的真实意图并非都在其语言之中，不同的说话方式（音量大小、速度快慢、语句中对哪个字的强调等）包含着不同的信息。例如："你最近没有鼓励我"这句话，重音若放在"你"上，表示说者常听别人的鼓励，唯独没有听到"你"的鼓励；如重音放在"最近"上，则表达"你"过去经常鼓励说者，只是最近比较少。听者只有主动、积极地倾听，才能听出其准确含义。

如果说者的目的是寻求帮助，那么他的话语中可能带有两种信息：说出来的和没有说出来的（隐藏在话语背后的"话"）。这就要求听者用整个身心去倾听，以发现其真实意图并给予可能的帮助。听者需要特别注意对方的遣词造句、节奏速度、音量语调及表情姿态等非语言信息的暗示。

五、娱乐需求

在人们内心深处，潜藏着某种娱乐需求：希望别人讲话的内容能够让自己感兴趣，甚至入迷。但是能生动形象地表达的人并不多，何况有些谈话内容本身就不具有趣味性。因此，人们对平铺直叙的陈述不感兴趣，常会回避那些难度较大、需要人们投入相当心智的话题。更糟糕的是，人们往往会先入为主，如果事先就断定将要听到的内容没有意思，结果就可能真的感到索然无味。对于身边爱唠叨的人，人们惯用的谈话方式就是躲避。至于说者所表达的内容究竟是无谓的唠叨，还是重要的信息，人们常常全然不予理会。

我们必须学会与表达能力不同的人打交道。医务工作者不能选择患者，不能因为患者唠叨或者所说的事情乏味就拒绝倾听。事实上，当我们克服了自身的不良习惯之后，会获得更多难得的收益。真正善于倾听的人几乎可以从所有的沟通中找到乐趣，领悟到那些倾听能力较差的人所听不到的、有价值的信息。

六、表达自己

在别人讲话时，听者会评判对方或者比较对方的观点与自己观点的异同。因此，听者只要发觉说者的想法与自己的不同，或者对方略有停顿，就会急着抢过发言权，开始畅所欲言。当听者内心的表达欲望异常强烈、不吐不快时，即使没有机会，甚至也会毫不犹豫地打断对方，过一把说话的瘾。

跟人交流时，急于表达自己难以达到倾听的目的。当为了平息对方的怒气而去听取意见时，如果不让人家把话说完，而只顾自说自唱，甚至与说者争论，结果不仅不能安抚对方，反而会使对方更加不满，甚至使冲突进一步升级；当为了建立良好关系而去倾听时，听者急于表白也会影响对方对其的看法，因为对方会感觉听者对自己不够尊重和缺乏诚意，降低对听者的尊重与好感。无论出于何种倾听目的，我们都必须抑制自己的表达欲望，只有这样，才能达到有效的沟通。

第三节　倾 听 技 巧

交谈过程中，说者和听者是相互影响的，听者应在参与、核实、反映等倾听的各个环节中注意把握相关技巧，使说者畅所欲言，才有可能达成沟通双方的意愿，实现有效的沟通。

一、参与

参与是指听者全身心地投入，来显示对说者的关切，使对方能够畅所欲言。并非所有人在遇到一个听者时，都会立即袒露心声。相反，很多人会出于种种顾忌而欲言又止，比如害怕耽误听者的时间或者担心听者对其所讲的事情不感兴趣，还可能对听者缺乏信任，不知道听者是否愿意给予帮助，这些情况都需要听者对说者进行鼓励，主动邀请对方进行交谈。具体的表达技巧包括。

（一）直接用语言表示鼓励

与其他人交谈时，若对方主动找到我们，我们应表现得对对方的谈话很有兴趣。我们也可以直接邀请："请谈谈这件事吧。"或者说："你说吧，我很想听听。"例如，患者问我们："医生，您有时间听我说说我的病情吗？"我们自然应该回答："当然，您请说吧。"即便患者没有询问，我们也可以直接发出邀请："请谈谈您的病情吧。"

这个过程中需注意以下两点。

1. 不要打断对方的诉说

例如，直接说："你别说这些了，说了也没用，谈别的吧。"或者在患者叙述中不适宜地插话，这些都可能导致患者不满。

2. 不要急于做出判断

例如，患者病情加重了，医生就说："你血糖升高了，肯定是没按规律服药!"这样匆忙的判断会使患者不愿意再诉说下去。应让对方充分诉说，以便我们全面、完整地了解情况。

（二）用身体行为给予鼓励

1. 用目光注视说者

交谈中应与对方保持目光接触，表示自己正在倾听，以引起对方继续讲话的兴趣。避免注意力分散的举动，如东张西望、坐立不安、与其他人搭话等，这些都会使对方感到自己不受重视、自己在听者心目中不重要、听者还有其他更重要的人和事要关照，从而不愿继续交流。

2. 表情专注

听者应神情专注，面带微笑，并且伴随说者的喜怒哀乐适当变换自己的表情。若对方情绪激昂，我们却无动于衷，说者也就无心继续说下去了。

3. 适时给予反馈

例如，微微点头或轻声应答，以表示自己正在认真倾听，同时也将自己赞同的信息反馈给对方。

4. 姿态适当

保持放松、舒适的体态，面向说者，与说者保持合适的距离，身体略向说者倾斜，这是专心倾听的表示。

5. 注意观察说者的非语言行为

交谈中注意观察说者，仔细体会其言外之意，以了解说者的主要意图和真实想法。

二、核实

核实就是证实自己的感觉，是听者在倾听过程中为了核对自己的理解是否准确而采用的技巧。核实也是一种反馈机制，通过仔细聆听和观察说者的非语言行为，确定对方的真实意图，并通过询问对方，了解自己所听到的或观察到的信息是否准确。核实还是一种负责的表现，医务人员尤其应该注意核实。核实应客观，不应加入任何主观意见和情感。核实的具体技巧包括重述、意述、澄清、总结。

1. 重述

重述是把对方的话再重复说一次。通过这种方法，听者可以帮助说者检查一下他说的话，等对方确认后再继续交谈。重述直接确认了对方的观点，可以增强其诉说的信心，使其感觉自己的诉说正在生效，从而受到鼓励。重述是一种不加任何判断的重复，因此使用时注意不要对说者的话做出判断。例如：

患者：昨天半夜我饿得头昏眼花就吃了些饼干……

医生：你是说你半夜饿得头昏眼花就吃了些饼干，是吗？

患者：是的……

2. 意述

意述也称作意译，是听者将对方所说的话用不同的说法说出来，但意思不变，即将对方的言外之意说出来，但要注意保持原句的意思以及应该重复对方所说的重点。例如：

患者：我昨天干了很多活累着了，现在腰很疼……

医生：你是说因为累着了，所以腰才很疼，是吗？

患者：是的……

3. 澄清

澄清是将一些模棱两可是否应该删去、含糊不清和不完整的陈述弄清楚，即针对对方陈述中的一些模糊不明的语言内容提出疑问，以取得更具体、更明确的信息。

澄清常采用的说法有："请您再说一遍""我还不是太明白，能否请您具体告诉我……""根据我的理解，您的意思是不是……""经常""多数""很多""很少"等这些表述数量的词常常需要澄清。例如，患者说自己经常喝酒，则应询问喝的是什么酒，每日喝几次、每次喝多少。其他需要澄清的一些词句是对于一个人具有个别意义的描述。例如：

患者：我很累，我腰很疼。

医生：你是因为累了才腰疼呢，还是因为腰疼而感觉很累呢？

4. 总结

总结是用简单、概括的方式将对方的叙述重复一遍以核实自己的感觉。例如：

患者：上次化疗后，我真是痛苦极了，吐得一塌糊涂，动也不能动，人像快死了似的，我不敢想象还要再进行两个疗程的化疗，不要再给我化疗了。

医生：您因上次化疗吃了很多苦，现在感觉很难再接受化疗了，是吗？

三、反映

1. 反映的含义

反映也称释义，是把客观事物的实质表现出来，是一种帮助说者领悟自己真实情感的交谈技巧。在交谈过程中，说者的表述有时会有词不达意，或者在语言及非语言行为中不自觉地流露出一些言外之意。通过专注而移情的倾听，听者可以领会对方的真情实意，把对方的言外之意明确表达出来，以帮助对方正面地确定自己的情感和思想，从而使交谈顺利地进行下去。因此，反映是医务人员向患者表达共鸣和反应的极好方式。反映不能改变和曲解说者的原意，要求听者站在对方的角度理解他的意思，并且要将对方显露的真情实意准确地描述出来，以产生共鸣。反映之后要观察说者的反应，以确定自己是否准确地理解了他的意思，确实产生了共鸣。

2. 常用的反映模式

"你觉得……""因为你……""你想要……"等模式可以帮助听者识别说者的感受和总结其感受。例如：

患者：我住院已经两个星期了，各种检查也做了不少，但是到现在为止，谁也没有对我的病做出明确的解释，到底要不要手术也没人跟我说，这是怎么回事儿呀！

医生：看起来您很着急，也很烦恼？

患者：可不是嘛！

这种反映虽然简单，但是意义很大：不仅让说者因为被人理解而心存感激，愿意进一步敞开心扉，也使说者知道自己的话是否已经为听者所理解，哪些得到认同，哪些受到抵制，从而使说者自觉调整其讲话方式与内容，以提供对听者更有价值的信息；同时也为听者在倾听之后所要进行的有关说服教育或者不同意见的发表奠定了良好的基础。

3. 反映技巧

（1）正确识别其感受　通过认真倾听对方所说的话和观察其非语言表达，识别其感受。

（2）真正理解其感受　听者应努力回忆和想象自己在类似情况下的感受，继而设身处地去想象对方的感受，从而从思想上接受和承认对方的感受，这样才能真正理解其感受。

（3）准确表述其感受　听者应用简单易懂的语言概括性讲出自己是如何理解对方感受的，使对方感到关注和真诚。

（4）合理对待其感受　听者帮助对方正视目前的局面和问题，并向其列出解决问题的可行措施，帮助对方做出抉择。

思考题

1. 什么是倾听？

2. 倾听有什么意义？

3. 什么时候需要倾听？

4. 影响倾听的因素有哪些？

5. 有效的倾听技巧有哪些？

第十章

非语言沟通

学习要求：

掌握非语言沟通的主要表现形式，并能在工作中运用恰当的非语言沟通，完成工作沟通内容，促进医患关系健康发展；熟悉目光、表情、动作、姿势、时间与空间控制等非语言沟通形式所表达的含义；了解非语言沟通的含义和常见的跨文化非语言符号的含义。

第一节 概 述

人与人之间的沟通，除了运用口头语言和书面语言之外，还可以运用大量的非语言形式进行沟通。非语言沟通虽不如语言直接、明白，但由于非语言沟通具有较强的表现力和吸引力，又可跨越语言沟通的障碍，所以比语言沟通更富有感染力，对语言沟通起着辅助和强化的作用。非语言沟通具备与语言沟通所不同的特点，在人际沟通中发挥重要作用。掌握非语言沟通的技巧和知识，有助于开展人际沟通关系，促进沟通效率提升。在临床工作中运用恰当的非语言沟通，有助于促进医患沟通。

一、非语言沟通的特点及作用

（一）非语言沟通的概念

非语言沟通（non-verbal communication）是指在人际沟通过程中，通过身体动作、体态、语气语调、空间距离等非口头或书面语言符号进行信息传递的沟通形式。非语言沟通是人类在语言之外进行沟通时的所有符号。非语言沟通是语言沟通的自然流露和重要补充，使信息意图更加明确、圆满，共同协调完成人们传递信息、表达感情的意愿。美国心理学家艾伯特·梅拉比安（Albert Mehrabian）曾经提出过一个公式：信息的全部表达 =7% 语调 +38% 声音 +55% 表情。由此可见，非语言沟通在人际沟通中十分重要。

（二）非语言沟通的特点

非语言沟通作为人际沟通的一种基本表达手段，是有规律可循的。非语言沟通行为体现为以下几个方面的特点。

1. 普遍性

每个人在成长过程中，都自觉或不自觉地具备了非语言沟通的能力，并学会了使用非语言沟通。虽然各国、各民族的语言有所不同，但非语言沟通具有很强的共享性。如人的面部表情，因为面部表情有较一致的表达方式，所以多被人们视为是一种"世界语"。这些非语言符号所传递的信息为不同文化、不同民族的人们所理解。

2. 真实性

一般认为，非语言行为比语言行为更真实。非语言信息更趋向于发自内心，并难以掩饰，在对他人的情绪、态度和关系的认知方面，非语言行为有着无可比拟的真实性。如害羞时满脸通红，害怕时脸色苍白、手脚发抖等。因此，当语言符号和非语言符号所代表的意义不一样时，人们更相信非语言符号所代表的意义。

3. 情境性

与语言沟通一样，非语言沟通也展开于特定的环境中。情境左右着非语言符号的含义。相同的非语言符号，在不同的情境中会有不同的意义。如同样是流眼泪，在不同的沟通情境中可以表达悲痛与幸福、生气与高兴、委屈与满足、仇恨与感激等完全对立的情感。只有联系具体的沟通情境，才能了解其确定的含义。

4. 协调性

非语言沟通常以组合的方式出现，很少有某种符号孤立地去表情达意。尤其是表情体态语，往往以一两种符号手段为主，辅以多种形态的协调配合，综合构成一束信息，使接收信息的一方能全面译解、准确掌握传送来的信息。因此，在认识某一非语言行为时，应尽可能完整地把握相关的所有非语言信息。

5. 无意识性

一个人的非语言行为更多是一种对外界刺激的直接反应，基本都是无意识的反应，甚至是自己所无法控制的。正如弗洛伊德（Sigmund Freud）所说，没有人可以隐藏秘密，假如他的嘴唇不说话，则他会用指尖说话。如当一个人撒谎时，他极有可能会做出用右手的食指搔搔耳垂下边或用右手食指与拇指拉一拉耳垂的动作。人们通常意识不到自己的非语言行为。

6. 民族性

非语言行为有着一定程度的共享性，但同时受文化环境的制约，又具有鲜明的民族性，即受种族、地域、风俗习惯等因素的影响，非语言沟通在表现形式和所表达的内涵上都体现出各自的文化特色。如在我国，手心朝下打手势，是叫人过来的意思；而在有些国家，如果手心朝下挥动会被视为不尊重人的表现，这些国家的人更倾向于手心朝上挥动叫人过来。因此，在不同地区的医患交流中，正确认识非语言沟通的民族性，了解不同非语言符号含义的差异性十分必要，可以减少误会和避免不必要的麻烦。

（三）非语言沟通的作用

非语言沟通主要用于帮助互动中的双方更有效地传递信息、沟通思想、交流情感。非语言沟通在人们日常交往中的重要作用，主要表现在以下几个方面。

1. 表达情感

非语言沟通的首要功能是表达感情和情绪。在人际交流中，非语言行为经常成为人们真情实感的直接表露方式，人们的喜怒哀乐都可以通过表情体态等形象地展示出来。在医患沟通中，患者的表情、目光、肢体的动作等，真切地向医护人员表达了他们罹患疾病时的种种情感——焦虑不安、无望、无助等。同样，医护人员通过坚定的目光、关切的微笑、镇定的表情和肢体动作表达对患者的理解、支持和信心。

2. 验证信息

非语言符号作为一种显现性符号，可以起到验证和确认人际互动中的语言信息的作用。当非语言传递的信息验证了语言信息时，沟通是最有效的。如果一位患者说"我感觉很好"，但其动作表情却明显地表现出烦躁不安和焦虑，那么此时的非语言信息和语言信息传递的内容就不一致，这时，医护人员应特别注意仔细观察，根据非语言沟通传递的信息来验证患者的语言信息并做出判断，以免发生意外。

3. 调节互动

非语言沟通可以调节人们相互间信息的传递，以维护和促进沟通的进行。调节的动作，如点头、皱眉、降低音量、改变体位、靠近对方或离开对方等，所有这些都传递着一些不必开口或不便明说的信息，调节着沟通双方的互动行为。如医生在倾听患者诉说病史、病情时，往往用微笑、点头来鼓励患者继续说下去。沟通双方诸如此类的互动行为的调节，经常不是靠语言明说，而是靠非语言暗示婉转地传递信息的。

4. 补充作用

非语言沟通可以填补、增加、充实语言符号在传递信息时的某些不足和缺失。人们通常运用语言来沟通思想、表达情感，但有时语言沟通词不达意或词难尽意，这时非语言沟通可以帮助人们更准确地表达意图，或弥补语言沟通的不足，或对语言内容加以强调，使自己的意图表达得更充分、更完备。如在医院里，医生鼓励年轻患者"让我们一起努力，一定要战胜疾病好吗？"并伸出手与患者相握，这就大大加强了对方的决心。

5. 替代作用

语言符号由于在信息传播中受到时间、空间、内容深度及某些特殊环境等阻碍而功能受限，需要非语言符号进行替代，才能够完成信息传播与相互沟通。如听课中学生有疑问，只需举起右手，这样既不干扰教学，又能使教师明白学生的意图。又如临床上，气管切开术后患者用表情动作表达自己的感受和需求，如渴——舔嘴唇、睡觉——闭合双目等，医护人员了解这些非语言信息所表示的内容，就可以通过观察患者的表情动作来了解患者的意图。

6. 显示关系

非语言沟通可以帮助人们在人际交流中确定相互关系。和蔼体贴的表情、亲切的触摸向他人传递了友好的相互关系，而一副生气的面孔和生硬的语调则向他人传递了冷漠和疏远的关系。但要注意的是，单个特殊的非语言行为不一定能表达某个特殊的关系，需对多个非语言行为进行综合观察，才能准确判断关系特征。如两个相隔多年未见面的人，一见面使劲捶对方，但通过其脸上兴奋的表情、眼角流下的热泪及紧紧的拥抱等其他多个非语言行为，可以看出他们不是痛恨对方而是表达久别重逢的喜悦和激动。

知识链接 10-1

就像医生观察患者一样，患者也会仔细观察医生，并判断医生是否在意患者的疾病。医生的眼神是否直视患者？医生是否心不在焉？医生是否关心询问患者？医生要保持目光接触，不要让患者认为记录比他们的话更重要。

二、非语言沟通的分类

按照非语言沟通信息传递的介质分类，非语言沟通可以分为副语言、身体语言及环境语言。

（一）副语言

副语言，是指有声但没有具体意义的辅助语言，是指说者的音质、音调、语速、停顿、叹词等，如所谓的"抑扬顿挫"等。副语言虽然有声音，但因为本身没有具体的语义，所以不能称为语言。但是，副语言能传递出非常丰富的信息，在某些场合甚至胜似语言。

(二) 身体语言

身体语言，是指人们在沟通过程中，有意识或无意识地借助于目光、表情、动作、身体姿态等进行的信息交流。身体语言沟通可以起到支持、修饰或否定语言行为的作用。有时可以直接替代语言行为，甚至表达出语言难以表达的情感内容，是非常重要的信息传递介质。

(三) 环境语言

环境语言，是指人们自身因素之外的环境因素传递沟通信息的过程。环境语言包括沟通的物理环境，如沟通场所的设计、布局、布置、光线等；也包括空间环境，如座位安排、空间距离等；还包括时间环境，包括沟通时间的安排、长短、是否守时等。

第二节 副 语 言

副语言，是指有声但没有具体意义的辅助语言，是指说者说话的音质、音调、语速、停顿、叹词等。副语言经常与口头语言同时出现，为口头语言增添更多的辅助理解信息。

副语言虽然有声音但却是非语言的。例如，各种笑声、叹息、呻吟以及各种笑声（哈哈大笑、爽朗的笑、傻笑、苦笑、冷笑、假笑、谄笑、无可奈何的笑），诸如此类，都等于在说话，有时候甚至胜似说话，不过它是不分音节的语言。

心理学家艾伯特·梅拉比安（Albert Mehrabian）研究发现，在表达情感和词语的实验中，普通人对于信息的接收并不完全依靠语言语义的内容：7%的信息通过单词、38%的信息通过声音、55%的信息通过肢体语言传递；面对面交流时，女性更容易根据对方的神态和音调来判断对方是否有恶意。

我们可以观察人们在使用语言的时候，如何通过转变自己的声音、语调，使个人的声音在困难的时候变得生硬或中止，在情绪高涨的时候变得流畅和激昂。虽然没有可视信息，但一个人能够仔细地倾听另一个人的声音，就能判断对方在描述过程中的内心状况。

一、语速

人们说话的速度影响着听者对信息的接收和理解。人们说话的速度通常在每分钟120~261个音节之间。研究发现，当说者使用较快的语速时，被视为是更有能力的表现。当然。如果说话速度太快，听者跟不上，其语言的清晰度也就可能受到影响。

二、音调

音调是指声音的高低，它决定了一种声音是否悦耳。有些人认为，高音没有低音悦耳，然而研究音调的人发现：如果说者使用较高且有变化的音调，则会被视为更有能力；用低音说话的人似乎气量不足，可能被认为对所说的话没有把握或者害羞。但是，也有研究证明，人们撒谎时的音调会比平时的音调要高。

三、音量

只要合乎说者的目的，没有不分场合地在任何时候都使用很大的音量，就是恰当的。柔和的声音与大声说话相比往往具有同样甚至更好的效果。

四、声音补白

这是在搜寻要用的词时，用于填充句子或做掩饰的声音。像"啊""呀""这个""对吧"等短语，都是表明停顿以及正在搜寻正确词语的非语言方式。声音补白其实也是一种信号，事实上它能保护说者的权利，因为它有效地表明"不要打断，我仍在讲话"。我们都在使用声音补白，但是如果不停地使用，或者它们已经分散听者的注意力了，就会产生沟通问题。

五、音质

声音质量是非常重要的，因为研究人员发现，一个人的音质是由其他所有声音的特点，即连续性、节奏、发音特征等构成的。声音有吸引力的人更容易被人们认为是有影响力、有能力和更为诚实的。许多人对自己说话的声音没有一个明确的概念，当有的人在录像中看到自己和听到自己的声音时，总是对自己声音不满意。此外，声音是可以通过自己的努力和专业人员的帮助来改变的。

六、暂停和沉默

暂停和沉默同讲话的速度一样值得注意。沉默可能有很广泛的含义。在极端的情况下，人们用沉默作为一种武器或者策略来结束沟通活动或寻求某种赞同。在谈话中暂停一下也是一种有价值的能力，这种能力给他人时间来仔细考虑自己的想法和感受。

副语言在人类社会的沟通中占有很重要的地位：当一个人具有良好的沟通能力时，他的副语言与语言一致地、合理地、可信地进行着变化。例如，低头、放下手成者眼睛凝视，它们可能象征着一种暂停、强调一种观点，或者表明一个人讲话中的疑问或讽刺。有时为了表明更大幅度的思想转换，说者会改变他身体的整个姿势。总之，副语言是语言信息的补充。

第三节 身体语言

身体语言也称为体语、态势语、体态语、动作语等。身体语言沟通是人际沟通中最为人们熟悉的非语言沟通形式，是人们在沟通过程中，通过目光、表情、动作、姿态等表达感情、传递信息的一种非语言沟通形式。

身体语言具有形象、生动、直观、个性化的特点。在沟通中，将身体语言和语言结合起来使用，能够使表达的含义更精彩、更准确。根据对方身体语言所表达的信息，我们也能够更准确地理解对方，甚至在有些情境中，身体语言比文字和语言更有影响力。身体语言在表达人类感情上也起着重要作用。如缕缕相思、点点离愁、满腔爱意，即使用千言万语也难以形容，然而一个眼神、一个举动，或是相视一笑，便可将种种情感表达得淋漓尽致。下面介绍几种常见的身体语言。

一、目光语

目光语是人们运用眼神来传递信息、表达情感、进行交际的人体语言。在人际沟通中最重要、最敏感的就是目光接触。研究证明，在各种器官对刺激的印象程度中，眼睛对刺激的反应最为强烈。各种器官所占比例分别为：视觉87%，听觉7%，嗅觉1%，其他5%。眼睛是被对方注视最多的部位，也是表情的重要部位。人们常说"眼睛是心灵的窗户"，可见眼神可以直接、自然、准确地展示自身的心理活动。在目光的具体运用时，沟通者要增强视觉的控制能力，要使眼神的变化有一定的目的，表现一定的内容：热情诚恳的目光，亲切；平静坦诚的目光，稳重；闪耀俏皮的目光，幽默；冷淡虚伪的目光，不悦；咄咄逼人的目光，不寒而栗。在社交活动中，用眼睛看着对方面部的三角部位，这个三角是以两眼为上线，以嘴为下顶角，也就是双眼和嘴之间。当你看着对方这个部位时，会营造出一种放松的社交气氛，对方会感到你的诚意。

目光的具体运用主要有以下三种形式。

1. 注视

当同他人交谈时，只有互相注视到对方，彼此的沟通才能建立。注视行为主要体现在注视的时间、注视的部位和注视的方式这三个方面。

（1）注视的时间 注视对方脸部的时间应占全部谈话时间的 1/3 ~ 2/3，如果对方的目光与我们的目光相接超过 2/3，可以认为对方对我们比谈话内容更感兴趣，这时对方的瞳孔是扩大的；反之，低于 1/3 时，则表示对方对谈话内容和我们本人都不怎么感兴趣，或对自己的话缺乏自信。因此，若想同他人建立良好的关系，在整个沟通的时间上，沟通双方的目光相连累计应达到30%～60%的时间，只有这样，才有可能得到对方的信赖和喜欢。相反，若在交谈时都不注视对方，那自然很难得到对方的信赖和喜欢。同时需要注意的是，除关系十分亲近的人以外，一般连续注视对方的时间应在1～2秒钟以内，以免引起对方的反感。

（2）注视的部位　按沟通对象的不同，注视部位一般分为三种。一是公事注视区，其位置是"双眼连线为底边，前额中心为顶角顶点"所构成的三角区域。这种注视能够造成严肃、可信、有某种权威性的气氛，适用于谈生意、办公事和公共场合中的初次会面。二是社交注视区，其位置在"双眼连线为底边，嘴为顶角顶点"所构成的倒三角区域。这种注视比较认真、谦和而又随意，有利于营造融洽、轻松的气氛，普遍适用于酒会、舞会等社交场合。三是亲密注视区，其位置在"双眼连线为底边，胸部中心为顶点"的倒三角区域，适宜于恋人、配偶、密友之间。

（3）注视的方式　注视的方式有平视、直视、正视、仰视、垂视、逼视等多种方式。从视线的方向看，平视表示平等，直视表示威严，正视表示庄重，仰视表示思索，垂视表示羞涩，逼视表示命令。从眼球的活动方式看，瞪眼表示愤怒，斜眼表示鄙视，挤眼表示玩弄，翻白眼表示憎恶；从眼皮的开合看，故意闭眼表示不屑一顾，无意识地频繁眨眼表示胆怯。

眨眼也是人的一种注视方式，眨眼一般每分钟5～8次，在一秒钟之内连眨几下眼，是神情活跃、对某事物感兴趣的表示，当然，有时也可理解为由于怯懦羞涩、不敢正视而不停眨眼。要注意的是，在与他人谈话时，过于频繁地眨眼，容易让人误解为太有心计，使人不愿深交。眨眼时间超过一秒就成了闭眼，则表示厌恶、不感兴趣，或表示自己比对方优越，有藐视或蔑视的意思。这种把别人扫出视野之外的做法很容易使人厌恶。

最后要注意的是，交流中的注视，绝不是把瞳孔的焦距收缩，紧紧盯住对方的眼睛，这会使对方感到尴尬不安。交谈时正确的方式应是自然地正视。

2. 环视

环视多用于一对多的交际场合，包括讲课、演讲等，表示认真、重视。环视的视线可顾及在场的每个观众，同时可以通过多角度的目光接触，较全面地了解每个人的心理反应，以便随时调整话题。运用环视时，要防止头部摆动过于有规律、过于频繁，以致给人机械的感觉，还要防止眼睛转动过于灵活。

3. 虚视

虚视多用于一对多的谈话场合，如大型演讲会、记者招待会、报告会等。虚视的目光似看非看，好像在看什么地方、看哪些听众，但实际上什么也没看。虚视的范围一般在听众的中部或后部，虚视可以穿插于注视、环视之间，用以调整、消除注视可能带来的呆板感和环视所带来的飘忽感。"视而不见"的虚视还可以消除说者的紧张心理，帮助说者集中精神思考谈话的内容。

二、表情语

表情是指人们表现在面部的思想感情。它是凭借眉、眼、鼻、嘴及面部肌肉的变化等体现出丰富的内容。表情对人们所说的话起着解释、澄清、纠正和强化的作用，是个人情绪最明显的标志，因此它是测量人的情绪的客观指标之一，也是最受人注意的部分。它是非语言沟通中使用最为广泛的一种表现形式，能够最自然、最真实地反映人们的思想、情感。

罗曼·罗兰（Romain Rolland）说：面部表情是比口头语言复杂到千百倍的语言。只要人们开口说话，都会有意无意地运用表情来辅助有声语言传情达意。有时甚至不开口说话，也能运用表情传递一定的信息。

按照非语言研究专家伯德惠斯戴尔（R. L. Bindwhistell）的估计，"光人的脸，就能做出大约25万种不同的表情"，这一估计似乎过于惊人，但社会心理学家一般都认为人的面部表情在2万种以上。

面部表情是依靠五官的动作来表达的。面部表情主要依靠脸部肌筋的动作及肌肉颜色纹路的变化来体现。脸部肌筋动作和肌肉颜色纹路变化之间还存在着密切的关联。一般来说，脸部肌筋动作向上，则显现出"和蔼""愉悦""善意"的表情；脸部肌筋动作向下，则显现出"敌意""难受""痛苦"的表情。

据心理专家研究，眉毛可有20多种动态，分别表示不同的感情。同时，眉与目相连，眉目通常联合传情，故有"眉目传情"之说。眉飞色舞，表达兴奋；双眉紧锁，代表忧愁；眉目骤张，显示惊讶；眉目低垂，表现漠然；横眉竖目，表示恼怒。由此可见，眼神变化实际上包含着眉的变化。眉最基本的形态就是紧缩和舒展；前者表达焦虑，而后者则体现放松和愉悦。

鼻的表情相对于眉来说较少，含义也比较明确。如厌恶时将脸高扬，自然而然地耸起鼻子，使鼻子看起来如朝天一般；轻蔑时不但将脸上扬，同时用鼻音朝对方"哼"一声的行为，正是所谓"嗤之以鼻"的写照。愤怒时鼻孔张大，紧张时鼻腔收缩均为常见的表情。而频频下意识地揉鼻子，则有对当前谈话、场合不耐烦或厌倦之意。

口的表情通过口形变化来体现。如鄙视时嘴向下撇；微笑时嘴角向上翘；气急时嘴唇发抖；委屈时撅起嘴巴；惊愕时嘴巴大张；厌恶、不满时嘴唇紧闭，口角向下；悲哀、痛苦时嘴唇微开、口角向下等。此外，轻咬嘴唇可以表示自责，嘴唇两端稍向后缩可以显现倾听的姿态等。所以，嘴唇的曲线能敏感而自然地暴露内心活动。一般来说，掩嘴的动作可被看作隐藏自己内心想法的心理表现。

研究证明，在可以产生各种情态语言的面部器官中，眼睛是人体传递信息最有效的器官。在人的各种感觉器官所获得的信息总量中，眼睛要独占80%以上。可见，目光接触在沟通中极为重要。

微笑是面部表情中最能感染人的一种方式，是最被人们所欣赏和接受的笑的形式。微笑是指面部露出喜悦的表情。微笑虽无声，但它却可以表达出高兴、欢悦、同意、赞许、友好、尊敬、同情等许多信息。微笑是人际沟通的"润滑油"，微笑是最有益于人际沟通的面部表情。真诚的微笑在人际沟通中具有超凡的魅力。微笑是人良好心境的表现，说明心地平和、心情愉快；微笑是善待人生、乐观处世的表现，说明心里充满了阳光；微笑是有自信心的表现，对自己的魅力和能力抱积极和肯定的态度；微笑是内心真诚友善的自然表露，说明心底坦荡和善良；微笑还是对工作意义的正确认识，表现乐业、敬业的精神。微笑是可以表现出温馨、亲切的表情，能有效地缩短双方的距离，给对方留下美好的心理感受，从而形成融洽的交往氛围。微笑能使我们在组织里站稳脚跟，得到亲朋好友的爱护；微笑使我们的人生其乐无穷。研究表明，愁眉苦脸的医生的医疗事故数是面带微笑的医生的医疗事故数的两倍。

（一）微笑的功能

（1）微笑可以改变一个人的外貌　中国有句古话叫"相由心生"，意思是人的相貌是内心蕴含的自然流露。微笑可以美化人们的外形，陶冶人们的心灵。据调查，很多政治家、外交家、演员、公关小姐、运动员在事业上能取得成功，不仅因为他们有出众的才华，而且是因为他们那颇具魅力的微笑。"人不是因为美丽才可爱，而是因为可爱才美丽"，这句话正在成为现代青年的座右铭。

（2）微笑是一种最不花本钱的沟通手段　平时我们都有这样的体验：在与人（尤其是陌生人）打交道的时候，哪怕是一个淡淡的微笑，也能表示出对对方的尊敬、欢迎与欣赏，这样不仅容易获得相应的回报，还能立刻拉近双方的心理距离，打消因为陌生而产生的紧张、怀疑与忧虑的心情，为深入的沟通与交往营造温馨和谐的氛围，扫除沟通与交际的障碍。

（3）微笑能委婉、得体地达意　有时我们在特定的时间里只可意会难以言传，如要表达某种思想感情，可以用微笑来沟通双方的思想，完成交际任务。

总之，微笑的魅力是多方面的，微笑能使"强硬的"变得温柔，"困难的"变得容易，"刁难的"变得通融，"对立的"变得和解，"疏远的"变得亲近，"友好的"变得更友好。微笑能弥补嫌隙，微笑能化解嗔怨，微笑能增进友谊。

（二）微笑的艺术

（1）要笑得自然、真诚　微笑是发自内心的，是美好心灵的外在表现。想要笑得好很容易，只要把对方想象成自己的朋友或兄弟姐妹，就可以自然大方、真实、亲切地微笑了。

（2）笑要发自内心　微笑是内心情感的自然流露，绝不是故作笑颜、故意奉承。一个人在心情愉快、兴奋或遇到高兴的事情时，就会自然地流露出这种笑容。发自内心的微笑既是一个人自信、真诚、友善、愉快的心态表露，又能营造明朗而富有人情味的生活气氛。真诚微笑应该笑到、口到、眼到、心到、意到、神到、情到。

（3）要笑得合适　微笑并不是无条件的，也并不是可以用于一切交际环境的，它的运用是很有讲究的。首先，场所要合适。当我们同对方谈一个严肃话题时，或者告知对方一个不幸的消息时，或者谈话使对方感到不快时，不应该微笑。其次，程度要合适。微笑既是向对方表示一种礼节、一份尊重，也是自己仪容的展现。笑得太放肆、太没有节制，就会有失身份，引起对方的反感。微笑时如果一笑即收敛，一闪而过，也同样收不到好的效果。最后，对象要合适。对不同的交际对象，应使用不同含义的微笑，传达不同之情，表达不同之意。对恋人，微笑是递送爱慕之情；对同事、朋友、顾客，微笑是传达友好之意；对长辈，微笑是表示尊敬；对晚辈，微笑表示慈爱；对敌对者的笑与上述微笑不同，是一种冷笑、讥笑，带有轻蔑、讥讽、鄙视等种种含义。

所以要笑得自然、适度和合适，才能充分表达友善、诚信、和蔼、融洽等美好的情感。

（三）微笑练习

微笑的时候，先要放松面部肌肉，然后使嘴角微微向上翘起，让嘴唇略呈弧形。最后，在不牵动鼻子、不发出笑声、不露出牙齿，尤其是不露出牙龈的前提下，轻轻一笑。

（1）引导练习法　闭上眼睛，调动感情，并发挥想象力，或回忆美好的过去或展望美好的未来，使微笑源自内心，有感而发。

（2）镜子练习法　力求使眉、眼、面部肌肉、口形在笑时和谐统一。

（3）当众练习法　按照要求，当众练习，使微笑规范、自然、大方，克服羞涩和胆怯的心理。也可以请观众评议后再对不足之处进行纠正。

微笑必须注意整体配合。微笑虽然是一种简单的表情，但要真正成功地运用，除了要注意口形外，还须注意面部其他各部位的相互配合。一个人在微笑时，目光应当柔和发亮，双眼略微睁大；眉头自然舒展，眉心微微向上扬起。这就是人们通常所说的"眉开眼笑"。

总之，面部表情，虽然没有声音，但是通过双方恰当地运用眼神与微笑，却能引起"共鸣"，产生"触动"。学会观察面部表情的各种细微差别，恰当地运用眼神与微笑，对创造良好的沟通环境有重要的意义。

三、动作语

（一）头语

头语是人们经常使用的一个动作姿势，往往能简洁、明快地表达人们的意图和反应，对他人的行动起到强化和削弱的作用。同时头部动作所表示的含义也十分细腻，需根据头部动作的程度，结合具体的条件进行判断。例如人们将头从一侧倾斜到另一侧，歪着脖子，这就表明听者产生了某种兴趣，这是一种令人欣喜的信号。

1. 点头

点头可以表示多种含义，如赞成、肯定、理解、承认等。在某些场合，如骑车时迎面碰到熟人，不便下车讲话时，点头表示礼貌、问候，不失为一种优雅的社交动作语言。

2. 摇头

摇头一般表示拒绝、否定的意思。在一些特定的背景、条件下，轻微地摇头还有沉思的含义和不可以、不行的暗示。

3. 仰头

仰头则表示思考和犹豫。如果我们向领导请示一件事时没有马上得到回答，而见对方仰头，可能暗示"等等，让我好好想一想再说"，或者表示这个问题需要斟酌，还不能马上答复。

4. 低头

低头则有两种含义：一种是陷入沉思时会低头，表示精力很集中；另一种是受到批评、指责或训斥时，自己理屈词穷，低头表示认错、羞愧和无地自容。人们压抑、抑郁、缺乏自信时常常也是低着头的。

（二）手语

手语也称手势语。它是动作语的主要表现形式，使用频率最高，变化形式最多，因而表现力、吸引力和感染力也最强，最能表达其丰富多彩的思想感情，包括握手、招手、摇手、挥手和手指动作等。心理学家研究证明，手势是通过学习而获得的，长期的生产生活实践使手势形成了一些相对稳定的格式。可以从双手的动作、位置以及紧张的状况中察看出不同的寓意。如：摊开双手表示真诚、坦率，不会有假；被人无端责备后，紧握双拳显示出反抗的情绪或有报仇的念头；在胸前摊开双手则表现出无可奈何的心情；有的人坐着时，习惯地将双臂交叉于胸前，甚至一拇指跷起、指向上方，说明有防备和敌对情绪。

1. 手势语的作用

（1）手势语对语言有替代作用 如：在街上"打的"时，用招手表示呼唤；当应答是否需要某件东西时，用摇手表示不需要或者谢绝；在大会上征求意见时，举手表示赞同或支持；当不能满足对方要求时，用搓手表示为难。还可以用叉手表示自信心和优越感，用摊手表示坦诚或无可奈何。聋哑人的手势语则完全代替了口头语的使用。

（2）手势语对语言有辅助和强化作用 《戴高乐在爱丽舍宫》这篇文章中这样描述法国前总统戴高乐的手势语："当他进行公开演说时，他的习惯动作是两臂向上在空中画'V'字形。在记者招待会上，他的动作比较节制，其目的只是为了强调他的讲话，说得形象些，是要把它捏成形。'揉面'一词经常出现在他的词汇里。他正是模仿揉面的动作，小胳膊不断地在空中画着弧形，两只手微微弯曲成环形，好像他真的在糅合文字和宇宙这两块面团似的。"这个例子表明，手势语能给人以鲜明突出的视觉形象，极大地强化有声语言传递的信息，正如古罗马的政治家西塞罗指出的："一切心理活动都伴有指手画脚等动作，手势恰如人体的一种语言，这种语言甚至连最野蛮的人都能够理解。"

（3）手势语能表达个人情绪状态　不同的手势能够传递一个人的内心情绪、状态。如谈话中，对方双手紧绞在一起或反复搓动，表示其情绪紧张、不安；学生担心考试，就会不由自主地咬指甲或咬笔；有人遇到棘手的事会猛地拉扯头发或猛拍头部。

2. 手势语的运用

（1）手指语的运用　手指语是指通过手指的各种动作传递信息的体态语言。手指语的表意很丰富，它不仅可以用来明确指称对象，而且在语言不通的情况下，还有替代功能。手指语还有一种社会、民族约定俗成的传递信息的功能，这为交际带来了方便。运用手指语时应注意以下要求。①看语境。如在庄重和谐的场合，直伸食指指向对方，就显得对对方不尊重；在怒火满腔的情况下，直指对方就非常有力，加强了有声语言的表达效果。在长辈、上级面前说话，一般不宜用手指语，更不应捏响手指；在一般社交场合，也不应该用拇指和中指、食指打出响声，但在招呼自己非常亲密的朋友时是可以的。②不要滥用手指语。在与别人交谈时，边说话边打着响指，会让人觉得被轻慢，从而引发不快。③手指使用的频率、摆动的幅度等都要讲究，如果频率过高、幅度过大，轻则给人以缺乏修养的印象，重则会给人以张牙舞爪的感觉。

（2）握手语的运用　握手语是通过交际双方以手相握来传递信息的体态语。握手语是信息的双向交流，能表达许多复杂微妙的思想、感情，是现代交际活动中不可缺少的礼节和手段。握手的作用很多，如表示友情、祝愿、诚意、谅解、合作、期待、鼓励、欢迎、告别、有信心、感谢、挑战、达成协议、握手言欢、结束不愉快、试探对方等。握手语的运用技巧有以下两点。①握手语的运用是多方面的，需要遵守一些规定。一般在相互介绍和会面时握手。遇见朋友先打招呼，然后互相握手，寒暄致意。关系亲近的则边握手边问候，甚至两人双手长时间地握在一起。在一般情况下，握一下即可，不必用力。但年轻者对年长者、职位低者对职位高者则应稍稍欠身，双手握住对方的手，以示尊敬。男人和女人握手时，往往只握一下女人的手指部分。男人在握手前应先脱下手套，摘下帽子。握手也有先后顺序，应由主人、年长者、职位高者、女人先伸出手，客人、年轻者、职位低者见面先问候，待对方伸手再握。多人同时握手时要注意，不要交叉，待别人握完再伸手。握手时双目注视对方，微笑致意，不要看着第三者握手。这些都是需要遵守的。这里有配合其他体态语的问题，有具体握法（部位）的问题，有先后顺序的问题，有时间长短的问题，有掌握力度的问题。当然，具体运用时还有很大的灵活性。②握手时要注意对方的反应。握手是交际双方直接的身体接触，是一种微妙的思想情感的交流，带有很大的试探性，也有很强的可感性。握手远远不是简单的礼节表示，也不是单种信息的传递，因此要敏锐地注意对方的反应。在社交时，伸出手，然后握住他人的手，如果能立即感受他人的反应，这对理解对方的态度和决定自己的言行，都是非常必要的。在握手时，不妨配合目光的接触，一方面可以借着眼中所流露出的真诚感来加强或减弱握手的力量；另一方面可以观察对方对自己握手的反应如何。

（3）鼓掌语的运用 鼓掌语是交际者通过双手相拍发出声响传递信息的体态语言。它在交际中也是经常用到的。鼓掌语有以下三个特点。①它的表意相对来说显得单纯些，不如握手那么复杂。一般传递两种信息：一种是正面的，表示欢迎、感谢、支持、称赞等；另一种是反面的，表示不满、喝倒彩、鼓倒掌。②鼓掌一般用来代替口头语言，传达信息，其替代功能突出。一般在鼓掌时就不说话，鼓掌本身就是"表态"。③鼓掌语在更多的时候是用在大庭广众之下，表示群体的一种意向和态度。

鼓掌语运用的技巧有以下三点。①区别情况，运用不同程度的鼓掌。一般来说，有三种程度的鼓掌：第一种是应酬式的，动作不大，声音较轻，时间不长，仅仅表示一种礼貌；第二种是激动式的，这种发自内心的鼓掌，动作较大，声音较响，时间较长，常用"热烈"来形容；第三种是狂热式的，心情难以抑制时使劲鼓掌，动作大，声音响，时间长，常以"暴风雨般的""雷鸣般的"来形容。要区别情况加以使用。②把握时机，在该鼓掌的时候鼓掌。在别人讲话未告一段落或意思没有表达完整时，不要鼓掌。如在文艺节目的表演过程中，在表演处于惊险状态时，不要鼓掌，等表演完后再鼓掌，以免妨碍表演的进行。③根据场合和对象决定鼓掌还是不鼓掌。鼓掌既是一种礼仪，又是一种道德风尚。在看表演或比赛时，对所有人都要尊重，要报以同样的掌声。

（4）挥手语的运用 举起或挥动手臂来传情达意，称为挥手语。挥手语的作用主要表现在以下两个方面：①挥手语表示正确的决断、坚定的信心和一往无前的精神；②挥手语表达依依惜别之情和对告别者的安慰和鼓励。如《孔雀东南飞》中描写刘兰芝和焦仲卿分手时的情状："举手长劳劳，二情同依依"。挥手语是一种很有表现力的体态语言，但它使用的频率不宜太高，运用时要根据情况和表情达意的需要，不可乱用，不可生搬硬套。那样不仅收不到好的效果，还有可能弄巧成拙。

四、姿态语

姿态语是通过静态和动态的身体姿势传递交际信息的一种体态语，也称体姿语。在人际沟通中起着重要作用的姿态语有坐、立、行。体姿语在社交活动中有着极其重要的作用。比如，同样是立姿，演说家演讲时，挺身直立，头稍微高昂，给人以风度翩翩、善于鼓动的印象；下级听上级的指示时，低头微微曲腰地站着，给人以谦虚、恭敬、顺从的印象。同样是坐姿，男性张开两腿而坐，显得自信、洒脱、豁达；女性膝盖并拢而坐，显得庄重、矜持、有教养。可见，体姿不同，传达的信息也不一样。

1. 坐姿

坐姿的一般要求：入座时，应当轻而稳，不要给人毛手毛脚、不稳重的印象；坐的姿势要端正、大方、自然；无论什么坐具，都不要坐得太满；上身要挺直，不要左右摇晃；腿的姿势配合要得当，一般不能跷起二郎腿（腿压腿），双膝自然并拢，也可稍有距离，但不可超过肩宽，双脚可正放或侧放，也可并拢或交叠，当两腿交叠而坐时，一脚自然着地，悬空的一只脚脚尖应向下，切忌朝天；交谈时，上身要稍许前倾，表示对对方的尊重和自己的专心。上身需后仰时，幅度不能太大，否则会给人困扰、无聊、想休息的印象。坐姿的基本类型有正襟坐姿、半正襟坐姿、轻松坐姿等。

2. 站姿

站姿语是通过站立的姿态传递信息的语言。站姿有静立、侍立（垂手）、直立（昂首）、挺立、侧立等。站姿可以分为庄重严肃型、恭谨谦虚型、傲慢自负型和无理粗鄙型。站姿也有基本的原则：两肩要相平、放松，稍向下压，两臂和双手在身体两侧自然下垂，胸部稍挺，小腹收拢，两脚间距离以不超过一脚为宜。

3. 走姿

关于走姿，人们在日常生活中也有各种说法，如"健步如飞""稳步前进""步履艰难""步履蹒跚""亦步亦趋""行色匆匆""踱来踱去"等。根据人们行走时的步态，走姿可以分为以下类型：自如轻松型、庄重礼仪型、稳健自得型和沉思踱步型。研究走姿语言的运用，应该与研究坐姿、站姿语有所区别。走姿是一种动态信息，而不是静态信息，所以要放在动态中来考察。如，两名中学生在校时自如轻松地向教室走去，当看到老师在教室门口向他们招手时，就立刻加快了步子，走姿也改为庄重礼仪型。这种走姿的变化，才适应交际的需要。

第四节　环境语言

环境语言沟通是指人们自身因素之外的环境因素传递沟通信息的过程。环境是沟通必备的要素，所有的沟通必然都发生在特定的环境中；同时，环境也是沟通的工具，通过时间环境、空间环境也能进行信息和情感的交互。

一、环境设置

环境的设置不仅影响人们的心情，而且影响沟通的效率及效果，还能够传达出非常重要的信息。在管理沟通中，环境设置主要包括场所的设计、座位的设置、朝向的设置。

（一）场所的设计

场所的设计，包括房间的格局、房间颜色搭配、房间内的陈设等。

（二）座位的设置

古往今来，人们在社交场合对座位、座次的安排都是颇为讲究的。在古代，长幼尊卑在座次安排上一目了然：在室内的座次，最尊的是坐西面东，其次是坐北面南，再次是坐南面北，最卑是坐东面西。

在现代沟通理念中，左边的位置比右边的位置显得更有控制力。

（三）朝向的设置

交流双方的位置朝向也透露一定的信息，常见的朝向有如下几种。

（1）面对面　这种朝向是商务沟通中常见的朝向，表示了希望得到全面、充分沟通的愿望，同时也显示了沟通双方或亲密或严肃或敌对的关系。人们在协商问题、讨论合作或者争吵时都常用这种朝向。

（2）背对背　这种朝向要么是完全没有沟通的意愿，要么是非常亲密的人背靠背坐着聊天。

（3）肩并肩　非常亲密，同时也是非常不正式的交流，常见于非正式沟通场合。

（4）"V"形　双方在面对可能会引发冲突的问题时，采取这种朝向，可以淡化敌对的情绪，并给双方调整自己情绪的空间。上级对下级进行绩效辅导时也经常采用这种朝向。

二、时间环境

沟通时间的选择、交往间隔的长短、沟通次数的多少，以及赴约的迟早，往往都透示出行为主体的品行和态度。管理沟通中，沟通时间的确定反映出沟通主体对于沟通事项及沟通客体的微妙态度。是迫不及待、越早越好呢，还是无所谓？是管理者的黄金工作时间段呢，还是无关紧要的时间段？是预留了非常充足的时间呢，还是只是两个重要安排中间的一小段"边角料"时间？是只能公事公办的上班时间呢，还是可以进行更深入交流的临近下班的时间？所有这些安排都表现出管理者对于沟通的重视程度及对结果的预期和希望。

一个学生上课经常迟到早退，会被认为学习态度不端正、不认真；一位女性和异性约会时，让男方稍等上一段时间，会体现她的矜持；一般人可以运用及时答复朋友来信的方式，表示对友谊的重视。

三、空间距离

空间距离是非常重要的环境沟通语言，不同的空间距离能够表达不同的意义和情感，甚至能够反映出不同的信仰、文化背景。空间距离是无声的，但它对人际交往具有潜在的影响和作用，有时甚至决定着人际交往的成败。人们都是用空间语言来表明对他人的态度和与他人的关系的。

（一）空间距离的内涵

（1）空间距离表达了"领地"意识 人们在日常沟通中，不可能随身带着一堵墙来保护自己，但又不能忍受别人进入自己的安全距离内，于是，就通过与他人保持一定的空间距离，来树立无形的围墙，以保护自己的虚拟领地不受侵犯。

（2）空间距离反映了亲疏程度 空间距离的近远与感情的亲疏成正比关系。

（3）空间距离代表身份和地位 在一个组织中，空间距离显示了个人的职位高低和权力大小，这主要表现为一个人的职位越高，其拥有的空间就越大，与其他人的空间距离就越远。

（4）空间距离反映个性和文化 性格开朗、外向的人对空间距离的敏感性较低，而性格封闭和内向的人需要的空间距离较远。

（二）空间距离的分类

爱德华·霍尔（E. T. Hall）把人际距离划分为亲密距离、私人距离、社交距离和公众距离。空间的不同区域、距离传递着不同的讯息及人们相互间的密切程度。

1. 亲密距离

这是恋人之间、夫妻之间、父母子女之间以及至爱亲朋之间的交往距离。其中又可分为近位距离和远位距离两种。

（1）近位距离 近位距离在 0~15cm 之间，这是一个亲密无间的距离空间。在这个空间里，人们可以彼此肌肤相触，能够直接感受到对方的体温和气息。恋人之间极希望处于这样的空间，在这样的空间里，双方都会感到幸福和快慰。

（2）远位距离 远位距离大约在 15~46cm 之间。这是一个可以肩并肩、手挽手的空间，在这个空间里，人们可以说悄悄话。

在公众场所，一般是不允许他人进入亲密距离，否则，就是对对方的不尊重。即使因拥挤而被迫进入这个空间，也应尽量避免身体的任何部位触及对方，更不能将目光死盯在对方的身上。

2. 私人距离

这是一个更有"分寸感"的交往空间，也可分为近位距离和远位距离。

（1）近位距离 近位距离大约在 46~76cm 之间。在这一距离内，稍一伸手就可触及对方，双方可以亲切握手。近位距离在酒会的交际中比较常见，谈话双方会有一种亲切感。

（2）远位距离　远位距离大约在 76～122cm 之间。在这一距离内，双方都把手伸直，还有可能相互触及。由于这一距离有较大的开放性，亲密朋友、熟人可随意进入这一区域。

3. 社交距离

这是超越朋友、熟人关系的社交距离。这个距离体现的是一种社交性的、较正式的人际关系，也可分为近位距离和远位距离。

（1）近位距离　近位距离在 1.22～2.13m 之间，在工作环境中，领导对部属谈话、布置任务、听取汇报等一般保持这个距离。在一般的社交聚会上、陌生人之间、客户之间商谈事务时也采取这一距离。

（2）远位距离　远位距离在 2.13～4m 之间。这是正式社交场合，如商业活动、国事活动等所采用的距离。采用这一距离主要在于体现交往的正式性和庄重性。在一些领导人、企业老板的办公室里，其办公桌的宽度在 2m 以上，设计这一宽度就在于，领导者与下属谈话时显示出距离感与威严。

4. 公众距离

这是人际接触中领域观念的最大距离，是一切人都可以自由进入的空间，也有近位距离和远位距离之分。

（1）近位距离　近位距离在 4m 之外。这通常是小型活动的说者与听众之间的距离，也是教师讲课与学生听课之间的距离。

（2）远位距离　远位距离在 8m 之外。这是大型报告会、听证会、文艺演出时报告人、演讲者、演员与听众、观众之间应当保持的距离。"大人物"在演讲时需要与听众保持这一距离，以便在增强权威感的同时，增强安全感。

以上四种空间距离，只是人际交往的大致模式，并不是凝固的、刻板的。人际接触的具体空间距离是根据具体情况的变化而变化的。因此，具体的空间距离总是具有一定的伸缩性和可变性。

从心理学的角度来讲，一个人对人际距离的意识（即空间需求的欲望）是有限的。当一个人的个人空间大于他所需要的范围时，他就会感到凄凉、孤独和寂寞；而当空间小于他所需要的范围，或者当他的空间范围受到侵犯时，他就会感觉受到了一定的限制和威胁，产生焦虑和失控感。个人空间是神圣的，理解人们对于空间范围的需要，有利于在沟通时尊重别人合理的空间范围，避免对他人空间范围的侵犯。同时也要注意不追求不合理的、过分的个人空间，以免给他人造成不便和麻烦。有人曾对手术后的患者做过调查，结果表明：患者非常希望早日离开抢救室，回到属于自己的病房。患者在医院这个特殊环境中，难免会感到压抑，不仅期盼得到及时的诊断、有效的治疗，而且还需要在生活中与他人进行交流和联系。如果无视患者的个人空间，或者侵犯了患者隐私权，则会使其对医院、对生活感到厌倦。一般来说，当和他人交往时，间隔多少距离取决于具体的情境及患者与交谈对方的关系。文化及习惯因素对人际交往的距离也有影响。将这些因素综合起来可以归纳为以下三点。

（1）亲密和了解程度 这是最主要的决定因素。一般说来，夫妇、恋人处于亲昵区，朋友间的正式互动处于个人区，熟人交往在社交区，而一般的、公开的正式交往在公众区。

（2）文化背景 在不同的国度、不同的民族中，人际沟通的距离往往不同。美洲、欧洲等国家的亲密距离相近，而亚洲相对较远。同时，人际沟通的距离还和谈话者的身份、性别密切相关。

（3）性别间的差异 在同性之间的交往上，一般男性的"个人圈"较大；而女性则"戒心"不强，在大街上更喜欢手拉手、肩搭肩结伴而行。在社会心理学的实验中，让相同数量的男性或女性同处一间小屋并待上一段时间，结果发现，男性时间稍长就会感到焦虑不安，脾气更加暴躁，冲动性和侵犯性都有所增强；但同等数量的女性待在一起却能融洽相处，亲密无间。

思考题

1. 什么是非语言沟通？
2. 非语言沟通有什么特点？
3. 非语言沟通有哪些分类？
4. 微笑有哪些功能？
5. 空间语言中距离有哪些分类？

第十一章

口头沟通

学习要求：

掌握口头沟通的定义与内涵、影响口头沟通的主要因素，熟练运用口头沟通的各种技巧和方法，掌握演讲的方法和技巧，能够在日常生活中处理好医患沟通。

第一节 概 述

一、口头沟通的定义与内涵

沟通是指信息的传递、信息的解释以及个人的思维参照系共同发生变化的行为。口头沟通是指借助于口头语言实现的信息交流，它是日常生活中最常采用的沟通形式。主要包括：口头汇报、会谈、即兴发言、正式或非正式的讨论、演讲、电话交流、网络交流、视频联络等。日常生活中，人们更多地使用口头语言来完成信息的传递、情感的交流。口头沟通方便快捷，简单易行，用较少的语言即能达成交流的目的，是人类主要的交流手段。同时，口头沟通对个体自身知识素养的依赖较书面沟通少，人们通过对他人交流内容的观察学习，亦可掌握口头沟通的部分技巧及内容，因此，口头沟通较为灵活，也最为快捷、有效。但是，相对于书面交流，口头沟通对情境的依赖性较强，个体需要把握对方的态度、表情等非言语信息来对沟通内容及时做出调整。因此，口头沟通又需要及时有效地识别他人情绪的能力，否则，情感噪声会干扰沟通的效果。

　　口头沟通包括说和听两个方面，即通常所说的面对面交流。面对面交流在儿童语言的获得和发展中具有重要的作用。儿童不仅通过沟通来学习语言，而且通过对说者面部表情以及身体姿势的观察来习得情绪的分化。但是，随着现代科学技术的发展，通信手段的多样化，口头沟通正面临变化，"面对面"的口头沟通方式也发生了转变，如当前较多采用的电话交流、网络交流和视频交流形式等。最近的采用近红外光学成像技术的研究表明，跟人类在过去几十万年的进化过程中所形成的面对面交流相比，现代生活方式所带来的"非面对面"交流（如电话、E-mail交流等）降低了交流者之间的脑功能同步性，并影响到交流的质量（Jiang, et al., 2012）。但是，诸如就诊、会诊以及其他医学相关活动都需要面对面的口头沟通。因此，如无特殊说明，本章内容仅限狭义的面对面沟通，而不包括网络等其他形式的交流。

　　在面对面交流中，参与沟通的双方共同构建一个复杂的交流系统。这个系统包括语言学的、心理学的、情感的和社会认知的信息，需要沟通主体认知资源的参与和监督、调节、及时做出反馈。参与交流的双方不仅要从对方的言语信息中获得资源，还要考量当前的社会环境、心理环境以及交流双方的社会角色、所处主动和被动的交流角色。因此，口头沟通具有如下优点。①互动性。能观察交流双方的反应，建立共识和共鸣，改善人际关系。②反馈性。能提供有效及时的反馈。③互补性。可以补充阐述和举例说明。④信息量大。可以提供更多的非言语信息，如声音和姿势。⑤迅捷性。可以及时了解沟通的效果。⑥个性化。口头沟通可以体现交流双方各自的特点，如声音的音调、音质及是否使用方言、俚语等。

　　口头沟通是一种多感觉通道的、具有一定空间限制的个人言语行为，因此也存在一些缺陷。①逻辑性差，条理性差。口头沟通是思想的即时反映，具有随意性，有时较为啰嗦，不能言简意赅。②个人特征明显。由于沟通需要声音、表情、手势等作为载体，个人特征明显，有时效率比较低，还会因情绪激动而说错话。③空间限制明显。不能同时和太多人进行双向沟通，对沟通的空间距离有要求。④不利于信息的保留和储存，而且言多必失。口头沟通信息失真的可能性较大，核实较为困难，信息的完整性、准确性受到影响。同时，过分增加信息会引发信息超载和情感噪声等问题，会限制交流的正常进行。⑤对口语表达存在缺陷的人不利。⑥口头沟通依赖的面对面交流方式会增加双方的心理压力，影响沟通效果。

二、口头沟通的分类

　　依据沟通中主体的参与性，可以将口头沟通分为互动性沟通和非互动性沟通。互动性沟通是指沟通各方采取轮流发言的形式进行交流，并未严格限定发言的主体。非互动沟通是指沟通中的主体通过声音语言形式向其他各方传递信息。

依据沟通双方的目标，可以将口头沟通划分为建设性沟通和情感性沟通。在工作场所，当需要解决实际存在的问题时，人们常常需要进行建设性沟通。建设性沟通能够实现信息的准确传递，同时要求个体不提意见、只提建议，在沟通过程中不是为了讨好他人，而是以解决问题为沟通目标。在家庭生活中，当需要建立同理心时，个体需要进行情感性沟通。情感性沟通是为了达成情感共鸣，让人舒服、讨人欢心。

口头沟通常常比较复杂，即个体通常很难严格区分情感性沟通和建设性沟通。在工作场所，人们也会进行情感性沟通，如对严苛的制度、无聊的工作内容等进行"吐槽"。当然，在家庭内部，夫妻间也会进行建设性沟通，如交流家具、房屋的购置以及子女教育等内容。对于传统医患沟通而言，医生常常处于主导地位，患者处于被动地位：医生是专家、会话的主导者和治愈的关键者，患者是外行、会话的顺从者。在会话过程中，建设性沟通和情感性沟通均大量存在，但是，医生更多进行建设性沟通，而患者可能需要一种情感性支持，即对疾病体验的共情。共情是指个体在交际中共享并理解他人情绪的倾向。共情是医生处理医患关系的重要服务理念和心理特征。拥有高共情能力的医生会给予患者会话的互补回应，提高会话的有效性。低共情能力医生则不能顺应患者的心理状态，导致沟通不畅。而且医生的用语会影响患者的情绪及生理活动，有效的医患会话可安抚患者的情绪，增强患者战胜疾病的信心，增强患者对医生的信任感。

三、人际交往分析理论

任何沟通都需要信息和情感的准确传递，但是人们总会遭遇沟通失败的情形。沟通失败的原因多种多样，在各种具体原因的背后，是不同的自我意识状态的体现。为了增强沟通的有效性，需要对人们的交往模式进行分析。

人际交往分析（transactional analysis）是美国心理学家伯恩（Eric-Berne）创立的一套沟通、分析及心理治疗的理论技术，也称人际沟通分析、交互分析、沟通分析。M. James 等学者认为人际交往分析理论能为人们提供一种对人际交往进行分析的方法，因此，该理论逐渐被推广为一种帮助人们了解自己和别人、认识人与人之间关系的人际交往分析工具。本章只介绍该理论中的部分内容。该理论认为人际交往是人与人之间发生相互作用并产生相互影响的过程，受个体人格特征的影响。每个人的人格都是由父母自我状态、儿童自我状态和成人自我状态构成的。人际沟通又可以分为互补沟通及交错沟通：互补沟通下，双方话语指向平行，交流顺利进行，是和谐的沟通类型；而在交错沟通中，话语指向发生交叉，沟通失败。

（一）父母自我状态

父母自我状态（以下简写为"P"）是人们头脑中所记录的童年时期的外部事件的总和，孩子将自己的家长或家长的替代者的言谈行为、观念见解全部记录在"P"这个"记忆磁盘"上。

在幼儿期，孩子常常将耳闻目睹的家长的行为当作外部事件的真实经历全部记录下来。父母的言行内化为孩子的"P"，每个人的"P"都是特定和唯一的。父母或长辈的训导和指令内化为个体的自我意识，成为个体的行为准则，在人的成长中不断地再现，对人的一生产生影响。"P"可以分为威严的父母自我状态和慈爱的父母自我状态。因此，它的积极方面包括原则性、道德情操、关心爱护他人、服务精神和献身精神等；消极方面包括过分指责他人、控制他人、禁忌多等。

(二) 儿童自我状态

儿童自我状态（以下简称"C"）是大脑对内部事件的真实经历的记录。童年时期所体验的自然冲动、情感反应、态度、感觉、经验等全部记录在"C"这个"磁盘"上。"C"是感知的生活观念。儿童在早期经历中还不能用语言充分表达自己，大多数反应是情感的反应——哭或者笑，饿了、困了或尿湿了就哭，感到舒适、高兴就笑。当孩子长大一些，就会有更加复杂的情感，这些消极的或者积极的情感被永久地记录在大脑之中，内化为个体的"C"。当孩子成年以后，遇到类似的生活事件时，就会再现童年时的感情。"C"可以分为自然儿童自我状态和适应儿童自我状态。因此，它的积极方面包括友好合作、灵活性、想象力和创造性、乐观精神；消极方面包括不负责任、只顾自己享乐、玩世不恭、依赖他人。

(三) 成人自我状态

成人自我状态（以下简称"A"）在儿童的心理发展过程中，逐渐会发现自己在实际生活中所领悟的经验与"P"中"传授的生活观念"和"C"中"体验的生活观念"有所不同，这也是"A"形成的发端之一。"A"像一台能够进行信息处理的计算机，它对"P"中的信息进行检验，确定"P"中的信息是否真实、是否正确，然后来决定取舍，真实有效的部分就被记载到"A"中去。同样，"A"也能够通过对"C"中的信息进行检验，分辨出"C"中的情感体验与实际领悟的现实之间的差别，判断哪些情感适合公开表达，哪些情感不能公开表达，并对"C"中的信息进行更新，适宜的部分就被记载到"A"中去。伯恩指出："A"是一套独立的感觉、态度、行为方式。它能针对目前情况，不受童年父母的偏执及旧有态度的影响，是能使人生存的自我状态。"A"的主要功能为将外界资料转化成知识，再以过去经验为根基，把知识处理和分类，通过收集资料、处理资料以及评价概率作为是否行动的依据。"A"是有组织的、有适应力的、有理解力的自我状态。同时，以独立探测实际为根基，与外界环境保持客观关系。"A"的特征是理性的、思考的、客观的。处于"A"中的个体使用理智而不是情感来应对问题。当个体传递信息、进行决策、采取行动和解决问题时，只要处于"A"中，个体就能客观地完成任务。因此，"A"常常表现为对自己负责、对他人尊重、理智处理事情。但是，成人状态也可能发展不充分，被儿童状态或父母状态"污染"。

人与人之间的交往其实就是人的三种不同自我状态之间的交往。随着人际交往的内容、对象和环境的改变，自我状态也要变化。

（1）互补的交互作用　当一个人以某种自我状态向对方发送一个信号时，接收的一方以发送的一方所期待的自我状态做出反应，交互作用能够继续进行。例如：

夫：今天晚饭你打算吃什么？

妻：我想去吃上海菜，你不是也说过想尝尝上海菜的味道么？

（2）交错的交互作用　当发送信号的一方或者接收信号的一方或者双方都没有得到期待的反应，就会引发不适当的自我状态，沟通线路就会出现交错。例如：

夫：我的蓝色西服在什么地方？

妻：你怎么什么都不知道，就差一点要我喂饭给你吃了。

夫：你有没有搞错啊，就喜欢唠叨，每天被你搞得烦死了！

（3）暧昧的交互作用　当一个人以某种自我状态向对方发送一个信号，而用另一种自我状态间接地表达另一种含义，就会引发双重的、暧昧的交互作用。例如：

妻：我手脚冰凉，好冷啊！

夫：快，我来给你暖和暖和。

本例中，妻子说好冷，表面是以成人自我状态在传达信息，实际则是以儿童自我状态来寻求照顾，因此她可能是要求丈夫去把窗户关上，或者关掉房间的空调。暧昧交流同时传递两层意思：一层是外显的或者说社交层面的信息，另一层是隐藏的或者心理层面的信息。

根据 P-A-C 分析，人与人相互作用时的心理状态有时是互补的（平行的），如父母—父母、父母—儿童、成人—成人、儿童—儿童。在这种情况下，双方都能从对方那里得到预期的反应，对话可能会无限制地继续下去。如果遇到交错作用，出现父母—成人（期待儿童的反应）、成人—儿童（期待成人的反应）状态，人际交流就会受到影响，信息沟通就会中断。为了让沟通顺利进行，最理想的一种相互作用是成人刺激—成人反应。在现实生活中，应力求避免交错作用，以保证信息沟通渠道的畅通。在出现交错交流沟通情况时，则尽量引导对方过渡到互补型交流沟通状态。因此，在实践中，应尽量以成人状态控制自己和对待他们，同时引导对方进入成人的自我状态。例如，有一部关于航空公司人际沟通的教材影片。影片中有一位女售票员正在接待几名顾客，后面一位女顾客等得不耐烦，出言不逊道："你是同男人谈恋爱吗？没完没了，让顾客久等。"这一女顾客的行为发自儿童自我状态，并以一种恼火的父母自我状态出现。这时售票员没有反唇相讥，而是把局面扭转到成人—成人模式。她说："非常抱歉，使您久等了，您需要什么？"事情就顺利过去了。

在不同的个体身上，三种自我状态所占时间结构的比重可能不同，而相应的行为特征也会不相同，见表 11-1。

表 11-1 个体的 P-A-C 结构和行为特征

P-A-C	行 为 特 征
高—低—高	难以共事，个人支配欲强，有决断，喜欢被人歌颂、捧场和照顾
高—低—低	墨守成规，照章办事，家长作风，养成他人对自己的依赖性
低—低—高	有稚气，对人有吸引力，喜欢寻求友谊，用直觉进行决策，讨人喜爱但可能不称职
低—高—低	客观，重视现实，工作刻板，待人比较冷淡，难共处，只谈公事，不爱谈私事，别人可能不愿与其谈心
高—高—低	容易从父母自我状态过渡到成人自我状态，如经过一定的学习和经验积累，就可灵活过渡
低—高—高	成人和儿童的良好性格结合在一起，对人对事能处理较好

显然，依据人际交往分析理论，在医患会话中，互补沟通（AA-AA、PA-AP、PC-CP，期待与实际相符）比交错沟通（AA-CP、AA-CA、PA-CA，期待与实际不符）更有利于促进医患会话。

实践中采用父母—儿童沟通类型时医生和患者总体感觉好。医生以父母自我状态发出刺激，患者以孩子自我状态回应。医生使用委婉的重复性用语，患者听从医生的建议。父母—儿童沟通模式体现了患者对医生的肯定，以及医生对患者的关怀。因此，父母—儿童沟通模式是和谐的医患沟通类型。传统的医患关系中，医生长期占主导地位，关爱患者，了解患者的日常，注重用语礼貌和亲切，患者遵医嘱，属父母—儿童的模式。

成人—成人沟通模式给医患双方的总体感觉也较好。医生以成人自我状态发出刺激，患者以成人自我状态回应，患者的主体地位得到提高，双方平等交流。患者表现合作及使用礼貌性用语，拉近了医患沟通距离。需要注意的是，在成人—成人沟通模式中，随患者地位的提高（从网络获取疾病信息，表现为问话较"专业"），患者质疑诊断的有效性，挑战医生的权威，可能导致医生的语言关怀度下降，影响话语轮次。

如果采用父母—父母沟通模式含冲突用语时，医生以父母自我状态发出刺激、强制命令，同时患者以父母自我状态回应。双方互相命令、控制话题，均处于"以我为主"的心理地位，造成沟通冲突。

综上可知，在医患会话中，共情是临床医患沟通的核心能力，也是医患沟通的精髓。在医患关系紧张的情况下，共情成为影响医疗服务质量和建立和谐医患关系的重要因素。医生需要关注患者，而不只关注疾病本身。《素问·汤液醪醴论》指出，"病为本，工为标，标本不得，邪气不服"。要求医生以患者为中心，因人论治、辨情施术。正如孙思邈所言"见彼苦恼，若己有之，深心凄怆"，医生以关注患者本人的体验为出发点，在会话意识上就会采取更加积极肯定的态度，减少情感噪声，促进交流效果。

第二节　口头沟通的方法

一、口头沟通的有效性

1. 口头沟通的有效性概述

口头沟通虽然不像书面沟通那么正式，但是口头沟通也不是随意的、无目的性的行为活动。口头沟通需要遵循一定的原则，以促使沟通有效开展。这些原则包括：交谈前充分准备；明确沟通的主题；语言生动、简洁；沟通态度良好，语气、语调合适；谨慎和留有余地；善于倾听与反馈。

口头沟通是交往的基础，是人与人之间发生互相联系的最主要的形式。任何方式的交流都是以信息传递或者情感沟通为目标的。因此，了解他人的真实想法是有效沟通的必要条件，口头沟通的有效进行需要沟通双方确立一致的沟通目标。首先，沟通双方需要了解对方的有关基本情况。其次，沟通双方需要对对方的思想、性格、心理有深入了解。最后，沟通双方尽力促成沟通目标的一致。作为一名医生，了解患者的真实需求可能是做出诊断前最需要解决的问题。例如，一名老太太腰椎曾进行过手术，多次去医院就诊，希望解决自己目前腰部的疼痛状况。老太太去往某个医院就诊，一名医生告诉老太太：年龄大了，腰部再接受治疗也是如此状况，不用再来就诊了——使得老太太对该医生非常不满意。因此，切实了解他人的基本资料以及心理层面的情况，掌握患者的需求对一名医生而言很重要。

同时，口头沟通的有效进行还需要沟通双方具有良好的沟通态度、语气语调，即沟通双方以什么样的身份进行谈话、以什么样的语气进行沟通（尊重的、关注的、试探性的）、以什么样的心态进行沟通。需要意识到的是，沟通最重要的是在接纳、平等、尊重、自由的氛围下进行。沟通的最终结果，是相互了解、信息传递，是拥有自我、接纳别人而不是失去自我、控制别人，不是争个谁对谁错。

2. 沟通失败

虽然口头沟通简单易行，但是口头沟通并非在任何时候、任何场合都是畅通无阻的，实际上信息传递的失败多数时候是口头沟通失败所致。影响口头沟通的主要因素包括：

（1）倾听障碍　人的行为受需要的支配，不同的个体对相同的信息具有不同的解读。如果交流双方在行为动机、活动目标、思维定式等方面发生冲突，就会阻碍信息畅通传递。因此，沟通双方对信息的接受和理解可能存在不同，造成倾听障碍。例如，来医院就诊的患者自认为自己的疾病很严重，而医生由于个人经验并没有觉得患者的疾病有多么重要，武断地做出判断，诱发患者的不满情绪。影响倾听的主观因素包括：以自我为中心；先入为主的偏见；急于表达自己的观点；心不在焉，转移话题；以强者自居；好为人师；争辩；过滤，武断地做出判断；以音取人等。而提高倾听效果的技巧包括：不设立场；保持沉默；求同存异；不走神；注意对方的非语言因素；收集并记住对方的观点，不要演绎等。

（2）情绪噪声　沟通是以共同语言、共同的思想感情为基础的，但是由于人们的社会地位、政治阶层、年龄、职业和性别等条件不同，导致了沟通的性质和作用也不相同，由此产生了不同的处世态度、世界观、价值观等思考方式，深刻地影响着交往的性质和作用。刻板印象诱发了先入为主的偏见，导致情感噪声的产生，阻止沟通的有序进行。例如，医生可能会先入为主地认为女性患者会过分夸大她们所遭受的疾病的痛苦，从而厌烦女性患者对病情的描述，产生情感噪声。

（3）信息超载　口头沟通中，如果单位时间内提供大量的信息，涉及多个主题时，容易造成听者的信息超载。信息超载会导致听者在短时间内信息加工失败，影响沟通的效果。人脑的信息加工的特点和短时记忆的容量决定了单位时间内不能处理太多的信息，而且多数时间个体只能以序列加工的方式进行信息加工，使得人们在单位时间内加工信息受限。

具体到医患关系的口头沟通失败，重要的原因在于患者的依从性较低。依从性是指患者依从医生制订治疗计划的程度，包括有规律性服药、不忘记服药和在正确的时间里服药，还包括服用药物的剂量、时间、注意事项（如空腹、饮水量、不饮酒、高空作业等）及服药后的追踪复查等。依从性低产生的原因包括医生和患者两方面。患者方面的原因主要有：①患者症状不明显或以为病情已经好转时，不愿意执行医嘱；②医嘱的经济费用比较高或对患者的工作造成不良影响；③医嘱过于复杂，患者不愿意执行；④医疗措施和药物治疗给患者带来较大痛苦。医务人员的原因主要有：①医务人员冷淡、粗暴等态度引起不信任；②医嘱要求不易执行，服药种类过多，时间不一，等等。医患关系紧张，患者不信任医生，认为医生会开"大处方"时，同样会造成患者依从性低，口头沟通失败。

知识链接 11-1　导致沟通失败的几种话语

（1）批评　例如："你是个没用的人!""就那么点儿事情，你都做不好!"

（2）命名（给别人戴帽子）　例如："傻瓜""白痴""神经病"。

（3）诊断　例如："他会……""你会……"

（4）命令　例如："你必须……""你只能……"

（5）说教　例如："早就告诉你不要这样做，你偏不听"。

（6）威胁　例如："不好好学习，将来没饭吃"。

口头沟通的优势在于可以及时得到反馈，因此，在沟通之前以及沟通结束后，个体可以通过沟通目标是否实现来调整自己的沟通方式。一名医生，在拥有良好的临床知识和技能的基础上，还要注意自己的人际交往能力、口头沟通技巧等方面的训练，切实地了解患者的需求，提高患者治病的依从性。需要注意的是，有效的医患沟通并非只对医生有要求，而是对患者也有要求。因为医患关系本身具有不平衡的特点，长期以来社会更强调患者对医生的期望，而忽视医生对患者的期望。患者对医生的技术能力及角色行为有期望，同样医生对患者的角色行为也有期望。医患双方的期望根植于医患关系的本质中，各自的期望不能得到满足，和谐的医患关系就难以构建。但是，作为医患会话的主导方，医生要能够及时有效地判断患者的话语接受能力以及话语风格，在注重共情的过程中注意信息不要超载。

二、口头沟通中的个人素养

1. 沟通要准确地表情达意

口头沟通中，个体要能够掌握必要的资料和信息，逻辑清晰、表达准确、简洁而概括、幽默生动。沟通要吐字清晰，发音适中。同时，沟通要语言简练、准确，用词得当，在保证信息量的前提下，不增加影响沟通效果的、无谓的话语。必要时，可以通过罗列要点表示逻辑的递进关系。另外，目光要注视着对方，尽量采取双向沟通，可以通过询问确认对方是否已经理解自己表达的意思。

2. 沟通要有良好的礼貌、体态体貌

《孟子·告子下》言：礼貌未衰，言弗行也，则去之。东汉赵岐注曰：礼者，接之以礼也；貌者，颜色和顺，有乐贤之容。礼衰，不敬也；貌衰，不悦也。可见，任何形式的沟通都需要沟通者具有良好的礼貌，礼貌体现了沟通者的谦和及修养。诸如"谢谢你""对不起""请"这些礼貌用语，如使用恰当，对调和及融洽人际关系会起到意想不到的效果。同时，在沟通中，个体要有良好的体态体貌，如适合当前环境的、合适得体的服饰，大方自然的姿态。优雅的举止、挺拔的站姿、端庄的坐姿不仅有助于表情达意，还可以体现个人高雅的文化修养。而沟通中，某人不合适的姿态可能会引发对方的不良情绪。

3. 沟通要自信、自然

自信常常隐含地表达了说者对自我和沟通信息的基本看法。因此，沟通时要自信、自然，否则会使听者对沟通内容产生怀疑。自信和自然源于良好的专业素养和平和的心态。一位临床经验丰富、专业基础扎实的医生必定会对患者的疾病做出中肯的判断和解读，这些早前积累的宝贵经验保证诊断过程的有效进行。而对于一个总是把"可能"挂在嘴边的医生，患者很难相信他的诊断是正确的。

4. 沟通要注意力集中，及时反馈

在面对面的沟通中，要重视沟通双方在语言上的反馈，当然还要注意对方的非语言反馈，如眼神、身体姿态、动作行为等，确保对方处于一种沟通状态。另外，接收信息者要注意及时反馈，可以使用语言反馈，也可以使用肢体，如点头、眼神的反馈。美国心理学家阿尔伯特·梅拉比安经过大量观察和科学研究后提出这样的公式：信息总效果 = 7% 的文字 + 38% 的声音 + 55% 的面部表情。从这里我们可以发现，在沟通中，面部表情承载着表达者许多思想和情感，能够弥补语言的不足，因此，要集中注意力，并做到及时反馈。

5. 口头沟通要有良好的肢体语言

Troille、Cathiard 和 Abry（2010）的研究表明，在面对面交流中，视觉信息先于听觉信息被加工。良好的肢体语言促使沟通的顺利进行，不良的肢体语言会导致情感噪声而影响沟通内容的传递。例如，沟通中会心的微笑、合适的距离、真诚的眼神交流等均会促使信息准确传递；而生冷的面部表情、疏远的距离、不信任的眼神都会产生情感噪声，进一步影响沟通效果。一个肢体语言不顺从的孩子可能激发家长和老师更大的怒气和怨气，导致沟通成为沟通态度的教育，而并非沟通内容的传递。

在医患会话中，医生只有保持良好的肢体语言才能对患者发起真诚的交流，真正重视患者的患病经历，构建和谐的医患关系。实际上，在一般的医疗情境中，患者并不是让医生做出最后实质性的决定，而只是需要医生考虑他们的感受，消除他们的紧张和顾虑，把误解降到最低。以这样的肢体语言去沟通，患者会认为医生是为患者利益服务的，并最终对医生建立信任感。

在人的肢体语言中，面部表情和手势语具有重要的传递信息的意义。面部表情是人心理活动、情绪变化的及时反映。罗曼·罗兰说：面部表情是比口头语言复杂千百万倍的语言。面部表情在更深的层面表达人的思想感情，展现内心的喜怒哀惧，对语言进行解释、澄清、纠正或强调。

眼神是面部表情的核心，目光接触是常见的沟通方式，在与人沟通交流中敢于礼貌地正视对方不仅是一种交流，而且是对他人尊重的体现。手势语可以增强表达的效果，促进表达效果的实现，恰当地运用手势语可以展示说话人独特的人格魅力。Colletta、Pellencq 和 Guidetti（2010）对 6 岁儿童、10 岁儿童和成人的研究表明，手势语运用的频率以及复杂度是和年龄相联系的，进一步分析发现，随着年龄的增长，手势语和口头语言结合得更加紧密，手势语的运用也更具有目的性。通常，手势语的运用要简约明快、雅观自然，运用不当反而会干扰口头表达的信息，起到相反的作用。另外，口头沟通中正确的肢体语言还包括：身体稍稍前倾，双臂自然下垂或搭在腿上。听对方讲话时精神要专注，不要漫不经心、做其他事情或搞一些小动作。

三、口头沟通的声音素质

1. 发音要准确

字正腔圆的标准口语有助于沟通的成功进行。而发音不准确往往会影响说者的信心，令其产生自卑感。一个显而易见的事实是，由于发音的影响，许多中国学生不太敢使用英语流畅地表达自己的观点，影响其英语听说能力的提高。

2. 音调要合适

尖厉、刺耳的音调会引发人的不安，而过于低沉、凝重的音调则会使人感到有压力和恐惧。但是，在进行私密交谈时，声音音调稍低意味着关系亲密，交流双方是较为信任的个体，可以共享一些他人无须知道的秘密。

3. 音量要适中

音量太大，会影响他人；音量太小，达不到交流的目的，或许还给人留下不自信的感觉。说话音量的把握：首先要考虑他人的感受，在保证交流对象听清楚的基础上，尽量不要影响到周围的人；其次要根据说话的场合、氛围来确定；最后，要依据说话的内容确定音量的大小。

4. 速度要连贯

语言速度的快慢很重要。说话时，要依据实际情况的需要调整语言速度。要注意语言的"速度"与"强度"的有机结合，做到快慢适度。正确运用语速要做到两点：一是语速要富于变化；二是语速的变化要有过渡。从交流、沟通的角度来看，语速过快不利于信息的全面接收，容易引发加工失败，同时语速过快如同音量过高一样，给人以紧张和焦虑的感觉；而速度太慢，给人以迟钝、拘谨之感，令人失去听的耐心。

5. 掌握好停顿

停顿是口语表达中不可或缺的一部分。适当的停顿不仅能给说者一段短暂的时间来消化、吸收、理解所听到的内容，而且给予听者一个回应的机会。美国语言心理学家多罗西·萨尔诺夫（Dorothy Sarnoff）认为："最能打动人心的是充满力量的声音，快慢相同，句子有长有短，还要停顿，从而产生效果。"

6. 语调要有起伏

语调的变动可能不自觉地内含了说者的态度和感情，说者的真实情感从语调中就能感受出来。在交流中，应注意说话的语调要与所谈及的内容相协调，注意语调的高低起伏、抑扬顿挫，避免平铺直叙、过于呆板的语调，从而达到增强说话效果的目的，更好、更准确地表情达意。

四、沟通可使用的心理技巧

1. 提问

恰当的提问给别人留下印象，创造被关注机会，容易促成沟通的有效进行。同时，为了避免交流中无谓的停顿，可以采用开放式问题而非封闭式问题，除非要确定问题的具体内容，否则，封闭式问题容易造成一问一答的不良局面。

2. 沉默

沉默并不代表毫无言语，交流者可以通过沉默表达无言的赞许，也可以表达无声的抗议；沉默可以是毫无主见、附和众议，也可以是决心已定、无须多言。沉默给了自己思考的时间，也给了他人整理思路的时间。

3. 积极倾听

在口头沟通中，有时"听"比"说"重要。要正确理解别人，必须先听懂对方，而且要专注地听，不随便打断对方的谈话，并不时用语言或非语言的方式给予对方简短的回应，不明白时要礼貌地询问对方真正的意思以免曲解。专注的倾听能使说者感到自己的重要，激发说者的谈话欲，鼓励说者表达自己的想法，促进真诚的沟通，产生良好的沟通效果。

4. 委婉

委婉表达产生于人际沟通中出现了一些不能直言的情况。首先，总会存在一些因为不便、不忍或不雅等原因而不能直说的事和物，只能用一些与之相关、相似的事物来烘托要说的本意。其次，总会存在接受正确意见的情感障碍，只能用没有棱角的软化语言来推动正确意见被接受的过程。

5. 幽默

幽默是一种良好的心理素质和出色的语言艺术，也是一种机智的应变能力，特别是在尴尬的场合中，它是一种"润滑剂"。在口头沟通中，幽默的言行往往会激发他人的兴趣，还可以启发双方的智慧。但是，幽默必须自然，切忌强求。同时，如果幽默没有达到既定的目标，还要注意及时、有效地去衔接。

6. 认同

认同是指在沟通中寻找共同的话题，接纳对方的某种看法。认同是接纳的基础，是一种基本的沟通技巧。"话不投机半句多"就表明了认同在沟通过程中的重要作用。

7. 赞美

马斯洛认为，人有自尊的需要，有归属与爱的需要。因此，渴望得到别人的赞美，是人的心理需求。赞美是对人类行为的一种激励和鼓舞，个体应该在人际交往中学会发现他人的长处，真诚地赞美他人。

8. 感激

感激是一种回报。感激有多种形式，可以是物质的、精神的、行动的。感激会让对方感到我们没有忘记他对我们的关照、觉得他在我们心目中有一定位置，从而更加愿意与我们交往，形成良性互动。

第三节　演讲的方法

一、演讲概述

1. 演讲的含义

演讲又称讲演或演说，是指在公众场所以有声语言为主要手段，以体态语言为辅助手段，针对某个具体问题，鲜明、完整地发表自己的见解和主张，阐明事理或抒发情感，进行宣传鼓动的一种语言交际活动。从语言活动的分类来看，演讲是外部语言中的独白语言。这种语言活动的支持物主要是谈话主题和听众的非语言信息（如听众的热烈气氛、听懂或未听懂的表情等）。

亚里士多德认为，以言辞说服人要依赖三个要素：演讲者本人的个人品质；演讲者使听众处于某种心理状态的能力；演讲所提供的证据，即言语本身能够自圆其说。演讲活动是演讲者世界观、价值观的具体反映，演讲者健全的理智、优秀的道德品质以及良好的愿望，直接影响着演讲效果的好坏。同时，演讲是一种直接的、带有艺术性的社会实践活动，是具体主题或者目标在说者和听者思想上、情感上、心理上的对接，它必须给听众以美的享受。因此，演讲不同于一般的独白语言活动，如做报告和讲课等，演讲要受到听众的欢迎，必须富有很强的魅力。

演讲语言包含有声语言和无声语言两大部分，其基本要求应包括以下方面：

第一，内容的可接受性。演讲的内容有五个要素，即题材、思想、意理、对策和情感。因此，演讲要做好，必须要做到：题材具有新鲜性，思想具有独到性，意理具有贴近性，对策具有效能性，情感具有真挚性。演讲的主题应是听众比较关注的、渴望了解或亟待解决的问题。在演讲过程中，演讲者必须严格围绕该主题进行宣讲，保证在规定的时间内，目的清楚、集中简明地解决听众的问题，让听众觉得演讲者言之有据、言之有理、言之有情、言之有信。对于一个演讲者而言，一切与人类生活息息相关的东西都应该认真观察、仔细倾听、广泛阅读、深入讨论、反复考虑和悉心处理，因为这一切都是他显露才能、施展辩才的话题。

第二，表达具有鼓动性。演讲更多的是演讲者个人的"即兴表演"，因此，演讲语言体现了演讲者思想的外壳和"直接现实"。演讲的语言具有鼓动性，主要是从五个方面表现的，即语言的感召性、语音的准确性、语式的多样性（语言表达和非语言表达的形式多样）、语调的得体性（音调的高低轻重和语速的快慢急缓）、仪表的自然性。亚里士多德认为，说话清晰、表达明了、言语丰富、文采动人、内容与文字皆相映生辉的人，才是受大家赞美的演说家。

2. 演讲的基本构成

演讲包含"演"和"讲"两部分，通常包含以下三个要素：演讲者、听众和时境。演讲者通过调整演讲的内容、语气、姿态等来达到对环境的有效利用，从而就某一问题发表自己的见解，或者阐述某一事理。因此，演讲要从上述三者的辩证关系开始，处理好听众和环境的关系。通常，演讲的对象是特定的听众，既定的环境和时境要求演讲具有针对性、时间性和临场性的特点。演讲是针对现场听众进行的，整个过程一定要紧紧围绕听众的特点和需求，要注意随时关注并调动听众的情绪，把说理和抒情进行有机的结合。

3. 演讲的分类

演讲的分类没有固定不变的规定，只有分类标准的不同，一般有四种分类标准。按演讲内容可以分为政治演讲（包括竞选演说）、就职演说（或称施政演讲）、会议辩论、集会演说等。按演讲的目的可以分为娱乐性演讲、传授性演讲（或称学术演讲）、说服性演讲、鼓动性演讲以及凭吊性演讲（或称葬礼性演讲）等。按演讲场所可以分为游说性演讲、巡回演讲、街头演讲、宫廷演讲、法庭演讲（或称司法演讲）、课堂演讲、教堂演讲、大会演讲、宴会演讲、广播演讲和电视演讲等。按演讲方式来划分，则可以归纳为五个类型，即读稿式演讲、背诵式演讲（或叫脱稿演讲）、提纲式演讲、即兴式演讲、辩论式演讲。

二、演讲的常用方法

演讲具有目的性、说服性、艺术性、综合性。因此，在演讲的时候要掌握一定的技巧，包括情绪的控制、有声语言的运用、身体语言的运用等。

1. 演讲要真情实意，有感而发

白居易说："感人心者，莫先乎情。"演讲缺乏情感，就很难吸引听众，更不可能引发双方的情感共鸣。真挚、善良、美好的情感往往能产生摄人心魄的美感。演讲的生命在于真实。亚里士多德认为，在向群众发表演说时，未受过教育的人用朴素的语言比受过教育的人高谈阔论更能打动普通听众。只有从心中流淌出的真情，才能如清泉一般滋润听众的心田，情真意切才能感染和打动听众。西塞罗（M. T. Cicero）认为，最佳的演说家是那种在演说中能给人教诲、给人愉悦并善于打动听众心灵的人。给人教诲是演说家的天职，愉悦则是听众应得的回报，而感人肺腑才是至关重要的。

2. 演讲要语美言顺，新颖晓畅

演讲是一种以感召听众为目的的语言表达艺术，它以流动的声音运载着思想和情感，直接诉诸听众的听觉器官，而声音一发即逝，要让听众在听演讲的过程中受到思想的启迪，睿智、深刻、精辟的话语至关重要，它能让人听过不忘。因此，语言是话语的载体，语言的美与不美，直接影响演讲的效果。西塞罗认为，演说家应该在风格和思想上都具备良好的素养，就像那些学习击剑及其他高雅运动的人，他们不仅要掌握攻防技巧，而且要注意动作的优雅。所以，演说家应选用瑰丽的辞藻，表达那些使语言富于感染力的思想。

3. 演讲要风趣幽默，引人深思

培根说：善言者必善幽默，演说与会话最好要有变化……将诙谐与庄重结合起来。幽默增加活力，使生活多一些情趣；幽默散播快乐，带给人们欢笑、有爱和宽容。例如，新东方俞敏洪老师的演讲之所以可以吸引大学生的注意，一个重要的特点就是他很擅长运用幽默这一手段。

4. 演讲要遵循语用学原则

任何交流都是以信息传递或情感交流为目标的，因此，演讲同样需要遵循语用学相关原则和规律。语用原则包括合作原则和礼貌原则。合作原则由格赖斯（H. P. Grice）提出，包括真实准则、适量准则、关联准则与方式准则。合作原则保证双方直接高效、自然顺利地交流。但是在合作原则之外，利奇（J. N. Leech）认为还需要增加礼貌原则。礼貌原则包括得体准则、慷慨准则、赞誉准则、谦逊准则、一致准则、同情准则等。

三、演讲的功能

演讲作为人类的一种语言活动，具有提升自我综合素质的重要作用。

1. 演讲有利于提升仪态素养

演讲者的仪态在演讲中具有重要的意义和价值。一个仪态得体、大方的演讲者会带给人如沐春风的体验和感受；而一个演讲者的不修边幅、动作夸张、经常失态必然会影响听众对其所讲内容的兴趣和效能。因此，演讲者需要提升自身的仪态素质，重视交际的礼貌原则。通常，演讲者可以通过照镜子、录像、听众回访等手段提升自我仪态，以表现适宜的仪态。

2. 演讲有利于提升口语能力

演讲是个人独自进行的语言活动，是较长而连贯的语言，以有声语言为主要载体。演讲在一定的时间、空间内展开，对演讲者的语言组织、声音变化都有要求，在保证听众听明白的情况下，演讲者还要对演讲内容进行事前或即时的准备，还要思考演讲过程中运用的一些技术，因此演讲有助于提升演讲者的口语组织能力。

3. 演讲有利于提升思维品质

演讲一般情况下需要精心的准备和周密的计划，需要对听众的心理和当前的时境、演讲发生的环境都有一定的把控能力，因此，演讲有助于提高演讲者思维的逻辑性和缜密性。同时，在演讲的过程中，演讲者还需要随时依据听众的面部表情以及身体姿势调整自己的语调和内容，需要灵活的思维活动作为支撑。

另外，任何一次演讲都是对演讲者思想的概括和再现。因此，演讲可以使演讲者的思想更加明确和清晰，内容更加坚定和务实。演讲者通过对内容的深刻反思，来细究听众内心真实的想法，发现思想所具有的穿透性和影响力。法国思想家帕斯卡（Blaise Pascal）认为，会场和听众可使他们（演说者）热情奔放，又可从他们的头脑中引发出更多的文采；若没有那种热情奔放的冲动，他们是不会想到那么多文采的。

4. 演讲有利于提升情感内涵

演讲是情感的表达和宣泄。演讲无论对演讲者还是对听众，都是情感的熏陶和体验。例如闻一多先生的《最后一次演讲》，通过铿锵有力的措辞，展现了闻一多先生不怕牺牲的大无畏精神，这种精神感动和鼓舞着无数的后来者，达到净化心灵、升华情感的目的。

5. 演讲有利于提升心理承受能力

演讲会带给演讲者带来许多压力。当开始筹划和准备演讲的内容时，演讲者需要掌握听众的相关知识背景、年龄特点等个人信息，了解演讲的场地、时间要求，同时要针对听众来组织演讲内容，还需要应对演讲中可能会出现的各种危机，策划和谋划危机的处理。因此，一次成功的演讲，是对演讲者内心抗压能力的考验和锤炼。

6. 演讲有利于提高认识和分析问题的能力

演讲从认识、分析问题开始。演讲内容的准备、阐述和解释都是对问题的更深程度的认识和挖掘。听众之所以对演讲内容感兴趣，是因为演讲者从不同层面、不同方向、不同角度对演讲主题进行剖析，对演讲所出现的问题进行阐释和解决，因此，演讲者和听众均能在演讲中对问题产生新的看法。

思考题

1. 医患关系中口头沟通的原则有哪些？

2. 医患关系中口头沟通的技巧有哪些？

3. 非语言沟通需要关注患者哪些方面？

4. 医患沟通中存在的问题有哪些？

5. 患者依从性低的原因是什么？

第十二章

书面沟通

学习要求:

掌握书面沟通的含义，了解书面沟通的应用过程，熟悉书面沟通的语言特点及书写要求，克服书面沟通过程中存在的障碍。

第一节 概　　述

人际沟通包括语言沟通和非语言沟通，书面沟通属于语言沟通中的一个亚类，是借助文字材料完成的沟通交流，在人类的文字产生后即被广泛应用，在历史的长河中记录下人类的文明与智慧，代代传承。法国作家莫里哀认为语言是人类表达思想的工具。博尔赫斯（J. L. Borges）曾言：说出的话会飞掉，写下的东西留下来。这些名言都形象地说明了书面沟通在人类交流的过程发挥着特殊的作用。

一、书面沟通的定义

书面沟通是采用文字符号的书面形式进行的信息传递，在人际沟通的过程中发挥着至关重要的作用。这种沟通方式采用文字符号，借助书面的形式来标记人类的有声语言，将人类的有声语言沟通交流方式从"可听性"延伸到"可视性"，极大地丰富了人类交流方式，使信息传递的途径趋向多样化。

二、书面沟通的特点

(一) 书面沟通的优点

在人际沟通中，书面沟通从本质上讲是间接性沟通，与口头沟通及非语言沟通比较，具有自身的一些特点，因此在实际生活及工作中被人们广泛地采用。

1. 沟通的资料可长期保存

书面沟通采用文字符号的书面形式进行沟通，书面的文字资料可以长期保存，不受时间的限制。

2. 沟通的资料可以作为证据

书面的文字资料是所谓的"白纸黑字"，可作为法律方面的依据，在社会生活中可以作为可信的证据。

3. 沟通的资料准确性高、持久性强

书面文字资料的书写过程是再思考的过程，因而写作者可以详尽地表达自己的想法；在思考的过程中，写作者可以仔细推敲，也可以进行反复的修正、查对，充分表达个人的风格。所以书面的文字资料准确性较高、持久性较强，不易出现失误，在沟通的各种方式中发挥着不可替代的作用。

4. 书面沟通可以全面地表达写作者的观点和思想

在人际沟通的过程中，书面沟通虽然不及面对面交谈直接、方便、及时，但书写时可以充分斟酌语词，进行恰当的选择，将写作者的观点和情感准确、详尽地表达，起到交流信息、叙述事实、说服他人、宣泄感情等方面的作用。

5. 书面沟通是一种比较经济、方便的沟通方式

书面沟通的书写可以采用正式或非正式的方式，篇幅的长短根据需要灵活确定；进行书面沟通不需要刻意选择沟通的场所；进行沟通的书面材料可以多次复制，向不同群体人员传达相同的信息，避免了口头语言的经多次传递后出现的信息误差。书面沟通的文字资料确定内容后就可以进行交流，沟通时不受场地的影响和限制。

6. 沟通双方都拥有沟通的书面记录

书面沟通过程中，沟通双方都拥有沟通的书面记录，可以多次阅读资料，充分理解含义，达到准确传递信息的目的。

(二) 书面沟通的不足

书面沟通作为一种重要的沟通方式，有其自身的特点，当然也存在一些不足。

1. 书面沟通有一定的时间限制

进行书面文字沟通时，无法立即得到对方的回馈，需要一定时间。

2. 书面沟通缺乏感情色彩

文字沟通不具备口头交流所拥有的音质、音调的调节，感情色彩较弱。

3. 书面沟通需要具备一定的书写能力

书面沟通对写作者的书写能力有一定的要求。若写作者的文字表达能力差，则书写的内容往往达不到预料的沟通效果，而且对写作者来说这也是一项较艰巨的任务；如果书写的资料表达得过于简单，那么可能导致写作者的观点表达得不充分；如果书写的资料过于烦琐、长篇大论，又会让阅读者产生厌烦情绪。所以，进行书面沟通时，需要写作者适度把握，用词简洁、准确、生动、叙述完整、逻辑清晰、表达充分，这对达到书面沟通的最佳效果起到至关重要的作用。

三、书面沟通的作用

书面沟通通过文字、符号、图画等信息载体，表达写作者的思想、观点、情感、目的等，发挥传递信息、说明事物、阐明观点、交流感情等作用。

1. 书面沟通是生活及工作中交流沟通的重要方式

在临床医疗工作的内部沟通过程中，医疗护理工作的特殊性质需要工作人员频繁进行日班、夜班的交接，在医务人员连续不断的交接班过程中，不可避免地出现信息传递不畅的情况。为了达到及时传递信息的目的，需要利用书面沟通的方式来弥补可能出现的信息遗漏。如科室建立医生留言簿、护理沟通簿等，就是有效传递信息的一种方式。医生留言簿记录患者的诊疗相关信息、科室的工作安排等；护理沟通簿告知的内容涉及各方面，如仪器的维修情况、护理日常工作完成质量、存在的隐患细节等。医患书面沟通方面涉及知情同意书、授权委托书等，这些资料加强了医患之间的沟通，使患者或家属对相关的情况有所了解。护患书面沟通方面包括护理安全告知书、跌倒坠床风险评估等，这些资料使患者及家属对护理工作的相关规定有所了解、加强配合；护理人员在做健康教育知识宣传时，通常将相关的内容编写成教育手册发放给患者，这也是利用书面沟通传递信息的例子。

2. 书面沟通可以传递信息及进行感情交流

相较于口头表达，书面沟通表达情感，可以更持久、深刻。例如：科室管理人员为员工送上精美生日贺卡，送上一份关心与祝福；逢传统的佳节，医院领导为员工家属送上祝福卡片，对打造医院及科室文化、营造良好的工作氛围、创造融洽的员工关系有重要的作用。

3. 书面沟通在外部沟通中发挥重要作用

如门诊专家的介绍、医院改革发展状况等方面，书面形式更为正式，内容更加明确，能够促进民众对医疗机构相关信息的了解。

第二节 书面沟通的应用过程

书面沟通通过文字符号的方式，交流信息、解释事物，进而阐明事理，如心电图机的使用说明书、各种药物说明书等书面沟通的方式，在澄清事实、表达观点方面所发挥的作用是其他沟通方式所不能替代的。书面沟通作为各种沟通中的一种有效方式，其应用过程主要包括沟通材料写作和阅读两个过程，其中，写作过程在书面沟通中发挥着主要的作用。

一、写作过程

写作过程是思考呈现的过程，将思想、观点、事理、信息等用书面文字表达出来，用词要准确，真实、可靠地对观点给予阐述，对信息、事理等进行准确说明。在写作过程中，中心思想要明确，词语表达意义须清晰，应使用规范用语；如有修改，需按照书写内容的标准修改格式完成；写作者需具备一定的书写能力，根据所要完成的题材进行恰当的表达，防止出现用词不当、思路混乱，以免最终书面沟通失败。

（一）写作的原则

1. "4C" 原则对书面沟通材料的写作有重要的指导作用

国外的教材在书面沟通中的写作要求方面有 "4C" 原则，即正确（correct）、完整（complete）、清晰（clear）、简洁（concise），"4C" 原则对当前医疗工作中书面沟通的写作过程具有重要的指导作用。正确原则是书面沟通写作过程中的首要原则，要求书写的内容真实、准确，语言运用恰当；完整原则即要求表达的内容、思想、观点等全面；清晰原则要求文字表达清楚，含义明确；简洁原则要求写作过程中文字精练，言简意赅，中心思想突出，将要表达的思想、观点完整地书写，避免出现琐碎内容的重复。

2. 写作过程中的思考提升书面沟通的效果

书面沟通的写作过程与口头交流有所不同，可以有充足的时间思考，将要表达的中心思想、观点完整地叙述，避免了口头沟通时因思考的时间短暂而遗漏信息，提升了沟通的效果。写作的过程遵循完整原则，依据自身的特点，通过认真思考的过程，达到最佳的沟通效果。

3. 中心思想明确有利于书面沟通材料的写作

书面沟通的写作，虽不同于文学作品的创作过程，但在写作过程中，也要求有明确的中心思想，需要将沟通的观点、阐明的事实、叙述的事理清晰地表达出来，做到条理清晰、重点突出、结构合理，使阅读者能与写作者同感，读后产生共鸣，达到写作者预想的沟通效果。

（二）写作的步骤

依据书面沟通的写作原则和要求，写作者进行相关写作内容的展开，写作步骤主要包括：写作材料的准备、初稿的完成、文稿的修改以及最后的定稿。

1. 写作材料的准备是整个写作过程中比较复杂的部分

材料准备的充分及详细程度，对初稿能否及时完成有重要的影响。准备材料时，要根据书面沟通所要达到的目的广泛收集资料，筛选内容、反复酝酿，为写作的起始打下坚实的基础。譬如，在准备编写内科疾病的健康教育手册时，首先要确定手册编写的疾病目录，应选择人群中比较常见的、对群体有重要影响的病种。目前我国高血压病、糖尿病的发病人群呈年轻化趋势，发病率逐年上升，内科疾病相关的健康教育手册中对这两种疾病的预防、治疗知识的宣传是必不可少的。在准备相关的内容时，需要查阅有关文献，从疾病的病因、发病趋势、危险因素、发病机理到并发症的出现，疾病的治疗、预防，观察用药后的反应，以及当前学术界关于这两种疾病的最新研究进展等方面，系统、全面地收集资料。认真阅读所收集的材料，对其内容进行梳理，合理选用，安排先后顺序，力求达到内容详细、明确，使相关人群在阅读手册后对疾病有一定程度的认识，了解防病、治病的知识，积极配合治疗，以减缓并发症的出现，提高个体的生存质量。可见，在写作过程中准备工作非常重要。

2. 根据书面沟通的内容进行初稿的书写

（1）根据书面沟通的内容，选择适当的文章体裁　根据表达手法和功能来划分，文章的体裁可分为记叙文、说明文、议论文，应用文；书面沟通的写作体裁多以应用文的形式出现。应用文在写作手法上主要从文章的社会实用功能着眼，其与记叙文、说明文、议论文是一种相互渗透、彼此交叉及互为重叠的关系。

（2）确定文章的中心思想是非常重要的环节　在确定文章的体裁后，着手进行初稿的书写。书写时，确定文章的中心思想是非常重要的环节。根据书面沟通内容确立中心思想，根据中心思想精心组织材料，合理安排文章的结构，列出书写的提纲，确定先写什么、后写什么，哪些内容需要详细书写，哪些内容需要略写，开头、结尾、过渡如何安排，要进行通篇的整体设计，全面构思，认真布局。

（3）根据写作的内容，选择恰当的表达方式　在写作的过程中，通常采用的表达方式有叙述、描写、议论、说明，抒情。①叙述是指对人对事的陈述，述说事件的来龙去脉、发生过程，记叙人物要交代清楚，叙述事件要重点突出、线索明确、前后连贯；②描写是指对人物或事件的细致描述，通过对人物的丰满刻画、情节的入微描述，使读者产生如见其人、如闻其声的感觉，达到使读者身临其境的效果；③议论是指通过鲜明的论点、确凿的论据、严密的论证，来评价事件或人物、阐明观点及立场；④说明是采用简明的语言对事物进行阐述的一种表达方式，具有科学性及知识性，在现实生活中这种表达方式应用广泛；⑤抒情是写作者抒发情感的一种表达方式，是对人、事、景的主观感受的描述，可以产生以情动人、极富感染力的效果。

根据写作的内容，选择适当的表达方式，将写作者的思想转化成文字。根据写作提纲有步骤地书写，将准备的材料合理地组织到文章中，以完整的表达实现写作者的目的，防止写作内容的疏漏、零乱，保持连贯性、紧凑性。这样，书面沟通的写作初稿基本完成。

医务人员撰写的医学论文是一种医疗工作中经验总结和科研创新的文体，以说明和议论为主要表达方式，以医学、护理学及相关学科的理论为依据，通过缜密的科研设计、可行性的实验、细致的观察，取得第一手资料，经过归纳总结及统计学分析，得到相关的结论，成为医疗护理及相关学科的科研作品。

3. 修改是写作过程中的重要环节

广义的修改是指从文章的构思到定稿前的修正，修改贯穿于写作的全过程。正如作家老舍所说：文章必须修改，谁也不能一下子就写成一大篇，又快又好。狭义的修改主要是指对文章初稿从内容到形式进行反复、多方面的修正、润饰、加工，直到完稿的过程。

（1）文章的修改是为了恰如其分地反映客观事物　通过不断修改文章、不断完善内容，将所要传递的信息、阐明的事理、沟通的思想和观点表达得尽善尽美。

（2）文章的修改具有重要的社会意义　文章是人群交流的一种媒介，阅读者通过文章了解信息、接触其他思想，可见一篇好的文章会产生广泛的社会影响；写出好文章是写作者对社会负责、对读者负责的表现。从这方面看，文章修改具有重要的社会意义。

（3）通过文章的修改使文章的质量升华　文章的产生过程是比较复杂的，从这个复杂的创作过程看，必须重视修改。通常文章的修改包括：全篇检查、局部调整、句子斟酌、朗读语感等四个方面；另外，文章的构成包括多个方面的要素，如形式问题、内容问题，还涉及文章的中心思想、材料组织、结构安排、语言的运用等多方面。通过修改，对语法、结构、用词等进行恰当的调整，恰当地增加、删除，必要时对相关内容可进行合并，以提升文章的质量。文章质量高低不仅取决于写作者的文学技巧，还同写作者的知识修养、思想修养、思维能力、生活阅历等方面有紧密的关系。书面沟通过程中，对文章的修改是一个不断加深认识、反复推敲的过程，对于文章的质量提高和升华而言，修改是必不可少的环节。俗话说"文章不厌百回改""善作不如善改"，充分说明了修改同写作之间的紧密关系。文章修改也是不断提升写作水平的一种手段，文章修改不可能设定固定的模式，如何修改还要因文而异，因人而别，最终目的是使阅读者看到一篇思路清晰、文笔流畅的文章。

4. 文章定稿标志着写作过程的结束

文章经过反复多次的修改，不断斟酌，仔细推敲，去繁求简：其标题简明、确切、醒目，并能够反映文章的内容；文字运用恰当，避免了重复、生涩的词语，去掉了多余的字句，修改了冗长的语句，达到精炼语言的境界；专业术语的运用遵守规范，根据需要使用缩略语。条件允许时可以将文章交由他人阅读，征求意见，通过旁观者的视角评价文稿，以发现不足。最终修正后定稿，备用于书面沟通。

书面沟通体现在临床工作中的许多方面。医务人员在书写相关的医疗护理文章时，需要全面地观察、细致地查体、了解各种检查化验的指标、进行多方面分析思考，必要时请上级指导，根据病情选用恰当的文字和规范的医学用语，按照书写格式的要求，完整、清晰、真实地将患者的主诉、临床表现、用药后反应、治疗护理措施等进行描述和记录，准确地传递信息，保证沟通的正确、有效。通过书面材料加强医护、医患、护患之间的交流，融洽各方面的关系，提高医护人员工作的满意度，使患者及家属得到优质的医疗护理服务，避免因沟通不畅引起的医患、护患纠纷。

二、阅读过程

阅读者通过阅读文字与他人共享知识和经验，理解他人的观点、思想、情感，达到书面沟通的目的。为了确保书面沟通的效果，要求阅读者具备一定的知识和理解能力，能够通过阅读文字与写作者进行书面沟通。因此，培养和提高阅读能力是加强书面沟通的重要渠道，是强化人际沟通的一个不可或缺的条件。

知识链接 12-1　医疗护理工作中的书面沟通

在医疗护理工作中，常见的书面沟通有多种形式。其中，病程记录、护理记录都采用叙述的方式，反映患者的实际状况，记录治疗护理的方案；疑难、急危重病例的讨论多采用叙述与议论相结合的方式，探讨患者最适宜的治疗方案，书面材料就是需要进行保存的患者健康资料。护理记录是护理工作的记录，不仅体现护理工作的实际内容，更彰显护理专业的价值。随着护理专业的发展，护理越来越成为一门不可替代的专业，在治病救人的领域中发挥着重要的作用。这些书面沟通的材料，通过恰当的表述、合理的组织、准确的用词，形成一篇篇应用文章，在临床工作中发挥着重要的作用。

第三节　书面沟通存在的问题

书面沟通作为人际沟通中的一种重要的方式，在人类的沟通交流中发挥着十分重要的作用。确保书面沟通的质量，达到书面沟通的最佳效果，是进行沟通的主要目的。根据书面沟通的特点及应用过程，可以将其存在的问题划分为两类：文章写作存在的问题及阅读者的阅读问题。

一、文章写作存在的问题

文章写作问题主要表现在写作思路、书写内容、字词运用，以及语法和修辞等方面。

（一）写作思路不畅

概括起来主要有写作思路闭塞及写作思路中断。

1）由于写作前的准备工作不足或写作能力的欠缺等方面的问题导致写作思路闭塞。写作者在写作前，对本次写作的意图未充分酝酿，提炼不够，主题不明确；在准备材料时，资料准备不全面；写作者写作能力欠缺。以上原因导致写作者思路不畅通，写作过程中思路闭塞，不能保证文章质量，影响书面沟通的效果。

2）由于写作思路中断影响文稿的完成。写作过程中写作者因思路中断，而表现为写作无法连续进行，究其原因除与材料准备不充分、主题提炼不明确、个人写作能力不强等有关外，还可能与写作环境差有关，也有可能与写作提纲设计不详细、文章的结构设计不完善有关，以及与写作者无良好的写作习惯、未按照设计的写作顺序进行等有关。以上原因均可影响写作思路，影响写作的完成。

（二）书写内容的问题

书写内容主要表现为：书写内容不完整、空洞、遗漏；主要内容书写不突出，重点方面书写不完整；记录内容缺乏连续性。

1. 书写内容不完整、空洞、遗漏是比较常见的问题

在书写中主要内容不能完整叙述，导致书写的内容缺失，文稿中只见大量词语的罗列，读后领会不到叙述的内容、思想、创新，如在高血压病的健康教育手册中，指导服用药物时描述了"服用降压药物"，叙述简单，但使读者阅后不清楚到底如何服用降压药物，餐前还是餐后，或是餐中？如何根据血压情况调整降压药物更未被提及，使读者阅后仍是模模糊糊的，对如何正确服用降压药物无明确的界定。在护理记录中，对消化道出血患者的记录为"小夜班便血较多"，记录笼统，无色、量、次数的准确描述，无患者便血后的生命体征记录，无相关治疗措施的记录，更无处置后患者状况的描述；如在记录呼吸机辅助呼吸的患者时，医师病程记录为"呼吸机运转正常"，无相关参数的详细交代，无患者状况的叙述等。这些书面记录均过于笼统，未将患者的状况详细交代，不便于接班人员查看患者在上一班的变化，健康指导不细致，不利于患者按照指导去执行，这样的记录参考价值不大，主要原因还是值班人员工作不细致，观察病情不到位，或是业务水平有待提高。对于病情变化的患者，当班的"重点患者应该记录"的内容不清楚、空洞，应该记录的病情遗漏。

在常见的一些医疗病程记录及护理记录中，重点记录的内容多是患者躯体的状况、局部的改变，对患者的心理变化、情绪改变、内心对治疗护理的配合往往缺少记录，对患者家庭等社会因素影响的关注更少，这种记录不符合当前生物—心理—社会医学模式的要求，不能全面评估患者的状况，会对治疗护理的质量产生不利影响。

2. 主要内容书写不突出，重点方面书写不完整

主要内容书写不突出、重点方面书写不完整，这个问题与书写者的工作能力有关。在临床工作中，常表现为主要症状记录不突出，阳性体征记录不全面。如脑梗死合并肺部感染的新入院患者，平车入科，记录内容为"患者平车入院，卧位，窦性心律，律齐，进食呛咳……"。在这个患者记录的内容中，重点应是皮肤状况，因为患者长期卧床，入院查看皮肤状况非常重要；脑梗死合并肺部感染，听诊肺部的情况是重点内容，不能自主进食行鼻饲是主要内容，记录时均需要重点记录。若重点内容记录得不突出，易给他人造成错觉，可能延误治疗和抢救的最佳时机。

3. 记录内容缺乏连续性

医务工作因其特殊性，需要工作人员进行连续性的交班，要保证工作 24 小时连续进行。如果书写记录不连续，首先会影响接班人员对病情的了解，其次容易误导接班人员的思路，易造成对重点患者重视不够。如：在书写危重患者的护理记录时，白班记录患者体温 39℃，经过物理降温、注射退烧药后，体温发生变化，夜班时值班人员未对体温情况的变化做记录，表现为记录内容无连续性、无动态变化；糖尿病酮症的患者经过对症治疗后，相关的化验检查、临床表现会出现变化，病程记录中却无相关化验报告等记录，体现不出对病情的观察、对异常情况的处理；Ⅱ型呼吸衰竭的患者经气管插管呼吸机辅助呼吸后，护理记录中无血气分析报告的记录，缺乏对患者神志的描写，没有对插管对抗情况等的叙述。对这些重点的内容，各班均需要有明确、详细的记录，接班人员通过查看记录，了解患者病情的动态性变化。这些记录对及时掌握病情有重要的参考价值。将查看书面记录与床边交接班查看实际状况相结合，可以对患者的病情掌握得更到位。

（三）字词运用方面的问题

1. 在书写过程中，随意使用简化字、错别字、异体字等

这首先与写作者的语言知识学习基础不扎实有关；其次，与写作者在书写过程中自我要求不高有关。汉语词汇丰富，汉字数量多，若是汉语学习功底不扎实，书写中比较容易出现用错字、滥用词等现象。如在书写时将"白蛋白"写成"白旦白"，"肌肉松弛"写成"肌肉松驰"。书写过程中，需要重视对字、词的甄别。

2. 简称、符号使用不当，医学术语使用不规范

医务工作有其特殊性，专用术语、简称、符号比较多，如何正确、恰当地使用，需要引起医务工作人员足够的重视。如：在记录中出现"吃得少""心里不舒服"等口语表述，需要纠正；白细胞写成"白 C"、吸氧写成"吸 O_2"等不规范书写，在临床书写中也比较常见。

（四）语法、修辞方面运用存在的缺陷

语法、修辞方面的缺陷主要包括语句结构缺失和用词语序颠倒。

1. 语句结构缺失

由于写作者的汉语功底存在一定的缺陷，导致在书写的过程中，语句结构不全。比较常见的是主语缺失，如"胃肠减压引流通畅"无主语，应记录为"患者胃肠减压引流通畅"，同时需要记录引流物的色、量、形状等。

2. 用词不恰当，语序颠倒

在书写过程中，需要注意用词的选择、语序的安排，避免出现颠倒的情况。

二、阅读者的理解能力

阅读者通过阅读文字与他人共享知识和经验，理解他人的观点、思想、情感，达到书面沟通的目的。如果阅读者不具备一定的汉语基础，理解能力差，在阅读文字时，对写作者的意图、思想、观点及情感等表达的含义不能领会到位，与写作者不能产生共鸣，就会导致书面沟通的失败。因此，阅读者具备一定的汉语基础，培养和提高其阅读能力，对提高书面沟通的效果、加强人际沟通至关重要。

三、写作及阅读中存在问题的克服方法

（一）思路方面问题的克服方法

在书面沟通的写作过程中，出现思路方面的问题时，应该查找原因，并针对原因寻找解决方法，以便圆满完成写作。

1. 做足准备，完善资料

资料的收集是写作者本人完成的。收集一切对书面沟通写作有意义的资料，具体方法有：通过写作者的观察、调研、体验等收集，通过查阅文献、期刊等收集，等等。通过阅读、思考、分析收集到的资料，作者会有新的收获。写作前充分收集资料，尤其是针对写作主题进行资料收集，对完成整个写作过程有重要的意义。

2. 根据写作的中心思想，理清写作思路，拟好写作提纲

为了使写作思路流畅，在写作前应明确写作的中心思想，根据中心思想顺思路，根据写作的思路拟好写作提纲，安排文章的结构，确定如何开头、如何结尾、如何过渡，保证写作过程不陷于思路不畅甚至中断的状况。

3. 保证良好的身体状况，有一个平和的心境，创造一个适合写作的安静环境

身体过度疲劳，心情过于浮躁，环境过于喧哗，均不利于写作的顺利完成。创造一个良好的

写作环境，如在写作期间手机关闭、调到静音或不接电话，找一个安静的房间等，保证身体状态良好，心境平和。这些方法对写作过程中保证思路顺畅是非常有利的。

（二）写作过程中问题的克服方法

针对书写过程中出现的问题，如内容不完整、空洞、遗漏，主要内容不突出，重点方面不完整，记录内容缺乏连续性，字词书写错误，语法修辞问题等，需要做到如下几点。

1. 培养细致的观察能力，全面观察事物

学习各种观察方法，如自然观察法、实验观察法、长期观察法、间接观察法、历史观察法、移位观察法、解剖观察法、比较观察法。学习观察的过程，是获得大量感性知识并对已有知识加深理解的过程。在临床工作中，医务人员做记录必须言之有物，真实、可靠，具体要求有：①要求医务人员有高度的责任心；②需要医务人员具备敏锐的观察能力；③医务人员需要加强学习，使自己的理论知识水平和技术操作能力不断提高，这样，才能观察病情到位、制订治疗方案恰当、实施护理措施有效、书写各种记录得体。观察病情是一名医务人员必备的基本功，对病情的观察，除抢救危重患者外，应该按照预定的程序进行，做到有计划、有步骤、有重点，全面、细致、及时，每一个观察项目、每一个症状体征、每一次观察机会都不放过。只有如此，才能及时发现病情的变化，确保书面记录有内容、有重点。

2. 打好语言功底，提高文字运用能力

学习语言从字、词、句开始，正确书写，避免错别字，不随意写简化字。在写作过程中，正确运用语法和修辞，提高语言的运用能力，避免出现语序不当、用词不妥的问题。医学护理应用文的书写也强调用词的准确、表达的恰当、语法的规范，只有如此，才能准确地传递信息，实现有效的沟通。因此，医生、护士也应该加强语言文字修养，规范地书写各项记录，写对每一个字，用准每一个词，使每一个句子结构正确，这对实际工作来说是非常有意义的。

3. 学好专业，提高业务水平

任何一门专业都有自己的专业理论和技能，在写作时，要正确运用专业术语，书写符合规范要求。按照医疗护理文书的格式进行书写，根据患者的病情准确地记录，重点突出，有专业特点，有动态变化，不随意使用简称。

思考题

1. 书面沟通与其他沟通方式比较有什么特点？

2. 书面沟通的"4C"原则是指什么？

3. 书面沟通的写作和阅读存在哪些问题？如何克服？

第十三章

跨文化沟通

学习要求:

掌握文化及跨文化沟通的定义及内涵,掌握影响跨文化沟通的主要因素,能够克服跨文化沟通的障碍,对跨文化沟通的重要性有一定认识,能够在跨文化沟通中掌握一般的技巧,并对日常遇到的跨文化沟通行为做出判断。

第一节 概 述

文化是人类群体或社会的成果,包括价值观、语言、知识、生活方式及物质对象,它环绕着社会中的点点滴滴,影响着人类群体的生活。随着国际全球化进程的不断推进,不同国家文化人群间的交流日益加深,人们也慢慢意识到文化的重要性,意识到在生活与工作中进行必不可少的沟通和交流与多元文化息息相关。跨文化同样深深地影响着临床实践工作。在临床实践工作中,将跨文化沟通融入医学人际沟通课程中,有助于确保医疗工作更顺利地进行。

想更加深刻地学习跨文化沟通的内容:首先要明确文化的概念,在学习研究的过程中要不断地进行文化对比;其次要界定学科术语,这直接关系到学科本身的严谨性和科学性。值得注意的是,理解文化定义对于理解跨文化性质和内涵都是不可或缺的。

文化是涉猎最为广泛,也是最具有人文特色的概念,包括人类的衣、食、住、行等所有范畴。从人类开始关注文化以来，世界上出现过 200 多个文化的定义，要给文化界定一个准确的定义，确实是一件很难的事情，涉及相对于政治、经济而言的人类全部精神活动及其产品。

对文化的广义定义来自赫斯科维茨（Herskovits）1955 年出版的《文化人类学》一书。他认为，文化是一切人工创造的环境，也就是说，除了自然原生态之外，所有由人添加上去的东西都可称为文化。这里，人工创造的东西包括两大类：一类是客观文化（objective culture）、硬件产品；另一类则是主观文化（subjective culture）、软件产品。硬件是那些看得见、摸得着的物品，如房屋建筑、交通公路、电视电脑以及各种机器工具等。软件则是那些触摸不到，但似乎又无处不在的东西，比如信念、理想、价值观和社会规范。它们就像空气、阳光一样无时无刻不在影响着人。

这个定义虽很全面，但没有被后来的多数学者所采用。用得更广泛的是选取赫斯科维茨的"主观文化"部分来定义文化，即将文化定义为"被一个群体的人共享的价值观念系统"（shared value system）。霍夫斯泰德（Hofstede，1980，1991）将文化比喻成人的"心理程序"（mental programs），并指出文化会影响人们关注什么、如何行动以及如何判断人和事物。与此相似，文化也被其他学者定义为"人为创造的、被他人认可的观念，它给人们提供聚合、思考自身和面对外部世界的有意义的环境，并由上一代传递给下一代"。

另外一个沿着"主观"维度定义文化的学者是心理学家蔡安迪斯（Triandis，1994）。他认为，文化是那些"无须言说的对事物的假设，已经被认同并内化的标准运作程序和行事方式"。在这个定义中，文化的含义除了内隐的价值观念之外，还包括外显的行为方式。强皮纳斯（Trompenaars，1993，1998）在他的《文化踏浪》一书中，也认为文化是某一群体解决问题和缓和困境所采用的途径和方法，而非仅仅是一套价值观念系统。

与上述将文化定义为价值观念不同，人类学家赫尔（Hall，1975）认为一个社会的文化是通过人的行为方式之一——沟通方式表现出来的，他因此提出"沟通即文化"的定义。他认为，一个人的沟通行为其实已经反映了一个人被文化特征潜移默化的方方面面。比如，不同社会中的个体对沟通语境的依赖程度就足以反映出该社会文化导向的不同。

追溯中国文化，"文化"乃是"人文化成"一词的缩写，最早出现在《易经》之中：刚柔交错，天文也；文明以止，人文也。观乎天文，以察时变，观乎人文，以化成天下。人文区别于自然，有人伦之意，区别于神理，有精神教化之义；人文区别于质朴、野蛮，有文明、文雅之义，区别于成功、武略，有文治教化之义。可见，所谓人文，标志着人类文明时代与野蛮时代的区别，标志着人之所以为人的人性。因此说"观乎人文，以化成天下"，约称为"人文化成"，或约称为"文化"。于此，我们可表述"文化"一词的主要含义，特指一种人文活动，其目的在于点化人的生活中及一切生活中涉及的外物，以使之具有无限的道德意义。《辞海》最新版本中对"文化"是这样定义的：文化广义是指人类在社会实践过程中所获得的物质精神的生产能力和创造的物质精神财富的总和；狭义是指精神生产能力和精神产品。文化包括一切社会意识形态：自然科学、技术科学、社会意识形态。有时又专指教育、科学、文学、艺术、卫生、体育等方面的知识与设施。作为一种历史现象，文化的发展有历史的继承性；在阶级社会中，文化又具有阶级性，同时也具有民族性、地域性。不同民族、不同地域的文化又形成了人类文化的多样性。作为社会意识形态的文化，是一定社会的政治和经济的反映，同时又给予一定社会的政治和经济以巨大的影响。

综上所述，文化的定义有广义与狭义两种。文化可以被广义定义为"由人类创造的，经过历史检验沉淀下来的物质和精神财富"。狭义的定义为："社会的意识形态，以及与之相适应的制度和组织结构，或是泛指古人所主张的'文治教化'。"

文化源远流长，包罗万象，无处不在，很难有统一的定义。根据世界著名跨文化与管理专家霍夫斯泰德的说法，文化是一个人群的成员赖以区别于另一人群成员的共同思维方式，文化包括价值体系，价值观是文化的基石。

文化是人类群体的生活方式和生活过程，主要成分是符号、价值和意义、社会规范。它在生活中代表一定的信息或意义。在国际事务性沟通中，由于参与者文化背景不同，其文化内涵、思维方式、价值观念、宗教信仰有很大区别，因而其沟通方式和交流手段也存在着明显的差异。

语言的含义有"内涵"和"外延"之分，前者较固定，后者则包括扩展意义或联想意义。不同文化的价值观念、心理等在语言上都有所反映，因此了解语言中所蕴含的社会文化内涵就十分重要。我们在使用某个表达时不能只注意其语意层面，还必须从内在含义的角度进行考量。

随着世界经济全球化及区域经济集团化的不断深化，多种文化、多种宗教和多个区域性经济共同体的多极对立，使得文化问题更加凸显。多个异质的文化圈在全球化-信息化的总过程中一方面有趋同性的进化，另一方面又不断发生碰撞。我们不仅需要求同，更要存异，学习跨文化相关内容至关重要。

第二节 跨文化沟通的定义及重要性

一、什么是跨文化沟通

所谓跨文化沟通，是指来自不同文化背景的人从事交际活动的过程。其沟通过程模式包含以下几方面要素：信息发出者、信息、通道、信息接收者、反馈、文化背景和噪声等，如图13-1所示。其中，信息发出者是在人际沟通中拥有信息并试图沟通的个体，是沟通的发起者，选择沟通对象，确定沟通目的；信息是指一组语言的和非语言的符号，代表了信息源在时空中某一特定时刻下的传达给他人的观念和情感；通道是信息传递的载体，个体的感官具有接收的功能，其中视听的信息为主体；信息接收者是沟通的对象，在接收到带有信息的各种信号后，根据自己的经验，将接收到的信息翻译或还原为语言或非语言的符号，实现对信息发出者试图发送的信息、态度或观点的理解；反馈是指在沟通过程中，信息发出者对信息传递的效果进行判断；背景是指沟通过程中的环境因素，包括心理背景、物理背景、社会背景、文化背景等，可能会影响沟通的整个过程；噪声是妨碍沟通的任何因素，它存在于沟通过程的各个环节中，并有可能造成信息失真。

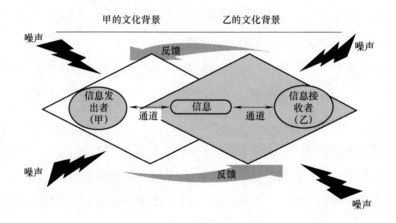

图 13-1　跨文化沟通过程模式

在跨文化沟通中，有许多因素会影响沟通效果，妨碍沟通目标的顺利实现。其中既有沟通者自身方面的主观因素，也包括沟通过程中的因素。国外学者就主观因素方面提出了 A/U 理论。该理论认为，实现有效跨文化沟通的主要障碍就是焦虑与不确定性，沟通者感觉焦虑或不确定性的因素来自跨文化沟通的动机或意愿、跨文化沟通的相关基础知识、跨文化沟通的方法与技巧三个方面，如图 13-2 所示。

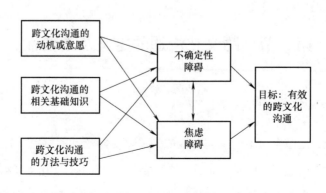

图 13-2　A/U 理论

　　跨文化沟通，是文化沟通在不同文化间的延伸，具体是指发生在不同文化背景下的人们之间的信息和情感的相互交流的过程。在此过程中，文化因素影响跨文化沟通的全过程。跨文化沟通主要包含三个要素。

（一）跨文化沟通发生的前提是文化差异

　　文化学泰斗霍夫斯泰德认为，文化包含四个层面：最外一层称象征物（symbols），如服装、语言、建筑物等，能够很容易被人的感官接收到；第二层是英雄人物性格（heros），在一种文化里，它在很大程度上代表了英雄所在文化的民族性格，如在美国的英雄文化以个人主义、进攻性和绝对自信为特征，而中国英雄文化更多受到儒家思想的影响，表现为无私欲的、集体的，古代有大禹治水三过家门而不入，现代更有具有"钉子"精神的雷锋、顶着病痛也要继续工作的焦裕禄等一大批英雄；第三层为礼仪（rituals），礼仪是每种文化里对待人和自然的独特表示方式，如中国文化中，主要场合——吃饭时的位置安排很有讲究；最深的一层是价值观（values），这是文化中最深邃、最难理解的部分，从时间的价值观上来看，美国人将"时间有价"的观点植入人心，不守时被看作不礼貌的；而在巴西，迟到却被看作很正常的事情。文化差异发生在文化的每个层面，跨文化沟通也要求在文化的每个层面上进行。

（二）跨文化沟通过程是跨文化信息的传递

　　信息的传递是跨文化沟通的根本目的所在；如果没有跨文化信息传递，则意味着跨文化沟通事实上没有发生。在跨文化沟通过程中，我们必须选择好沟通渠道，也就是说连接不同沟通主客体间的中间环节或传递媒介，并确保沟通渠道高效、畅通、准确，才能保证跨文化沟通过程的顺利进行。

（三）跨文化沟通的结果是获取对方的理解

　　这指的是沟通的有效性，沟通时不一定要对方完全接纳自己的观点，但必须理解，这是沟通要达到的目标。完美的沟通，如果其存在的话，应是经过传递后被接收者感知到的信息与发送者发出的信息完全一致。跨文化沟通不同于谈判，前者建立在沟通双方合作的基础之上，而后者有赖于双方的博弈。因此，跨文化沟通不是要赢得对方，而是要让对方理解自己所传递的信息。

二、跨文化沟通的重要性

　　跨文化沟通是当今各个国家、各种企业、各种组织不可回避的一件大事。借助跨文化沟通，可以实现政治、经济、科技、文化、管理等方面的有效交流，增强互相理解、互相学习、相互信任，实现相互尊重、相互包容、相互妥协、相互改变，寻求共性，找到文化由此达彼的桥梁，使沟通双方受益。

　　在不同文化中，文化的距离不同。有的文化与其他某种文化比较，文化距离很大；与另外的文化比较，则文化距离相对要小，文化背景重合的部分越大，说明它们文化距离越小，越容易顺利实现跨文化沟通的目标。例如，中国文化与日本文化之间的文化距离较小，与新加坡文化的距离更小，它们同属儒家文化圈的文化，跨文化沟通的难度要相对小些。而中国文化和美国文化则是文化距离很大的两种文化，前者属于集体主义文化，后者属于个人主义文化，它们之间的跨文化沟通难度很大。美国文化与英国文化的文化距离较小，与加拿大文化的距离更小，它们同为个人主义文化，因而跨文化沟通的难度较小。一般说来，文化距离的大小与跨文化沟通的难度成正比。

各国价值观和准则的差异，造成各国人们的思维方式和行为规范的不同。在相互交往中，这些差异很容易导致沟通双方的误解，跨文化沟通障碍严重时会出现"文化休克"。

所谓"文化休克"，是指生活在某一文化环境中的人初次进入另一种文化环境，失去了自己熟悉的文化意义符号系统，面对陌生的各种文化意义符号系统，由于缺乏足够的适应性而产生的焦虑、恐惧、无助、茫然、失落甚至是绝望等。他们在新的文化意义符号系统包围下，感到处处不适应、不理解、不熟悉、不如人意。不仅心里茫然、精神空虚和疲劳，而且对当下文化情境产生反感；对自己的价值体系、生活方式遭遇冷落和不起作用、不受重视感到失望；对自己角色身份的混乱状态感到不知所措；对原本应对环境的能力的丧失感到无望。心理的焦虑导致身体不适，出现种种生病的症状，这就是文化休克的表现。

案例 13-1　遭遇文化差异，留学生遭指控

美国爱荷华州 21 岁的某国留学生被指控以租房为借口强奸女房主，并在被捕后涉嫌干扰证人。该留学生的父母知道后立即前往美国，却被指试图用金钱贿赂受害人让其改变口供，以严重阻挠司法公正的方式达到庭外和解的目的。行为被曝光后，该留学生父母遭警方逮捕并被起诉。

随之爱荷华州约翰逊县检察官宣布，撤销对犯罪嫌疑人——该留学生父母企图贿赂受害人的指控。检察官在一份书面声明中说，撤销指控是因为"'文化差异'可能导致这对父母并非有意地触犯美国法律，他们的意图只是在庭外与受害人解决这件事"。原本要交 20 万美元保释金的该留学生父母，又因"文化差异"被取消指控并释放。

这对父母遇到这位检察官是十分幸运的，并非所有留学生在遇到文化差异造成的法律纠纷时，都能得到如此宽容。文化差异一向被认为是某些东方国家的人移居美国后在生活和工作方面都颇受困扰的问题。美国的历史仅有 200 年，其文化源于欧洲，又是西方最发达的现代化大国。由于地理环境、历史背景、发展过程等因素不同，东方传统和西方现代的理念碰撞后，产生了巨大冲突。这种冲突表现在思维方式、风俗习惯、教育理念、家庭观念等诸方面。

东西方之间的文化差异是客观存在的，文化无优劣标准，人们应该在尊重差异的同时，对不同的文化"取其精华，去其糟粕"，互相学习、互相促进，达到宽容理解、求同存异的境界。

对移居美国的东方人来说，在美国生活，首先，要努力了解美国相关法律，避免因文化差异上的问题触犯法律，造成严重后果；其次，在保留自己民族优秀文化传统的同时，要学习美国人的思维方式，了解美国文化风俗，入乡随俗，和谐融入美国社会。

问题：文化差异可能有哪些表现？文化差异可能导致什么样的沟通后果？

三、影响跨文化沟通的主要因素

（一）感知

感知是指个人对外部世界的刺激进行选择、评价和组织的过程。感知与文化有着密切的关系：一方面，人们对外部刺激的反应，对外部环境的倾向性、接受的优先次序，是由文化决定的；另一方面，当感知形成后（指感知过程的结果——知觉），它又会对文化的发展以及跨文化沟通产生影响。萨姆瓦（L. A. Samovar）等学者认为，有五种主要的社会文化因素对发展感知起着重大的作用，这五种文化方面的因素有：信仰、文化价值观、心态系统、世界观、社会组织。

不同的民族和文化，拥有着不同的信仰，决定着人们的价值选择和判断。文化价值观则是人们抉择和解决争端时作为依据的一种规则体系；文化价值观是后天习得的，它不是普遍的，会因文化背景的不同而不同。同样，不同文化背景的人有着不同的心态系统。世界观更是在无形之中影响着人们对事物的理解。同时，跨文化沟通双方不可避免地会来自于不同的社会组织；不同的社会组织拥有不同的组织文化，这种组织文化的不同，也决定了其成员的行为规范和价值判断的不同。由此可见，上述文化方面的五种因素决定了沟通者对沟通所传达信息的感知。文化差异的存在，使人们对同一事物的描述和理解产生了差异，由此出现了沟通障碍。

在跨文化沟通过程中，研究感知或知觉对沟通的影响具有十分重要的意义。人们在沟通过程中存在的种种障碍和差异，主要是由感知方式的差异所造成的。要进行有效的沟通，我们必须了解来自异文化环境中人们感知世界的不同方式。

（二）成见

成见是指不考虑个体成员特征，根据对某一个群体的先前已有的观念、态度和看法，形成对这个群体中某一个成员的认识。在跨文化沟通中，经常会因为沟通双方成见的存在，先入为主，不具体分析某一个人的沟通特征，而用某一文化群体共同的特征来分析对方的行为特征。如我们经常听到类似这样的话"他是个某国人，他必定……"这样的结论无须耗费任何努力和精力，也无须经过对他人的观察，大大简化了信息的处理过程。虽然这种由成见而导致的信息处理过程的简化，有时可以有效提高沟通的效率，但是成见常常是僵化的、难以改变的，往往容易造成沟通失误，造成对别人传达信息的误解。因此，对于一些关系重大的沟通来说，如果条件允许，最好还是先弄清自己是否对对方抱有成见，然后消除成见，在通观整个沟通文化群体的整体文化特征的基础上，更加详细地分析其个体的文化差异，进行正确的跨文化沟通。

（三）种族中心主义

种族中心主义是影响有效跨文化沟通的又一个因素。所谓种族中心主义，是指一种以自身的文化价值和标准去解释和判断其他文化环境中的群体的趋向。具有种族中心主义思想的人，很难考虑其他文化背景的人的价值观念和思想感受。比如，一个认为英语是最好的和最合乎逻辑的语言的美国主管，绝不会去学习他认为是"低级的"和"不符合逻辑的"外国语言；如果他认为自己的"非语言"系统是最文明的，那么他将会认为其他人的"非语言"系统是低级的。在这种情况下，种族中心主义对人们之间共感的形成设置了一个可怕的障碍，不仅会导致沟通的完全失败，而且还会导致双方的对抗和敌意。因此，在跨文化沟通中，沟通双方需要注意克服种族中心主义思想的产生，把自己和对方的文化差异放在全球的范围内进行辨别和理解，促进跨文化沟通的有效进行。

（四）缺乏共感

共感又叫同理心，是指设身处地去体味他人的苦乐和际遇，从而产生情感上的共鸣的能力；而缺乏共感就是指缺乏产生这种共鸣能力，不能完全了解、评价、接受他人的文化差异。在跨文化沟通中要产生共感，首先要做的是对对方的沟通语言和行为进行正确的文化归因。在不同的文化主体沟通时，如果来自一种文化的人受到了来自另一种文化的人的冒犯：被冒犯者认为这是出于对自己文化的不了解，冒犯通常会被原谅；但是如果被冒犯者把这种跨文化沟通障碍归因于非文化背景的解释，认为是冒犯者的傲慢自大等，就会造成严重的沟通失败。这就是文化归因问题。为了与有着不同文化背景的人一起工作，我们对面临的环境要进行正确的文化归因，进行换位思考，站在对方的角度看待问题。同类的文化归因会导致对他人的积极评价，有助于我们更好地理解对方的语言和非语言行为。

第三节　跨文化沟通的障碍及对策

一、跨文化沟通的障碍

（一）语言层面与非语言层面

不同的文化产生不同的语言，每种语言都有自己独特的文化内涵。在跨文化沟通中，语言的多样性与复杂性常常是造成沟通障碍的主要原因。沟通中语言的障碍常常表现在语义和语用两个方面。

1. 语义方面

我国一家生产"白象"牌电池的企业在进军国际市场时，把其品牌直接翻译为"white elephant"，致使该产品在国际市场上无人问津。因为"white elephant"在英语中也是"无用"的意思。这一例子告诉我们，相同的词语，在不同的文化中可能就有不同的语义。

2. 语用方面

不同的语言有不同的语用规则，忽视规则的差异性，在对外事务中同样会造成沟通的障碍，产生不必要的误会和矛盾。

除了在语言层面存在障碍，在非语言层面也存在着沟通障碍。在跨文化沟通过程中，人们更多地使用非语言沟通形式，而且不同文化背景的国家对非语言沟通的使用偏好不同。在高情景文化的国家，沟通双方非常重视非语言沟通，而在低情景文化的国家，人们则较多地使用直接性的沟通方式，运用大量明确、清晰的语言传递信息。不同文化背景下的个人对相同非语言表达形式的理解也存在差异，如果双方缺乏对对方文化背景的了解，就会造成沟通障碍。

（二）价值观层面

价值观是人们用以辨别是非善恶的一种综合性标准，主要表现在人们对道德、社会、利益等各方面的判断与取舍标准。它是构成文化与社会的基础，也是跨文化沟通中的核心问题之一。在跨文化沟通中，不了解对方的价值观，势必会造成跨文化沟通障碍。价值观的差异是不同国家、民族文化之间最根本、最难以把握的一种差异，就如卡西尔（Ernst Cassirer）说的：各种语言之间的真正差异并不是语音或记号的差异，而是"世界观"的差异。因此，在跨文化沟通中，应当认识到价值观念对跨文化沟通产生的重要影响。

价值观代表着基本的信仰：个人或社会接受一种特定的行为或终极存在方式，而摒弃与其相反的行为或终极存在方式。不同文化背景的人具有不同的价值观，即使在同一文化内，人的价值观也不尽相同。不了解对方的价值观，势必造成跨文化沟通障碍。以荷兰跨文化研究专家霍夫斯泰德提出的高权力距离和低权力距离的文化价值观为例，高权力距离的社会常常是情景性的沟通风格，沟通双方根据对方的地位、身份、社会角色来确定沟通双方的语言使用方式。而在低权力距离的国家，常常是私人性的沟通风格，人们不考虑对方的地位和身份，只将注意力集中于是否清楚表达了自己的想法与意思。

（三）跨文化沟通的客观障碍

跨文化沟通的客观障碍是指由于不同文化之间存在的客观差异所造成的沟通双方之间的沟通障碍，具体包括符号体系差异、规范体系差异以及认知体系差异三种。

1. 符号体系差异

符号体系是人们辨别不同文化的标志之一，也是人们进行沟通的手段，由语言符号和非语言符号两部分构成。语言符号包括书面语言和口头语言；非语言符号包括形体语言、时间语言、电子语言和物体语言。不同文化中的人们必须借助于特定的符号来实现沟通。然而，由于不同文化之间的符号体系是各不相同的，因而跨文化沟通中存在分歧、误会。例如美国人的时间语言通常非常强调准时，如几点几分开始、多长时间；而中国人的时间语言则是相对模糊的，如"一支烟的工夫""一顿饭的时间""我明天上午去找你"，究竟是多长时间、几点几分，是有一定时间弹性的。

2. 规范体系差异

规范体系是指构成一种文化的行为准则体系，规范体系规定了一种文化群体成员的活动方向、方法，是一种文化价值观念的具体化和制度化。不同文化的规范体系是不同的，这在跨文化沟通中经常引起误会和冲突。如日本人和美国人对谈判中冲突的理解是不同的：美国人认为谈判中出现妥协是正常的；而日本人恰恰相反，他们带到谈判桌上的是经过深思熟虑的意见，因而他们一般不会在谈判桌上妥协。

3. 认知体系差异

文化首先是人们的一种认识和感知，由世界观、人生观和价值观三个部分组成。尽管在跨文化沟通中，人们不会特别关注自己的世界观、人生观和价值观，但毋庸置疑，这些隐藏在文化背后的认知会不知不觉地影响人们进行跨文化交流。因为来自于不同文化背景的人们在沟通时其假定的前提是不同的，所以他们据此对外界的信息刺激做出不同的反应。

（四）跨文化沟通的主观障碍

跨文化沟通的主观障碍是指由于沟通双方的主观原因而给沟通造成的障碍，主要包括文化光环效应、文化触角效应等。

1. 文化光环效应

文化光环效应是指沟通者由于偏好某种文化的某个方面，而对该文化整体始终保持一种宽容的立场、肯定的态度和趋同的倾向，也就是所谓的"爱屋及乌"。毫无疑问，人们在跨文化沟通时往往都带着自己对某种文化的预设，当这种预设对该文化具有强烈的认同意识时，跨文化沟通就会倾向于出现文化光环效应。显然，文化光环效应不是在客观地评价该文化本身，而是沟通者心态的反映，这当然不利于有效地进行跨文化沟通。

2. 文化触角效应

文化触角效应是指沟通者由于对某种文化或其某个方面失去信心，而对该文化整体始终保持一种苛刻的立场、否定的态度和逆反的倾向，认为该文化没有任何优越之处，也就是所谓的

"城门失火，殃及池鱼"。从表面上看，文化触角效应和文化光环效应是根本不同的，但就其思维方式而言两者却是一脉相传的，两者都不是客观地评价文化本身，而是沟通者主观心态的真实反映。在文化触角效应的影响下，人们在沟通时总会对自己不喜欢的文化百般挑剔，或者不能正视该文化应有的价值。

二、克服障碍的对策

跨文化沟通中的文化感知、文化认同和文化融合是一个系统工程。了解文化差异、认同文化差异和融合文化差异是进行有效跨文化沟通的根本所在。能否达到融合文化差异的目的，取决于跨文化沟通的策略应用。

（一）积极进行跨文化沟通，努力实现文化认同

要实现有效的跨文化沟通，必须正确对待不同文化之间的差异，并保持积极的沟通心态，从而实现文化认同。

1. 正确对待文化差异

在跨文化沟通中，各种文化之间的差异是客观存在的，这是进行跨文化沟通的前提。为了有效地进行跨文化沟通，避免无谓的价值冲突、无效沟通或沟通误会，正确对待文化差异是一种基本要求。为此，应该做到：在沟通实施前，沟通双方至少应当了解对方文化和自己所在文化存在的各方面差异，并做好相关的心理准备，而且了解得越多、越详细越好。在沟通过程中，针对较浅层面的文化符号差异，应尽可能地采取灵活的沟通措施；针对较深层面的规范体系差异和认知体系差异所导致的沟通障碍，要能够准确地找出这些障碍，并且要尽可能地把原则性和灵活性统一起来。在沟通结束后，应尽力总结沟通的经验和教训，并且经过数次沟通后，从中探讨相关的沟通规律。

2. 保持积极沟通心态

跨文化沟通的主观障碍对文化的评价都不乏偏颇之处，原因在于沟通者都没有保持正确的沟通心态。沟通有三种心态，即"积极""退缩""侵略"。三种心态将会导致不同的沟通行为：积极心态在于保持自己文化的特色和优势，但又不侵犯对方文化；退缩心态的目的是避免冲突或取悦他人，甚至以牺牲自己文化为代价；侵略心态则在于求胜，特别是通过牺牲其他文化而获取胜利。就沟通者自身所处的文化而言，退缩心态反映文化触角效应，侵略心态反映文化光环效应，两种心态都不利于有效地进行跨文化沟通。因此，我们应该选择积极的沟通心态。

3. 努力实现文化认同

文化认同是指通过跨文化沟通，实现沟通各方对他方文化的足够理解、承认和尊重，从而保证组织事业在不同的文化背景中蓬勃发展。理论上说，有效的跨文化沟通的目标是实现文化认

同。为了达到这一目标，在实际沟通过程中，沟通各方对对方文化要有一种宽容的立场、积极的态度。具体来说，主要包括以下三点。①文化上求同存异，即暂时搁置不同文化之间存在的差别，积极寻求两种文化的共同点。当然，要做到文化上求同存异，要认同沟通双方文化的地位是平等的，而不能采取盛气凌人的姿态。②沟通中相互适应，即在跨文化沟通中努力适应对方文化。应当将每一次跨文化沟通当作一次极好的学习机会，通过学习不断地提升自己的适应性。③思维上消除定势，即打破跨文化沟通中的思维定式，尽可能地做到客观公正。思维定式往往并不是沟通者主观上的故意，在沟通中很容易被忽视，因此值得关注。

（二）实现有效的跨文化沟通，锻造跨文化沟通能力

应对全球化浪潮的关键技能是跨文化无障碍沟通。培养跨文化沟通能力的对策主要有以下几个方面。

1. 熟练掌握语言沟通的技巧

在语言沟通中，要注意口语交流和书面沟通的不同层面的不同作用。语言是文化的一种直接的表现形式，不同文化、不同沟通层面对沟通形式的要求不同。在跨文化沟通中，语言交往的相同或相背，往往是由不同文化的共同性和特异性所致。在和对方进行语言沟通时，要经常停顿，给他人理解的时间，不要急于打破沉默；一开始如果不能肯定的话，要假定双方之间存在差异，在语言表达完之后，不要认定对方理解了，先假定对方不理解，再检查其理解程度。

2. 熟练掌握非语言沟通技巧

学会细心聆听，是培养沟通技巧的第一步。一个好的聆听者，不但要留意对方的谈话内容，而且应该尝试了解内容背后的含义。在聆听之余，另一个重要的沟通技巧是留意对方的身体语言。人在谈话的时候，从面部表情或身体流露出来的信息往往比从身体上流露出来的信息多。因此我们与人沟通时要留意自己的身体语言，力求和口中所说的如出一辙。沟通可以超越语言的范畴；在非语言沟通中，可以借助口头表达手段，如聆听、手势、示范、书面总结等。

3. 学习、体验并培养跨文化的理解力

外语学习过程本身就贯穿对英语国家文化背景的学习。外语学习本身就与文化等密不可分，只有多学习和接近对方的文化，才能更了解文化的差异。当然跨文化培训也很重要。一些西方管理学家提出，跨文化培训是人力资源发展的重心所在，主要内容有文化认识、文化敏感性训练、语言学习、跨文化沟通及处理跨文化冲突的技巧、地区环境模拟等。跨国企业应通过培训，培养目光长远、能适应多种不同文化并具有积极的首创精神的管理人员。我们要避免只站在自己文化的立场对他人的言行进行解释和评价，只有这样才能减少偏见和歧视。

第四节　中西方文化与沟通

一、中西方文化的差异

在我国两千多年的封建社会历史中，儒家思想占据着重要地位，对我国社会产生了极其深刻而久远的影响。国人向来以谦虚的思想作为处世方法，即以儒家的"中庸之道"作为行为的基本准则。"中"是儒家追求的理想境界，儒家思想主张以仁、义、礼、智、信的思想道德观念作为每个人的行为指南，接人待物、举止言谈要考虑温、良、恭、俭、让，以谦虚为荣，以虚心为本，反对过分地显露自己、表现自我。因此，我国文化体现出群体性的文化特征，这种群体性的文化特征鼓励个人从群体利益之中获得满足。

西方国家价值观的形成至少可追溯到文艺复兴运动。文艺复兴运动的指导思想是人文主义，即以崇尚个人为中心，宣扬个人主义至上，主张竭力发展自己、表现自我。"谦虚"这一概念在西方文化中的价值是忽略不计的。生活中人们崇拜的是"强者""英雄"。有本事、有才能的强者得到重用，缺乏自信的弱者只能落伍或被无情地淘汰。因此，西方文化体现出个体性文化特征，这种个体性文化特征崇尚个人价值。

二、中西方文化沟通

要消除文化差异所导致的跨文化沟通障碍，必须发展有效的跨文化沟通。建立内外有效的跨文化沟通渠道，正确理解与发送信息、有效排除跨文化沟通过程中的干扰，尽量减少沟通中的误解，妥善处理沟通失误带来的不利局面，避免沟通中断的发生，等等。

（1）区分高语境文化和低语境文化　根据人类学家爱德华·霍尔（E. T. Hall）的高低语境学说：在高语境文化中，信息的传递与沟通是通过肢体语言、上下文联系、场景等进行的；而在低语境文化中，大多数信息是由清晰的符号如语言、文字、符号和各种象征图案等来表达的，"内容"备受重视，沟通常常是直接的，不太重视个体之间的关系。

（2）发展双向沟通　沟通是一个循环的相互影响的过程，由于文化差异的存在，来自不同文化背景的人把各自不同的价值观念、信仰和风俗习惯带到沟通过程中。因此双向沟通有助于对来自不同文化背景的信息的诠释。通过双向沟通和反馈，进一步刺激跨文化沟通的积极性，拓宽沟通渠道，及时总结沟通中好的经验并加以推广，同时对沟通中出现的问题及时纠偏。

（3）进行跨文化培训，提高跨文化沟通能力　培训也是发展有效跨文化沟通的一项基本手段。跨文化培训是解决文化差异、发展有效跨文化沟通的一项基本手段。跨文化培训的主要内容应包括对双方民族文化的认识和了解，文化的敏感性、适应性培训，语言培训，冲突处理能力培训，地区环境模拟，等等；其目的是减轻可能的文化冲突，维持组织内良好、稳定的人际关系，保持内部信息流的畅通及决策过程的效率，加强团队协作精神与企业凝聚力。

（4）了解自己　了解自己就是要识别那些大家都具有的态度、意见和倾向性的简单行为，这些态度不仅帮助人们决定说什么、怎么说，也有助于决定人们听取别人说什么。隐藏在内心深处的先入为主是引起跨文化沟通诸多问题的重要原因，也是种种矛盾和冲突的根源。

（5）培育开放式沟通　积极培育开放式的沟通，有意识地建立各种正式及非正式、有形和无形的跨文化沟通组织与渠道，让每个组织成员都有大量的机会表达自己的意见。

（6）发展文化移情　文化移情要求人们必须在某种程度上摆脱自身的本土文化，摆脱原来自身的文化约束，从另一个不同的参照系（他文化）反观原来的文化，同时又能够对他文化采取一种较为超然的立场，而不是盲目地落到另一种文化俗套之中。

案例13-2　他是一个负责任的工程师吗？

一个在日本索尼公司工作的中国电子工程师讲述了一件自己经历的事。一天，他看到了一个坏掉了的 PCBA（印刷电路板）。他把它捡了起来，发现上面有许多昂贵的元件。他认为自己有责任把它修好。他花了两个小时才把它彻底修好。测试表明，修好的电路板工作性能完全正常。他把他的名字签到了 PCBA 板边上的一张卡片上。

大概一个小时后，总经理办公室通知他去一下。

"他就是那个把报废的 PCBA 板放回生产线上的人！"质检部经理以一种咄咄逼人的口气对总经理说，"为什么你要修复已经损坏了的 PCBA 板，还把它放回了生产线上？"日本经理怀疑地问他。

他十分自信地回答说："那个 PCBA 板已经不再是不合格品了，我敢保证它能正常工作。为了帮公司节省成本，我费了很大的力气才把那块 PCBA 修好了。这对公司是有益的。"

质检部经理没有回答他的问题，而是直接问道："如果一台多媒体电脑使用的是已修好的但曾经严重受损过的 PCBA 板，你想买这台多媒体电脑吗？"

这位中国工程师记得当他小的时候，父母常教育他要养成节约的好习惯，东西要尽可能地重复使用。他还记得老师也经常告诫他："新三年，旧三年，缝缝补补又三年。"

他忽然间意识到他和日本总经理以及质检部经理之间存在一种文化差异。他带有歉意地说："经理先生，对于中国人来说，节省是美德，一样东西只要还有使用价值，就不要丢弃它。但是从这件事，我明白了质量对我们意味着什么。事实确实如此：如果我是消费者，我是不会去买一台有着一块工作性能良好，但曾严重受损过的 PCBA 板的多媒体电脑的。"

"你给了个合理的解释，这是个文化差异问题。"总经理满意地说。质检部经理脸上的表情也从冷峻转为温和，"你知道，薛先生，你虽然想为索尼节省1000美元，但是索尼的信誉是无价的。如果修理好的PCBA通过了检验并到了消费者手中，这对索尼公司的信誉来说将是一场灾难。"总经理带着微笑对他说了上面这段话。

资料来源：窦卫霖，跨文化商务交流案例分析，对外经济贸易大学出版社，2007年，89-90.

问题：

1. 为何质检部经理对工程师的行为不满？

2. 质检部经理与工程师的行为冲突的原因是什么？

思考题

1. 什么是跨文化沟通？

2. 影响跨文化沟通的因素有哪些？

第十四章

医学人际沟通学概述

学习要求：

掌握医患沟通的定义、研究对象、内容，了解医患沟通的意义和学习方式。

医学人际沟通是指在医疗卫生和健康保健工作中，人与人之间的沟通，包括医务人员与患者、医务人员与患者家属及其社会关系、医生与医护人员、医生与医生之间、医护人员与规培人员等各种人际沟通。医学人际沟通学是探讨和研究医务人员在从事医疗、护理、教学、卫生保健工作中，同社会、医院、医学教育等相关人员所发生的各种交往关系的科学，以研究医患沟通为重点。随着医学模式的转变和服务理念的提升，在新的医疗服务形势下，医患沟通已成为医疗服务工作中的一个重要环节。本章主要从医患沟通的角度，探讨医学人际沟通学的意义、内容和学习方法。

第一节　医学人际沟通学的意义

医患沟通是医患双方通过全方位地信息交流，建立合作共识，共同完成医疗服务的过程。它贯穿于整个医疗活动过程中，是对医学理解的一种信息传递过程，是为满足患者的健康需要而进行的，并在很大程度上决定了医疗服务质量和医学目的实现程度，是一类特殊的人际交往过程，具有深远的意义。

一、在宏观层面上的意义

（1）医患沟通是医学发展的需要，也是构建和谐医患关系的关键环节　医学以维护和促进人的身心健康、增进社会和谐为目的；其社会责任体现在保护生产力，促进社会文明进步，推动人与人、人与自然、人与社会协调发展等方面。医患关系紧张、矛盾尖锐，将削弱人类与疾病做斗争的力量，阻碍医学发展和社会进步，医患双方的利益均会受到损害。良好的医患沟通和良性的医患沟通运行机制，可以保证医学素材的准确性与可靠性以及治疗手段的科学性，有助于医患双方携手战胜病魔，最大限度地促进现代医学的发展，实现医学模式的转变，建立起和谐的医患关系。

（2）医患沟通是人民群众的健康需要　随着社会的进步和发展，人民群众对健康的需求日益增长。健康需要已成为一种最基本、最广泛、最重要的社会需要。为了人民群众的健康获得感，和谐的医患关系是必不可少的。可以说，医患沟通就是为人的健康而沟通，人的健康无价，医患沟通亦无价。

（3）医患沟通有利于现代医学人文精神的实现　"救死扶伤，实行革命的人道主义"是医务人员的天职。人道主义的核心就是赋予人文关怀、尊重人的权利、维护人的尊严、实现人的价值。在医学人文精神中，医患沟通体现了医疗活动中的人性化交流，有助于避免医患关系的简单化、唯技术化和医学目的的功利化，有效地保证了人与人之间的平等、医疗服务的公平性和公正性，最大限度地满足患者的要求。现代的医学模式需要医务人员不断更新医学专业理论及技术，更需要其学习现代的思维、心理方式，自觉地加强及改进人文关怀，充分尊重患者的权利，共建医患和谐关系。只有这样，才能赢得患者及家属的积极支持与诚意配合，共同推动现代医学模式的发展。

（4）医患沟通有利于促进社会进步　现代社会进步与文明发展的重要标志：一方面是社会生产力的高度发展、物质资源的极大丰富；另一方面是人类生存环境的和谐、自然，人类可持续性的全面发展。建立和谐发展的社会与环境尤为重要，人类面临必须战胜疾病、保持身心健康、抵御灾难、控制社会危险因素等一系列问题，而这些问题无一不与医学相关，无一不是医务人员的社会责任。如果医患沟通不畅，就会使人民群众的健康需求受到极大的压制，和谐社会就无从谈起。医患沟通是实现这些社会责任的前提和保障，医患双方合作共赢，共同创造健康的身心及良好的生活和生存环境，推进健康中国的建设，创造出具有人文精神的现代医学服务模式。

二、在医疗服务中的意义

（1）医患沟通有利于医生规范诊疗过程　医疗服务过程中最重要的是诊断及治疗，医患沟通在其间起到了桥梁作用。医生通过医患沟通可以从患者、家属及相关社会关系处全方位了解疾病的有关信息，做出准确的疾病诊断，及时制订有效的治疗方案，从而解决患者的健康问题。良好的医患沟通不仅能让医患双方更好地协作完成医疗活动，还能使医生更规范地进行医疗行为，真正实现以患者为中心、以健康为中心的医患关系。一个医技高超的医生必然是一个沟通高手。

（2）医患沟通有利于维护患者的权利　在我国，随着经济的发展、社会的进步、法制的健全，民众的文化素养和法律意识日渐提高，人们的自我保护意识增强，要求在就医中能享有自身的权利和做人的尊严。知情同意权是患者的一项基本权利，是对生命权的尊重，包括疾病认知权和自主决定权。患者可以在对疾病有了解、认知的基础上对诊疗措施做出同意与否的决定。知情同意的过程也是一个医患沟通的过程。

（3）医患沟通有利于使医患关系更密切　在市场经济模式下，人们法治观念、维权意识不断增强，追求以经济效益为中心，传统意义上的医患关系受到了前所未有的挑战。特别是在市场经济条件下，医患之间的猜疑、各种医疗纠纷甚至是暴力伤残事件时有发生。这种不信任、不和谐的结果致使一些医生明哲保身，不求有功但求无过，这不仅影响了正常的医疗工作，而且对患者也极为不利。医疗服务有其特殊性的一面，医患之间缺乏有效的沟通是一个重要原因。没有沟通、不会沟通、沟通不当都在不同程度上加剧了医患之间的紧张对立情绪。医务人员在医疗活动中除了占有技术信息之外，还应具有责任感，应主动真诚地与患者沟通，使患者理性地认识医疗活动，加深医患双方的尊重、理解和信任，消除不必要的误解，建立起和谐融洽的医患关系，更好地构建医患双方合作协商、互惠共赢的机制。

（4）医患沟通有利于提高医疗服务质量　现代医院制度中，医疗质量的18项核心制度是重中之重，其中医患沟通是贯穿于整个核心制度中的，保障了医疗质量与安全。顺畅有效的医患沟通不仅能使医生更规范地进行诊疗活动，而且能融洽医患关系、提高治疗效果。研究表明，医患之间的有效沟通能够减少患者术后的不良反应。良好的医患关系本身就具有治疗作用，它可以使患者心情愉快、免疫力提高、信心倍增，可以充分发挥患者的主观能动性，督促与树立其对自身健康问题的责任感，增强其对医嘱的依从性，促进患者早日康复，从而提高医疗服务质量。

（5）医患沟通有利于医院的可持续发展　患者是医院赖以生存和发展的基础。随着社会的发展和医疗改革的深入，患者拥有更多的选择权，他们不仅可以选择医生提供的治疗方案，而且可以自由地选择医院，甚至还可以选择医务人员。医务人员在展现自己良好的医疗技术和真诚的服务态度为患者进行有效诊治的同时，还可以与患者在相互信任和真诚相待的基础上建立起友谊，使患者与医院能够保持相对长期的联系，一旦自己或自己的家人及朋友等有医疗需要时就会愿意再回到值得信赖的医院来。这成为医院发展的潜在动力。

三、对医学教育的意义

（1）医患沟通有利于加强医学教育中的人文比重　医学高等教育的任务是适应社会的发展，培养出能力全面的高素质医学人才。社会的发展和医学模式的转变，要求医学高等教育要适应社会环境的变化，以整体的观点去认识和看待疾病，培养医学生全方位地看待患者的能力。过去的医疗教育受传统生物医学模式影响，在教育观念上表现为重专业知识而轻人文精神与素质的培养。近年来，我国医学高等教育迅速发展，招生规模扩大，专业设置更为细化，教育负荷也随之增加。开设"医学人际交流"及"医患沟通"等课程，可以促进医学高等教育院校师生对医患沟通及相关内容进行研究和学习，是培养现代合格医学人才的迫切需要。研究、学习医患沟通有利于我国医学教育适应新时代发展的要求，有利于弥补当今我国医学教育中人文精神的不足，有利于提高医学生的人文素养和综合素质。

（2）医患沟通有利于提高医学生的人际沟通能力　现代医学已认识到对医生的培养除了需要专业知识和技能以外，更应注重其人际沟通能力的培养，良好的医患沟通能力被认为是由医学生转变为一名合格医生不可或缺的条件，简单说就是"先交朋友后看病"。我国的医学教育过去很长一段时间都忽视了对医学生医患沟通能力的培养，学生对医患沟通的认识无论是在观念上还是在技巧上都存在明显的不足，难以胜任实际工作岗位的需求。医患沟通教育在知识结构上整合了医学生所学过的人文社会科学知识，有助于医学生掌握亲切、自然、得体的沟通技能，培养医学生良好的人文素质，为其进入社会奠定正确的职业道德基础。

（3）医患沟通有利于拓展医务人员的继续教育内容　医学科学的人文性、经验性、实践性决定了医学教育不可能一次性完成，它必须是一种终身性的教育，继续医学教育制度是医生终身教育的基本保证。继续医学教育中也应避免重业务而轻人文，应增加医学人文方面的教学内容和实践要求。医患沟通涵盖了医学与人文综合的相关知识和技能，成为继续医学教育的新目标。通过培训和考核，不断提高医务人员的医患沟通能力，使继续医学教育适应社会发展、不断完善自我的综合能力。

（4）医患沟通有利于开辟学术研究新园地　医患关系是当前社会关注的一个热点问题，医患沟通不畅不仅影响患者的求医行为和尊医行为，还影响医生的医疗行为，破坏医患双方的互信机制，不断产生医疗矛盾、冲突及纠纷，严重干扰医疗秩序。如何缓解医患紧张局面，如何建立适应新医学模式的沟通机制，如何不断加强医患沟通的地位与作用，如何不断改进医患沟通方式与医患关系，如何探寻医患沟通障碍的原因，如何在医疗质量中引入医患沟通考核评价体制，这诸多现实问题，均有待社会工作者、广大医学教育及医疗卫生行业人员对医患沟通学进行不断的研究，逐步予以改进、解决。

此外，医患沟通的研究涉及影响医患沟通的各个领域，如政治、经济、意识形态、文化、教育、法律、伦理、风俗习惯等多个领域，由此涉及的学科有政治经济学、医学、伦理学、心理学、法学、社会学等。要找到其中的客观规律，必须将这些领域和学科综合起来，因此开辟了一个新的学术园地，并以此引导全社会来共同研究医患沟通所面临的问题。

第二节　医学人际沟通学的研究对象与内容

一、研究对象

医学人际沟通学的研究对象是医务人员、患者和家属及相关的社会关系，不仅要研究医方与患方的个性要素，还要研究医患双方共同的沟通动机、沟通规律，发现医患双方和谐互动的合作轨迹。

（一）医方

医方指的是各级医疗机构和医疗行政管理机构以及医务人员。医务人员是医学人际沟通的医方主体，是指经过考核和卫生部门、行政机关批准或承认的，取得相应资格的各级、各类卫生技术人员；包括医务管理人员、医疗防疫人员、护理人员、药剂人员、检验人员，其中以医疗防疫人员、护理人员为主。目前医患沟通中起主导作用的一般是医院的医护人员，他们利用专业知识和技能为患者解除病痛、维护健康，患者一般处于被动的位置。要构建和谐医患关系，建立以患者为中心的医疗服务机制，就需要对医务人员的心理及行为、沟通技巧等方面进行研究。

（二）患方

传统的患方指的是患者本人，即直接接受医院检查治疗的人。随着时代的发展与进步，患方的范围也日渐扩大。它不仅是指患者本身，还包括了患者家属（直系亲属、近亲属、代理人、监护人）、患者及家属的社会关系（所属的单位、组织或保险机构及其紧密联系的相关社会关系）。

（1）患者　患者是医患沟通的基础，也是医院服务的本质对象，是医患沟通最直接的主体。医院及医务人员必须牢固树立以患者为中心、以健康为中心的思想，时刻以患者安全与满意为工作标准和服务准则，努力提高医疗服务水平，充分体现人文关怀理念和对患者的尊重，才能缩短患者与医院及医务人员之间的距离。此层面的沟通，能够使患者获得心理上的舒适感、亲切感，积极主动配合医疗活动，使患者获得最佳的治疗和护理，增强患者战胜疾病的信心，取得最大的治疗效果。

（2）家属　家属是除患者外医务人员接触最多的、起着极其重要作用的关键人物，由患者的各级亲属组成。此层面沟通的内容主要是围绕医疗质量而展开的。通过与患者家属紧密接触，解释医疗全过程以获得理解及支持；通过家属协助，增强医患沟通的效果，创造最佳的诊疗氛围，建立和谐的医患合作关系，取得事半功倍的效果。

（3）患者及家属的社会关系 患者及家属的社会关系主要是指与患者及家属有紧密联系的相关社会关系，主要有患者及家属的所属单位及组织、医疗保险部门、紧密联系的其他社会关系，如同学、朋友等。目前医患双方均面临与社会关系的沟通，有时社会关系在医患沟通中的作用及干扰效果甚至超过亲属的，例如患者所属的医疗保险关系也在很大程度上决定患者的就医依从性、医患沟通的难易度、矛盾产生的程度等。通过与患者及家属的社会关系人员进行沟通，使其了解医疗全过程，并通过他们做好患者及家属的工作，理解医方，减少负面影响，协助建立医患和谐关系，共同完成治疗目的。

（三）起联系作用的相关客观因素

由于医患双方对医学知识的认知度、对有关法律法规的理解度及各自利益和需求的不同，以及患者作为特殊的顾客对医疗机构和医护人员所提供的服务要求不同，医患之间存在明显的"距离"，需要借助起联系作用的相关客观因素，以更好地加强医患沟通。简言之，就是要发现医患双方和谐互动的契合轨迹，并使之良性运行。

在研究医患沟通时，应充分认识到医患沟通并不只是医患双方之间具体的互动，还受其他多种客观因素的影响。很多医患沟通障碍和医患冲突，不仅包含医患双方的因素，还常蕴藏着复杂的社会客观因素。例如，医疗卫生事业发展失衡情况，医疗资源是否短缺，分级诊疗体系是否有效建立；地区发展的平衡情况，大城市、大医院医疗资源是否过于集中；如果群众对知名医院的信任度高、期望值大，就医人数多，知名医院则会压力很大；医务人员超负荷运转时，负面情绪大；医疗、社会保险管理和运行机制是否处于不断改革和调整状态；社会舆论是否过于渲染医患矛盾，医患信任缺失……这一系列的因素都有可能影响医患沟通，特别在目前信息化社会，网络媒体的因素占据了突出的地位，往往左右医患关系、矛盾及纠纷的走向，影响医患之间的基本信任关系。因此，这些相关的客观因素也是医患沟通研究的重点对象。

二、研究内容

医学人际沟通学主要是以医学专业和多门社会科学及相关的学科基本理论为指导，研究现代医学和医患关系的客观实际、变化规律，以及构建和谐医患关系的方式方法。

（1）研究现代医疗工作的目的和医疗服务的职业特征 医患沟通是围绕医疗服务展开的，是实现医学目的、发挥医疗服务职业精神的关键环节。为理解医患沟通的本质和独特的特点，深入分析医患沟通的内涵，必须系统研究和全面把握医疗服务的目的和医疗服务的职业特征。医疗服务担负着预防治疗疾病、促进和维护健康的社会责任，也起着保护社会生产力、促进社会文明发展、稳定社会秩序、推动社会道德改善和协助人类全面发展的作用。随着现代医疗模式的不断变革，通过研究医疗工作的特征性问题，探索现代医疗工作中不断出现的影响医患关系的因素，达到构建和谐医患关系的目的。

（2）研究现代医患关系的状况及成因　医患关系在医患沟通的研究中具有重要的地位，它是当前在政治、经济、法律、卫生政策、文化、教育、心理、行为和生活方式等背景下的实际情况的反映。透过现象看本质，随着时代发展，抓住医患双方各自的特点、医患之间沟通中各个因素间的内在联系，研究现代医学模式与现代医患关系深层次的理论依据，只有这样才能有的放矢地解决产生医患矛盾的根源问题，进而实现有效医患沟通。

（3）研究医患沟通中医患双方的角色　医患沟通研究必然要涉及医患双方主体的研究，研究医务人员角色和患者、家属及相关社会关系的角色，研究这些角色的独特内涵，研究他们各自的心理特征、行为特征和社会特性。具体来说，就是：要研究这些角色的内在特征和外部形象；研究其所处的社会地位和应有表现，社会客观实际情况对医患双方的角色期待；研究医患双方人格心理，他们的认知、情感和意志特征，他们的道德和法律行为特征，他们的社会活动和社会联系特征；还要研究医患双方各自的权利和义务。

（4）研究医患沟通的地位和作用　医患沟通首先应研究医患双方全方位的信息沟通在医学特别是在临床医学、护理学、精神医学、保健医学、康复医学、医学教育等领域的重要地位和应发挥的积极作用，确立医患沟通在医学乃至社会发展和进步中的价值与意义。

（5）研究医患沟通的一般规律　在明确医患关系的基础上，应全面地找出阻碍和谐医患关系建立、有效沟通的各种原因并加以分析，用多种研究方法总结出医患沟通的一般原理、方法和途径，寻找医患双方共享利益的双赢规律，用来指导医患沟通的实践。

（6）研究医患沟通矛盾和医患冲突及纠纷　医患双方既存在着利益一致性，又存在着矛盾和冲突，追求绝对的医患和谐只是一个理想的愿望，实际工作中，医患双方不断产生沟通障碍、矛盾、医患冲突和纠纷是不可避免的。医患冲突和纠纷是医患双方在目标、观念、利益和行为期望上出现分歧和矛盾的结果，是医患沟通严重障碍的外显化和表面化。通过研究医患双方在医疗服务中产生的各种沟通障碍、医患冲突和纠纷，剖析产生的社会、个性因素，研究总结经典案例，揭示问题产生的规律，从而尽量避免医患双方沟通障碍的产生，预防并化解医患冲突和纠纷。

（7）研究影响医患沟通的其他各种因素　医患沟通是在复杂的社会环境中、在诸多社会因素影响下进行的，医患沟通会涉及其他社会利益；因此也要深入研究影响医患沟通建立和发展的各其他因素，特别是医疗保险、社会舆论、媒体的因素。研究这些因素影响医患沟通的特点、方式和机制，研究如何消除这些社会因素的消极影响，探讨其积极影响的条件和方法。

第三节　医学人际沟通学的教学方法

目前随着医学教育的发展，应从重专业理论知识教育向重临床思维、临床技能、人文素质的实践培训方向转变。与其他临床技能一样，医患沟通技能是可以通过教育和训练得以提高的。目前，我国已有较多院校开设了《医学沟通学》这一专业基础课，但由于开课学期及学时的限制，鉴于临床实践难度较大，因而多以理论授课为主。但医患沟通技能需要不断临床实践才能得以提高，仅仅通过理论授课而没有实践是很难取得实际效果的。在课程开始时可以先进行集中的理论学习，而在后期应以实践为主，理论课程可以穿插在实习期间的小组交流讨论中。

有效的医患沟通教育应该是一种多手段的综合教学方式，包括理论学习、临床示教、反复练习等。国外医学教育除了集中的理论授课外，多采用其他多种方式辅助教学，如播放视频演示、录像、病例讨论、角色扮演及标准化患者等。当然，这需要医学生在日常的生活、工作和学习中，特别是学习后期的专业课时，有意识地应用和体会医患沟通方法，在实践中不断提高自己的医患沟通能力。下面介绍几种医患沟通技能的教学方法。

1. 视频材料展示

选用已有的视频资料，可以是专门介绍医患沟通相关技巧的视频资料，也可以是从其他影片中截取的与医患沟通有关的片段，如通过视频向学生演示如何告知坏消息、如何进行临终关怀等。这种方式能够直观展示各种医患沟通的技巧，有效调动学生学习的积极性，使学生主动学习相关的沟通方法，并结合实际情况进行讨论。

2. 情景模拟

根据临床实际工作情况，设定相关的故事情景，让学生分别饰演医生、护士、患者及患者家属等各种医患沟通中的角色，并可进行角色互换。这样可使学生充分运用所学到的医患沟通技能，并能体会不同角色的心理和需求，更好地处理工作中的各种人际关系，切实取得沟通效果。

3. 课堂病例讨论

针对典型病例进行分组讨论，在巩固学生理论知识的同时，使其学会在不同情况下需要采用的沟通方式，积累有限的沟通经验，为实际工作奠定规范的沟通模式基础。

4. 访谈

鼓励学生主动与患者接触，倾听患者的叙述，并在谈话过程中及时总结，获得准确、可靠的信息，满足患者需求，达到有效医患沟通的效果，例如可以多提供门诊导医、病房陪护等训练方式。

5. 录像

录像是指将学生在角色扮演或与患者、标准化患者⊖沟通过程中的表现录下来、再播放的方式。这有助于学生在实践中发现自身在医患沟通方面的不足，而且其他学生或带教老师也能对其在交流过程中的表现进行讨论和评价，有的放矢地帮助该学生改进和提高医患沟通技能。

医患沟通更需要学生在日常生活、临床见习实习及今后的工作中主动实践，不断积累自己的沟通经验，培养人文精神，提高自身的人文修养，坚持正确的沟通心态、沟通方法，成为患者信赖的良医及朋友。

思考题

1. 医患沟通是什么？
2. 医患沟通的研究内容是什么？
3. 请你从医学生的角度谈谈你对实习期间医患关系的看法。
4. 请你从医学生的角度谈谈实习期间如何进行医患沟通。

⊖ 标准化患者是指经过培训，旨在恒定、逼真地复制真实临床情境的正常人或患者，即针对不同学生，标准化患者表现出相对一致的临床症状、心理行为和社会背景等。标准化患者能够对学生的医患沟通情况进行反馈，并提供相对标准化和规范化的评估和评价，有助于学生了解患者的想法和感受，进而提高学生的医患沟通技能。

第十五章

医学人际沟通

学习要求：

  掌握与患者沟通的基本要求，掌握与患者沟通的基本原则与技能，了解特殊情况下医患沟通的特点，掌握医务人员之间的人际沟通的重要性，掌握医患、护患、技师与患者、药师与患者之间沟通的重要性及影响因素。

  医学人际沟通就是指在医疗卫生及健康保健工作中，人与人之间的沟通，包括医务人员与患者及家属，医务人员与患者家属相关的社会关系，医疗与护理人员，医务人员与检验影像等辅助科室人员，不同职务职称医务人员之间、医务人员与规培人员、实习医护人员，医务人员与管理人员等各种人际沟通，其中最主要的是医护人员与患者及家属之间的人际沟通。

第一节 概 述

  医护人员与患者之间的沟通，对构建良好的医患关系至关重要。医患关系是医学人际沟通中最重要的一种关系。在当今的中国社会，医患关系已越来越成为民众关心的热点和难点问题，如何使医患关系达到和谐的状态，如何避免及化解医患之间的冲突与矛盾，是社会、政府管理部门与广大医务人员都在不断思考的问题。做好医患沟通是建立良好医患关系的基础，是预防、化解医患矛盾的重要途径。

第二节　医患沟通的基本要求

就诊期间的患者正经受着疾病的折磨，他们将自己最宝贵的生命交付于医务人员，渴望得到"白衣天使"精心的治疗和照料，更渴望能够及时康复。医务人员在诊疗护理过程中对患者及家属尽职尽责，同时也得到患者及家属的理解、配合，医患之间形成协同关系对治疗康复起到非常重要的作用，对诊疗效果也会产生较大的影响。要将患者和家属的高期望值与实际医疗工作结合，医患之间共同配合完成诊疗。把握与患者沟通的基本要求是做好医患沟通工作的基础，医患沟通的基本要求概括起来有如下几点。

一、医疗全过程的沟通

医患沟通贯穿于整个医疗过程中，体现在每日的诊疗活动中，是医疗质量核心制度的联系纽带。医疗矛盾、冲突的产生，往往是信息交流存在问题，不能问题发生了才反思是医方没有按时做到，没有及时讲明，没有反复交流、安慰。医患之间为了患者的疾病及康复而达成协作关系，这不能只体现在关键环节进行谈话签字，而是应渗透在日常的交流中。因此在医疗质量与安全中应越来越注意患者的知情权、选择权，以及其在治疗过程中的生活质量，医患沟通体现在以患者为中心诊疗的全过程模式中。

二、应用综合模式进行沟通

医患沟通的方式应随着时代发展而改变，临床工作中对医患沟通的理解不能仅限于固有模式，例如不能认为沟通就是交代病情、术前谈话、签署知情同意书等，医患沟通也不仅仅包含固有的书面形式沟通、固有的入院沟通、住院期间及出院前沟通。目前的医患沟通更应采取多种方式，例如医疗机构的各种现场健康教育，利用医院的各种网站、微信公众号提供信息公开及诊疗服务，利用科室的微信公众号进行科室宣传，医护与患者及家属间的在线交流等。同时医疗服务模式的变革，使得沟通下沉到义诊、社区甚至居家医疗服务等环节。在各种形式的沟通中，医方应加强自身的医院文化、医院志愿服务的建设，这些也是无形的沟通方式，对患者及家属的心理产生重要的影响。

三、选择重点的沟通对象

大多数情况下，医务人员面对的沟通对象不仅是患者，往往还有患者的家属、领导、朋友或同事等，与谁沟通是医务人员需要慎重选择的问题。在特殊情况下，选择沟通的对象更需要综合考虑。如兄弟姐妹较多的家庭，父母年老患病，在对病情预后的交代以及需要选择治疗方案或采用特殊且昂贵药物治疗时，牵涉到保险方式、自负能力、陪护等问题时，需要选择适当的沟通对象及法定代理人。若兄弟姐妹意见比较一致，可选择他们公认的代表者进行沟通；若兄弟姐妹意见相悖，医务人员需要考虑将患者的子女集合在一起进行病情的交代，使子女们对病情及治疗方案有统一的认识，减少因沟通不畅而发生医患纠纷的隐患。因此，在选择沟通对象时，应该全面考虑，具体情况具体对待，争取达到最佳的沟通效果。

四、注意诊疗中关键情况的沟通

根据病情选择沟通时机：对于病情较稳定的患者可以选择双方都比较方便的时间进行沟通；对于特殊情况，应该慎重选择沟通时机，急危重症患者入院后即进行抢救，医患沟通需要在抢救的同时进行，使患者家属即时了解患者的状况，使各方面对抢救的结果有相应的准备；各种有创的检查操作日益增多，例如对于三四级手术的患者，重点围绕围手术期进行沟通，手术医生与患者及家属在术前、手术方案、术中特殊情况、术后并发症等方面都要进行沟通，便于家属及时了解并配合。手术细节交代不清楚、无替代方案，自作主张更改麻醉、手术方案等，这些情况必然导致医患纠纷。

五、明确沟通中的主要内容

沟通内容中的疾病诊断、治疗方案、疾病的预后及可能需要的治疗费用是需要向患者和家属重点交代的。

1. 疾病的诊断

如果诊断明确，就要清楚地告知患者或家属；如果是恶性肿瘤，要根据具体情况进行告知，必要时对患者实行保护性医疗。如果疾病诊断困难、诊断不明，也应该根据情况及时、明确告知患者或家属。总的方向是要交代详细，诊断困难在哪里，应采取何种后续方法解决诊断问题，同时在诊疗过程中要反复、持续沟通。

2. 治疗方案

患者的治疗方案要包括疾病治疗过程中的各个时期，如进展期、围手术期、恢复期，包括病情变化、治疗过程中可能出现的问题及处置方案等。对治疗效果差、不能明确诊断的患者，需要进行进一步的相关检查及会诊，这些情况均应详细进行沟通。

3. 疾病的预后

根据患者的情况对疾病可能出现的预后结果向家属或患者本人给予交代。预后较好的，给患者及家属说明；预后较差的，更要注意交代清楚；对于在治疗初期很难判断预后的疾病，交代时要细致、清楚，并要给予一定的希望。随着治疗效果的变化，沟通需要及时跟进，使医患之间尽量协同一致。

4. 医疗费用

当前我国全民享受医疗保险的福利，但是存在地区差别、医疗保险方式的差异、报销比例的差异、医保项目的差别，这些差异均影响着患者及家属就医的意愿、沟通难易程度。主管医护人员必须告知采用药物及辅助检查等的自付比例、大概的花费，送达每日医保清单等，使患者及家属做到心中有数，避免费用纠纷。

第三节　医患沟通的基本原则与技能

为了实现有效、和谐的医患沟通，避免沟通障碍及矛盾的产生，医务人员在进行沟通时需要遵循医患沟通的基本原则，并应用沟通的基本技能。

一、医患沟通的基本原则

1. 主动原则

主动原则是医患沟通的首位原则。在医疗活动中，医务人员是医疗行为的实施者，处于主导地位，患者和家属在就诊过程中是医务人员医疗行为的接受者，处于被动和服从的地位，但是任何医疗行为的决定权都在于患者及其授权人。建立以患者及患者健康为中心的医疗模式，必须要求医务人员与患者或家属积极、主动沟通，沟通的主动性体现在诊疗全程中。在危急状况下尤其应该随时沟通，医务人员要主动与患者或家属交流，向患者或家属传递各种信息，尤其要将诊疗过程中的各种情况提前告知患者或家属，包括已经出现的情况及潜在可能发生的情况，都需要及时告知患方，不能被动地等待患者或家属前来询问。只有交流主动，才能避免被动情形的出现，在医患沟通中医务人员需要谨记这一点。

2. 平等原则

平等是人和人之间的一种关系，是人对人的一种态度，是人类的终极理想之一。平等也是指人与人之间相互理解，彼此尊重，将对方当成自己一样来看待。

平等的理念是医务人员须具备的基本素质之一。年龄有长幼，职位有高低，辈分有高低，收入有多少，但是人格没有高低之分，在人格上，所有人都是平等的。

医患双方是密切联系的一个整体。医务人员因救死扶伤而使这个职业越发高尚，要忠实践行"以人为本"的理念，医务人员必须怀着全心全意为患者服务的理念，积极维护患者的权益，而不是抱有高人一等的优越感。医务人员与患者是平等的，他拯救患者于病痛之中，也不需要取悦患者，更不需要丧失原则。患者也有就医的权利，与医护人员是平等的，要积极维护自身的权益。

3. 尊重原则

尊重是重视，是敬重。每个人都渴望得到他人的重视。尊重他人是一种高尚的美德，是一个人内在良好修养的表现，也是社交中文明的一种表现方式，还是保证顺利开展工作、构建人与人之间良好社会关系的基础。每个人都有被尊重的需求，每个人都有自我尊严的渴求；没有真正的尊重就没有良好的沟通。在交往中秉承"白金法则"，有底线、有原则地尊重、理解和满足患者，从而赢得患者的理解、信任和配合。"白金法则"的内涵是：掌握医疗工作的原则和行为底线，了解患者的需求及需要，按照患者的心理需求去满足他。古代的扁鹊为蔡桓公诊病时，蔡桓公对扁鹊屡次三番的直面劝告非常不悦，坚称自己根本没病，扁鹊却没能站在蔡桓公的角度去考虑这件事，更没有理解蔡桓公的感受与忌讳，导致医患沟通障碍。因此，医务人员要换位思考，理解患者的感受，尊重患者的要求，这样做才有利于医患沟通。

尊重患者是医患沟通的前提，是医务人员基本的工作态度和行动准则之一。尊重的另外一个含义是医患双方都要尊重医学科学。在医疗工作中，沟通的重要内容是医学科学的沟通，客观真实地说明诊断、治疗、预后及相关风险，尊重科学，理性传达医学科学信息，保证医疗行为规范化，使患者及时、准确获得医疗信息，配合医疗行为，构建和谐医患关系。

4. 诚信原则

医务人员要注重诚信行医，诚信是个人生存的基石。在与患者的沟通过程中，医务人员首先要主动赢得患者的信任，才能建立良好的沟通基础；其次，医务人员在医疗服务全过程中，言行举止要真诚地体现出诚实、守信，真实客观地与患者或家属交流，使患者或家属了解疾病的实际情况。只有医患配合才能实现治疗目标。如果对患者的病情隐瞒、交代不明确，说话遮遮掩掩，前后不一致、报喜不报忧，诱导或夸大相关诊疗，那么必然导致医患关系恶化、沟通障碍甚至产生纠纷。

5. 准确表达原则

在医患沟通的过程中，医务人员要准确、有效地表达沟通的相关信息，要应用口头语言、肢体语言、书面语言、环境语言等方式传达各种信息。准确表达出诊疗的相关术语、细节，如实告知患者或家属，可以使患者及家属能最大限度地理解、接受诊疗信息，对医务人员采取的诊疗措施主动配合，这样对防范医疗矛盾、纠纷的发生有极大帮助。

二、医患沟通的技能

医患沟通不仅是一门科学，更是一门艺术，语言作为人们彼此交流的工具，在医患沟通过程中发挥着至关重要的作用。掌握娴熟的沟通技能，不断积累经验教训，将在临床工作中产生事半功倍的效果。

1. 倾听

倾听是最重要也最基本的一项技巧，但在实际工作中，在医患沟通的时候，能秉持认真耐心的倾听态度却是不容易做到的。调查显示，只有 10% 的人能在沟通过程中认真倾听。耐心倾听并适时地做出反应，可以鼓励患者完整地诉说病情，将细节清楚、准确地表达出来；要有温和的目光交流、适宜的声音附和、提醒。沟通的过程过于匆忙，会使医务人员失去听取重要信息的机会，对诊疗工作有害无益。假如医务人员在诊疗过程中遇到问题，通过对患者的详细询问、认真倾听，可能会找到医治疾病的方法。耐心地倾听患者对内心痛苦和身体不适的诉说，不要随意打断患者的谈话，是对患者的尊重，是建立良好医患关系的重要环节。医务人员在倾听过程中表面应付，容易做出错误的诊断或治疗，严重的会导致医疗差错及纠纷的发生。

2. 多选择开放式的提问

在与患者及家属的交流中，多应用"开放式"的提问，适当应用"封闭式"的提问，避免"审问式"提问。患者只被允许回答"是"或"不是"，或者只能在列好的两三个答案中选择一个，这样的提问方式对患者主动性的发挥有较大的限制，患者在回答提问的过程中会感到不自在，因此医务人员要谨慎使用这种提问方式。"开放式"提问使患者表述得更主动、自由，沟通气氛更轻松，便于全面了解患者病情及想法，这种提问方式不但尊重患者，而且可以更和谐地建立良好的关系。

3. 管控自己的情绪，使用适宜的沟通语气

医患沟通时，医务人员要注意患者的心理、精神状态，要根据患者诉说的语音、语调、语速以及反应，在语言及肢体语言上适度配合，减轻患者的紧张、焦虑等情绪，自身也要注意管控自己的情绪状态。医务人员也有喜怒哀乐，随着患者的病情变化也有焦虑、紧张等状态，面对患者时不要把自身的不良情绪传递给患者及家属，以免给医患沟通埋下严重的隐患。调整好自己的心态，说话的语气自然，声音洪亮、清晰，语速适当，语调有一定的变化，重点的地方一定要用强调语气，使对方感受到要说的重点内容，表达出内心的关怀，使患者及家属获得鼓励及安全感。交流过程中要进行温和的目光交流，医患配合默契，就会较短时间内拉近彼此心理上的距离；反之，就可能无法建立融洽的关系。

4. 通俗地表达医学信息

古希腊医学之父希波克拉底曾说：语言、药物、手术刀是医务人员"三大法宝"。我国著名健康教育专家洪昭光教授认为，语言在三者中是最重要的。俗语也说"良言一句三冬暖，恶语伤人六月寒"。可见，适当的语言表达在交流中具有重要作用。

医患沟通有其自身的特殊性，患者的受教育程度差别较大，与那些受教育程度较低的患者交流时，要使用通俗易懂的语言把复杂的医学术语表达出来；对文化水平较高的患者，可以适当使用医学专业语，详细、准确地进行沟通。此外，要注意保护性医疗，以免对患者及家属造成无意的伤害，引发矛盾。交流时注意多用礼貌性语言，多鼓励、安慰，多换位思考，忌言语生硬，慎用伤害性言语等。

5. 提高非语言沟通能力

仪表举止、面部表情、姿势和眼神、距离等方面的沟通属于非语言沟通的内容。恰当地使用非语言沟通，在医患沟通中会起到意想不到的效果。

眼睛是心灵的窗户，在医患沟通中是非常需要注意的部位。医务人员应该正视患者或家属，患者或家属从医务人员的眼神中读到的应该是沉稳与坚定，是关切和爱护，而不应该是焦虑、迷惑或敷衍。如果在每天查房、输液、检查时，医务人员能够与患者有短暂的目光接触，就可以达到促进沟通的目的。

微笑会使患者感到亲切和温暖，在患者没有明显痛苦的情况下，医务人员真诚的微笑，会使患者更加信任自己。记住：不要盲目地微笑，必要时要保持严肃的表情，做到得体、有度。

沟通时的身体姿势、肢体接触都能传达出医患双方的交流态度及愿望，表示彼此信任的程度。合理使用肢体语言、适宜的抚摸，有时能最简单、有效地反映双方关系。医务人员的手势包括：对患者在检查、治疗中的良好配合表现可以伸出大拇指表示赞许；也可以通过与患者或家属的握手，表达致意、问候、告辞或美好的祝愿。

另外，也要注意合理的距离和面部的朝向。人际交往的距离也反映出人与人之间的亲密程度，医患沟通时距离的远近、面部的朝向也影响信息交流的畅通和患者内心的感受。名医扁鹊初见桓公，远远地站了一会儿，就得出结论"君有疾，不治将恐深"，使桓公产生极大的抵触情绪，对扁鹊产生不信任感。医患交流距离要合适，距离的远近应根据实际情况来掌握。

6. 医患沟通从"心"开始

伟大的医学教育之父奥斯勒（William Osler）说过："行医是一种艺术而非交易，是一种使命而非行业。"在医务人员的使命当中，用心如同用脑。所谓"心"，始终都是指热忱、设身处地与无微不至的关怀。在与患者及家属沟通时应该具备同理心，要更多地站在对方角度，理解对方的想法和分担对方的感受。

在临床工作中，医务人员所面对的患者及家属往往有其特殊的顾虑与困难，在医患沟通中，医务人员要有同理心，真诚地理解和尊重患者和家属的内心世界，了解其所处的困境，设身处地帮助其解决问题。这些往往超出了常规的治疗范围，但在治疗过程中无时无刻不在影响患者和家属的决断与配合，影响着治疗过程中的情绪。但也要注意把握好医疗原则、公正性及相关程度。

第四节　特殊情况下的医患沟通

在医疗工作中，医务人员接触的患者存在明显的个体差异，如疾病类型不同、年龄职业不同、国别民族各异，会碰到各种异于日常工作的医患关系，如何与不同的患者及家属交流，如何与这些特殊情况的患者进行有效的沟通，也是医务人员面临的一个难题。

一、与特殊年龄段的患者进行沟通

与特殊年龄段的患者进行的沟通主要包括与儿童和老年患者的沟通。

（1）与儿童患者的沟通　儿科疾病具有起病急、变化快、临床表现不典型的特征，儿童处于不同发育阶段，疾病谱及免疫功能与成年人差别较大，家长及其他亲属紧张、焦虑、期望值高。家长是儿科患者的监护人，在与儿科患者进行沟通时，需要家长及其他亲属的积极参与、全程陪护、知情同意，只有了解各年龄段儿童的特点，才能跟他们及家长进行有效的沟通，与患儿及其家庭建立和谐的医患关系。

1）婴儿阶段的患儿常常以哭、笑等非语言的形式表达自己的感受，尚不具备进行语言沟通的能力；与婴儿交流时，医务人员特别要轻缓、温柔地爱抚，避免动作粗暴、声音刺耳，与患儿建立感情，尽量使婴儿感到安全与温暖。

2）幼儿或学龄前儿童的患者以自我为中心的意识较强，只能简单地表达自己的感受；与这些小患者沟通时，医务人员要给予患儿耐心、细致、周到的关怀和呵护，对住院患儿及家长要真诚地关心、亲近，关注他们的兴趣、允许他们携带喜爱的玩具等。

3）学龄期儿童患者能够进行语言沟通，他们对新鲜的事物有浓厚的兴趣，医务人员与他们进行沟通时可以鼓励他们的求知欲，必要时对使用的设备进行示范，对实施的操作进行演示，以减少这些小患者对治疗操作的恐惧。

4）少年患者已具备一定的思维、判断能力，自尊心强，与他们进行沟通时要尊重他们的意见，认真倾听他们的诉说，了解他们的需求，多鼓励与表扬。这样做有利于与他们进行沟通，使他们积极配合治疗。

（2）与老年患者的沟通　随着老年人口不断增加，做好与老年患者的沟通已成为医务人员沟通工作中的一个重要组成部分。老年人脑功能下降，易固执、保守、焦虑，疾病多为多系统器官共存，疾病变化快、表现不典型、死亡率高、药物治疗不良反应多、风险大。医务人员在与老年患者沟通时：首先要评估老年人的沟通能力、经济能力及家庭情况；其次，要选择一个安静的沟通环境，准备较充裕的时间，注意语速、语气，必要时可以多结合书面、手势等沟通方式进行详细交流；再次，采用简短、重复的语言去多关心、多沟通、多帮助，以及用肢体接触去照顾与关怀；最后，积极加强与家属或授权人的沟通，共同构建良好的医患关系。

二、与特殊情绪及精神状态的患者进行沟通

与特殊情绪及精神状态的患者进行的沟通主要包括与情绪愤怒的患者、不断抱怨的患者及有精神疾病的患者的沟通。

（1）与情绪愤怒的患者的沟通　情绪愤怒的患者往往在病区内大喊大叫，粗暴地指责医务人员，甚至损坏病区设施。面对这种患者，医务人员首先要冷静，不要恐惧；其次，将患者引导至一个安静的场所，认真倾听患者的诉说，了解他们愤怒的原因，帮助他们进行必要的分析，安抚患者，使他们的情绪逐渐平稳下来。而且应积极与其家属及同事等沟通，争取他们的配合，共同做好安抚工作，缓解患者的愤怒状态。

（2）与不断抱怨的患者沟通　面对不停抱怨的患者，最好的方法是重视他们的抱怨，认真倾听他们的抱怨，针对抱怨的问题采取积极的措施以满足他们的需求；如果不能满足，给予耐心解释以得到他们的理解。

（3）与有精神疾病的患者沟通　针对不同程度精神异常的患者，例如谵妄、抑郁、自杀倾向等状态的，首先应在精神专科医师协助下进行必要的治疗，待非精神疾病稳定或好转后建议患者及家属转往精神专科医院治疗；对精神异常的患者，医患沟通更多是要与家属交流，争取他们的理解、配合，例如对患者的肢体约束等，在某些情况下让家属及时参与诊疗活动、降低患者精神异常程度，关心他们的安全、关注他们的情绪变化，减少或避免意外事件的发生，和家属进行有效的沟通，协助患者回归正常的精神状态。

三、与外籍患者进行沟通

随着国际化的进展，对外交流日益频繁，医疗交流及来华就医逐渐进入各级医疗系统。因为语言的不同，在与外籍患者沟通时，存在着较大的障碍。在与他们沟通时，医务人员多采用有限的语言和非语言沟通的形式，必要时可以利用翻译工具、聘请翻译者，以便和患者进行有效的沟通；另外，医务人员可以积极学习外语，提高自身与外籍人员的语言沟通、书面沟通等能力。

四、与不同民族的患者进行沟通

我国有 56 个民族，各个民族有不同的风俗习惯，语言方面也存在许多差异；另外，我国幅员辽阔，不同地区的同一民族对语言的理解也存在差异。医务人员应加强人文知识的学习，积极参与异地医疗交流与支援，对各地的语言发音、文化差异及医患关系有所了解，减少医患沟通中

的障碍，以适应目前人员流动性大、异地就医日益频繁的特点。

五、与恶性肿瘤患者进行沟通

在目前各种恶性肿瘤发病率持续增高的情况下，肿瘤患者及其家庭均存在极大的精神、经济压力，在反复就医过程中，患者往往经历震惊、否认、恐惧甚至绝望等状态，或在某个状态中徘徊不前。对于恶性肿瘤患者及家属，重要的问题是如何告知坏消息，目前强调告知坏消息的支持环境、附加信息，给予患者适当的安慰和情感支持，鼓励家属积极参与医患沟通，形成医生-家属-患者的互动模式，使肿瘤患者能接受疾病状态，配合治疗，有坚定、乐观的生活态度，配合医务人员共同战胜疾病。

思考题

1. 与患者沟通的基本要求有哪些？

2. 医患沟通的基本原则是什么？

3. 医患沟通的基本技能有哪些？

4. 案例（1）

患者王某某，男性、55岁。因腰部疼痛1天来市区某三甲医院就诊，行走较困难，家属开车陪同。早上医院车位紧张，与保安因停车位置发生争执，心情不愉快。进入门诊后询问导医租借轮椅及挂号事宜，导医态度较差，回复："交押金才能租，腰疼自己不知道看哪个科吗？"患者及家属均有抱怨。

后挂号到3楼脊柱外科就诊，等候1小时后开始就诊。门诊医师简单询问病史、按压脊柱后开脊柱CT检查，并嘱患者去1楼做CT扫描。CT检查顺利，患者自行打印报告。报告示：腰3、4椎体骨质增生，椎间盘未见明显异常。患者回门诊，接诊医师看完报告说没事，告知患者回家吃药。患者及家属再次询问病情原因及程度，门诊医师语气生硬，挥手示意说："没事就是没事，回去吃药躺着休息几天就好了，走吧！"

患者及家属看此情况，与门诊医师进行争论无果，随后到门诊办公室进行投诉，表示医院服务太差，花钱没有看出什么疾病，要求医院赔礼道歉！门诊办公室工作人员热情接待患者及家属、积极安慰，详细交谈了解情况后，先道歉，然后向患者讲解了门诊就诊的客观情况，介绍了网络挂号等便民措施，表示会改进流程，增加导医及免费轮椅，并请门诊接诊医师再次前来做必要解释。接诊医师也表示了歉意并向患者讲明了腰疼的原因及处理办法，说明目前吃药及休养就可以。经院方讲解后，患者及家属接受处理结果，心情明显放松，也表示刚才态度不好，同意按时吃药及复诊。

该案例解析：

（1）院方存在问题是主要的：门诊流程不合理、便民措施宣传不到位；保安、导医是患者进入医院的第一关，服务态度差会导致患者就诊时对医院印象不好；门诊虽然繁忙，接诊医师询问病史、查体不规范，语气、肢体语言生硬，进一步导致患者及家属不满，对后面的诊断不信任、对医嘱没有依从性，导致医患矛盾。

（2）医务人员及医院相关后勤人员在医患沟通中没有做到主动、尊重原则，没有掌握好问诊查体的时间，基本没有充分倾听、交流，语气、肢体语言生硬，没有真正换位思考。简单来说，没有真正体现以患者为中心的全过程沟通及诊疗。

（3）该案例虽可能比较特殊，但确实经常发生。门诊办公室工作人员能进行热情的沟通、安慰，但并不是每次均能化解医患沟通障碍及医患矛盾的。本案例告诉我们：医患关系的建立，院方往往是责任主体，主动沟通是体现在全诊疗之中的，沟通细节决定沟通的成败、医患关系的好坏。

案例（2）

患者刘某某，女、45岁。查体发现右侧甲状腺有一直径约2cm包块，3天后来医院甲状腺外科就诊。接诊医师查看超声报告后建议患者住院手术治疗。患者第二日办理入院手续。经常规术前检查，手术者认为具备甲状腺次全切除术指征，包块良性可能性大。术中常规快速病理检查，手术者与患者及家属进行术前谈话并签署相关协议书，医患双方均认为手术不大、常规处理不会有问题，谈话气氛轻松和谐，对甲状腺常规术中风险及并发症几分钟即交代完毕。

手术行甲状腺次全切除，病理证实为甲状腺腺瘤，顺利返回病房。第二日手术者忙于手术而未查房，住院医师查房时患者诉说话时疼痛、声音偏低、说不清楚，住院医师认为是正常术后反应，告诉患者及家属不需要处理，拔出引流后即可出院，未再查房及沟通。

第三日，患者出现明显声音嘶哑、说话无力、活动时呼吸较急促，咳嗽痰液不容易咳出，住院医师报告手术者，经喉镜检查证实右侧声带完全麻痹，可以确诊右侧喉返神经损伤。在告知患者及家属后续治疗方案（再次手术探查神经、保守治疗等方案）时，患者及家属情绪激动，认为是手术者不负责任，双方出现争执，家属随即到医院医务部投诉办公室要求医院做出合理解释、保证治好、给予赔偿。医务部门接到投诉后，随即组织病区主任了解情况。科室主任向家属进行解释，重点对术后的诊疗不足做出道歉，详细解释了甲状腺解剖结构及手术方案，并利用图谱进行说明，语气诚恳，表现出对患者及家属的充分尊重，同时立即组织手术者、护理人员等进行讨论，邀请家属参与，制订再次进行治疗的各种方案，并详细讲明各种方案的利弊。家属对病情有了详细了解，目睹了医生严谨的工作态度，认为医生对处理并发症考虑得细致、安全，同意再次手术探查。

经手术神经松解，术后积极治疗，患者喉返神经功能基本恢复；而且主任及手术者每天查房、交流，医护人员举止稳重、语气温和、治疗规范。患者及家属对院方细致耐心的治疗效果表示认可，最终对本次手术造成的并发症表示谅解。

该案例解析：

（1）外科手术对患者来说存在明显信息缺失问题，因此手术前沟通非常重要，特别是要详细交代手术方案、替代方案，手术相关并发症的发生原因、处理办法。术前谈话一定要有充足的时间，谈话要和谐、严谨。

（2）术后的医疗质量与安全要按规范去做，及时发现问题并及时处理。术后的查房不仅是了解病情的方法，也是进行解释、沟通的重要时机。

（3）当患者及家属有情绪时，首先要积极、主动倾听，并利用亲切的语气以及表情等身体语言表示对患者讲述情况的理解及感受，要用同理心舒缓患方的情绪，从而使患者及家属情绪平稳，逐渐恢复理性判断能力，和谐地坐到一起沟通。同时要积极让患者及家属参与必要的医疗决策，做到真正地了解诊疗方案、做出合理的决定，以非命令的方式沟通，而不是简单、快捷、生硬的方式，这些均是预防及化解医患沟通障碍的有效方式。手术者如果做到"严于术前、精于术中、勤于术后、医患沟通全程衔接"，患者及家属就能真心地理解及配合，就能有良好的医患关系。

第十六章

药事活动中的医学人际沟通学

学习要求：

掌握医疗机构药事活动的定义及内涵，影响药事活动中沟通效果的主要因素，能够正确地理解和判断日常工作中遇到的药学沟通行为，能够合理地运用沟通技巧进行药学沟通。

第一节 概 述

一、医疗机构药学部门及药事活动概述

医疗机构中，药学部门发挥着非常重要的作用，随着医院新型医疗技术结构的构建，药学部、护理部等部门逐渐倾向于自成体系地发展。过去医院药学部门统称"药房"，主要负责调配处方、供应病房用药等工作，经过半个多世纪的发展，医院药学部的工作已不再局限于单纯的医技保障职能。

医疗机构药事活动包括医院药品采购与调配、医院制剂配制与质控、临床药理学与药物临床试验、临床药学与药学服务、医院药学教育与科研等方面的内容。随着医学模式的转变，医疗机构药学工作人员的工作模式也发生着相应的转变，由以往以制剂生产和处方调配为主的工作，逐渐转变为为患者提供包括临床应用在内的全程化服务。医疗机构中，药师的具体工作职责包括：负责药品采购供应、处方或者用药医嘱审核、药品调剂、静脉用药集中调配和医院制剂配

制，指导病房（区）护士请领、使用与管理药品；参与临床药物治疗，进行个体化药物治疗方案的设计与实施，开展药学查房，为患者提供药学专业技术服务；参加查房、会诊、病例讨论以及疑难、危重患者的医疗救治，协同医师做好药物使用遴选，对临床药物治疗提出意见或调整建议，与医师共同对药物治疗负责；开展抗菌药物临床应用监测，实施处方点评与超常预警，促进药物合理使用；开展药品质量监测，以及药品严重不良反应和药品损害的收集、整理、报告等工作；掌握与临床用药相关的药物信息，提供用药信息与药学咨询服务，向公众宣传合理用药知识；结合临床药物治疗实践，进行药学临床应用研究；开展药物利用评价和药物临床应用研究；参与新药临床试验和新药上市后安全性与有效性监测；其他与医院药学相关的专业技术工作。这也就使得医疗机构药学工作者在日常工作中与患者及家属、医护人员等群体沟通交流的机会越来越多。

二、药学服务

早在 20 世纪 70 年代，"药学服务"（pharmaceutical care）这一概念就已经被许多学者提出，直至 1990 年，美国学者 Helper 与 Strand 明确了药学服务的含义：药学服务是围绕提高生活质量这一既定目标，直接为公众提供有责任的、与药物治疗相关的服务。可见药学服务是药学人员利用药学专业知识和工具，向社会公众（包括医护人员、患者及其家属、其他关心用药的群体等）提供与药物使用相关的各类服务。药学服务是一种以患者为中心的主动服务，其服务中心是患者，这就要求药学人员在药物治疗过程中，关心患者的心理、行为、环境、经济、生活方式、职业等各种影响药物治疗的社会因素。

我国药学界在 20 世纪 90 年代初，就已经接受了药学服务的概念。"2000 年中国药师周"明确提出，药师应当把自己的全部活动建立在以为患者服务为中心的基础上，以最大限度地改善患者身心健康为目标，承担起监督、执行、保护患者用药安全、经济、合理、有效的社会责任，要耐心指导，帮助患者正确使用药品，认真监测患者用药安全的全过程和药品不良反应，主动向医生、患者提供有关的药学信息，保障患者用药的安全有效。卫生部和国家中医药管理局在 2002 年 1 月 21 日联合颁布了《医疗机构药事管理暂行规定》，其中明确提出逐步建立临床药师制，明确了临床药师的职责，要求临床药师参与查房与会诊，参与危重病患者的救治和病例讨论，对药物治疗提出建议，结合临床用药开展药物评价与药物利用研究。

临床药师（clinical pharmacist）负责其所在医院的临床药学工作。临床药师是指直接面向患者或健康人的参与临床药物治疗和从事药学服务并经过一定资格认可的临床工作者，其工作范围涵盖了临床药学实践、研究、信息咨询以及药学知识的教育工作。具体而言，包括：①深入临床了解药物应用情况，对药物临床应用提出改进意见；②参与查房与会诊，参加危重患者的救治和病案讨论，对药物治疗提出建议；③进行治疗药物监测，设计个体化给药方案；④协助并指导护士做好药品请领、保管和正确使用工作；⑤协助临床医师做好新药上市后的临床观察，收集、整理、分析、反馈药物安全信息；⑥提供有关药物咨询服务，宣传合理用药知识；⑦结合临床用药，开展药物评价和药物利用研究。

三、药师沟通能力的培养

有效的沟通交流能力是药师工作中不可忽视的重要素质。药师在有了一定的临床用药经验及临床思维能力后，就需要把自己的专业知识灵活地运用到具体的工作实践中，同时还要得到医护人员、患者的认可。可见，药师必须要有一定的沟通交流能力。

药师要虚心与医护人员交流，在工作中建立良好的工作关系。药师在药学方面虽然有一定的积累，但在临床与医护人员接触时，应虚心利用一切机会与医护人员沟通，学习有关的临床知识。当医生和护士需要临床药师的帮助时，药师应尽力帮助他们解决问题，这不仅能证明自己的能力，同时也能显示药师愿意和大家共同合作的意愿，从而逐渐得到医护同仁的认可。而且，药师作为医疗团队的一员，要主动为团队贡献自己的力量，以高度的责任心认真观察患者的病情变化，及时发现问题并主动协助解决，保证患者用药安全、有效。

在药事工作中，与患者沟通也是需要长期学习的。要实现与患者的有效沟通，重要前提之一是要学会聆听。聆听是沟通的最有效方法之一，耐心聆听，可以使患者从心理上亲近药师，从而心无芥蒂地接受药师的用药指导；耐心聆听也可以帮助药师清楚地了解患者用药过程中出现的困惑和存在的问题，进而找到使患者接受合理用药的方式。药师要以极大的热情和诚心帮助并引导患者安全用药。长期的疾病折磨使患者的身心发生了一些不利于疾病康复的异常变化，如经常出现急躁情绪等，更有甚者，患者由于对疾病演变过程的不了解以及对疾病预后的恐惧，特别是在用药后出现不适时，情绪变化非常大，有时甚至会出现轻生和拒绝用药的现象。此时药师就要适时、耐心地向患者或家属讲述一些用药常识，进行一些必要的心理开导，这样可以使患者的心态得以平静，有利于疾病的康复和转归。因此，药师要关注沟通对象的心理。学会与临床医师沟通、与患者沟通是开展药师工作的基本前提。

第二节　药事活动中医学人际沟通学的应用

药师在促进患者、家属以及医疗专业人员之间的和谐关系方面具有重要的作用，同时在保障患者合理用药方面具有积极的专业指导意义。药师既可以参与临床医师的用药决策，为临床医师提出科学用药的合理化建议，又可以对患者进行必要的用药指导，提高其用药依从性，而最重要的是能够帮助患者和医生分享信息、相互理解，达到良好的药疗效果。

一、与患者的沟通交流活动

（一）患者用药咨询

患者用药咨询是指药师与患者交流相关药物的常识性信息，目的是对合理用药的科学性问题进行必要的指导，以此帮助患者从合理用药的过程中获得最大的益处。患者用药咨询服务的范围比较广泛，主要有用药指导、患者在用药过程中可能出现的问题及其应对措施、药物对患者生理或病理可能造成的影响以及一般药学常识等。患者用药咨询通常包括帮助和指导两个目标。与传统的药房调剂工作不同的是，除了为患者标注特殊的用药注意事项、提醒患者再次取药、解释处方的问题等工作外，患者用药咨询服务还要为患者进行装置使用的培训、家庭保健产品或非处方药的使用指导等，另外还有用药管理、自我保健、特殊疾病用药等方面的咨询工作。

1. 门诊药品调剂工作中的药患沟通

药品调剂工作是医疗机构药学部门的主要工作任务和职责之一，在医院服务治疗需求水平日益提高的形势下，门诊药房作为医院服务中一个必不可少的"窗口"环节，发挥着非常重要的作用。调剂过程包括收方、审方、配方、发药等步骤，自药师从患者或其家属手中收到处方开始，药患之间的沟通交流活动就已经开始了。药师在认真审查处方以后，如果发现有药品名称错误或用药不当的情况，需要及时与开方医生取得联系，并经原医生重新审定更正后再予调配。同时，药师还应当与患者或其家属沟通，既要明确告知其需要更正药品的基本事实，又不能让患者或其家属误以为医生诊断有误而影响患者用药依从性，以免影响患者对医师乃至于对医院的信任度，这就需要药师巧妙地与患者及其家属进行交流。另外，在药品的调配过程中，患者及其家属随时都可能会有一些疑难问题，无论提出什么问题，药师都须认真听取并诚恳、耐心地解答。除此之外，药师还需要主动向患者说明药品的用法和注意事项，尤其是针对老年患者、有视听障碍或不识字的患者，更须加倍仔细说明。在这样的过程中，难免会使调剂的时间延长，从而有可能引起其他患者的不满，药师对此应当注意协调，切忌简单粗暴。

总体而言，门诊药师在服务过程中，比其他部门药师更容易遇到意想不到的状况，这就要求门诊药师能够积极应对，采取恰当的处理方法，合情合理地、人性化地、灵活地解决出现的各种情况，包括由于政策调整、药价变更等原因引发的纠纷与矛盾。

案例 16-1　门诊药师被投诉

> 患者走到咨询窗口，药师正低头忙着写着什么，看也没看患者："有事吗?"
>
> 患者："发药的药师说让我到这里看看，如何使用这药物……"
>
> 药师：（很快给该患者使用说明书或宣教册）"您就按照上面的方法使用。"

患者：“这药有副作用吗……”

药师：“按照这上面的用法应该没有吧。”

资料来源：冯端浩，药学服务沟通与实践，人民军医出版社，2011年，16-17页.

问题：

1. 这位药师的错误有哪些？

2. 这位药师怎么做才是正确的？

2. 临床药师为患者提供指导和咨询等药学服务

临床药师主要职责的最大特点就是“以患者为中心”提供用药指导与咨询，强调开展以合理用药为核心的临床药学工作，贯彻以人为本的观念，保障患者用药安全。因此，临床药师不但要深入临床与用药对象密切接触，还要在药学信息服务岗位上积极贡献自己的力量，通过与患者及其家属的沟通交流，提高患者用药的依从性，增强患者战胜疾病的信心。

通过与患者及其家属交谈，了解患者的药物过敏史和家族史等个人情况后，临床药师要告知患者相应的用药注意事项和药物知识，比如：不同药物的最佳给药时间，不同剂型药物的正确用法与用量，如何避免或减少药物不良反应，出现不良反应后如何处理；与患者目前正在服用的其他药物是否有重复用药现象，是否会产生不良反应，以及可能会出现的药物相互作用等情况；某些药物可能对大便、尿液颜色有影响，不必有心理负担。对于出院患者，还要进行出院带药的服药指导，告诉患者药品正确的储存与保管方法，使患者清楚药物的治疗疗程，明白按医嘱服用药物的必要性以及何时调整剂量；提醒患者必要时定期回院复查；帮助患者纠正一些不良的生活习惯；对重点患者应加强随访，跟踪用药指导的效果等。

根据人际交往理论，临床药师在与患者沟通时需正确判断患者的“自我状态”，根据患者的自我状态和互补性交往原则，选择恰当的“自我状态”积极应对，与患者建立良好的沟通关系。

（1）患者处于“成人”自我状态　患者处于“成人”自我状态时，他是客观、理智的，能够冷静地思考、分析问题，言谈举止有分寸，此时遵循互补交往的原则，临床药师只需采取“成人”状态与其沟通，即可达到愉快沟通的状态。

（2）患者处于“父母”自我状态　患者处于“父母”自我状态时，他很可能咄咄逼人，此时更希望他人能够服从、尊敬他。因此要诱导出患者的“成人”自我状态，再与之交谈。依据互补性交往的原则，临床药师可以选择先扮演一个顺从的“乖孩子”，或者控制自己的情绪，适时对其表示理解和尊重，把对方的意思先“接受”下来。这种“接受”是在理解的基础上不与之计较，而并非是对其行为的纵容；可以是有所保留的接受，也可以是有条件的接受，还可以是复述、不加评论。通过“接受”，缓和患者的“父母”自我状态，并一步步诱导出患者的“成人"自我状态，然后临床药师便可转换回"成人"自我状态与患者理智地沟通了。

（3）患者处于"儿童"自我状态　由于疾病，患者被迫离开原来的生活、工作环境，生活节奏被打乱，来到陌生的环境，对自己的身体状况感到担忧，未能适应角色的转变，身心俱疲，很容易处于"儿童"自我状态。在这种状态下他只希望别人能够宠溺、满足、安慰他。依据互补性交往的原则，临床药师可以选择先扮演慈爱的父母，对他的行为表示理解，对他的处境表示同情，接受他的情绪，或者部分接受其行为，安慰、理解他，诱导出患者的"成人"自我状态后再与患者理智地沟通。

（二）姑息药学关怀与临终药学关怀

根据世界卫生组织的定义，所谓"姑息关怀"，是指对于治疗无效的患者所给予的积极而全面的关怀。姑息关怀是为了减轻疼痛、控制其他机体症状和情绪症状，同时为患者、患者家属及其看护人创造最可能实现的最佳生命质量。姑息关怀适用于任何患有危及生命的疾病的患者的全程治疗，常常与其他疗法和生命延长治疗同时进行，而不仅限于临终关怀的概念。用药指导是姑息关怀的重要组成部分。在与此类患者及其家属的沟通中，在确保患者的舒适并为患者提供指导和情感支持方面，药师同样能起到十分重要的作用。虽然目前我国的医疗机构在从药学层面对患者进行姑息关怀或临终关怀的还比较少，但不可否认的是，随着社会与公众对医疗机构人性化关怀的要求和期待越来越高，药师对这一类特殊群体进行姑息关怀的责任将越来越明显地表现出来。

ASHP（American Society of Health-system Pharmacists）对姑息关怀的声明中，明确地提到了美国药剂师在姑息关怀事业中的职责，包括：①评估药品选择的适当性，确保为症状控制及时有效地供药；②在药物治疗决策上给予其他医疗服务人员以建议和指导；③确保患者和护理人员理解并遵守药品的使用方法；④为非标准剂型的临时调剂提供有效的运作机制；⑤处理相关尤其是与药品相关的财务问题；⑥确保安全、合法地处理药品，特别是在患者死亡后；⑦建立并保持与监督和管理机构的有效沟通。

知识链接 16-1

在美国，姑息关怀和临终关怀主要是以护士改革运动的形式发起的。医院的牧师和其他神职人员也曾参与这类护理的早期发展阶段中。1971 年—1973 年第一个真正的护理项目建立于耶鲁大学，并于 1974 年确立为美国的第一个临终关怀项目——Hospice。在之后不到 30 年的时间里，美国发起了 3000 多个临终关怀项目，并在 50 个州提供护理服务。多数的早期临终关怀项目都只能依赖于志愿服务或慈善捐助。直到 1982 年，临终关怀医疗保险福利的议会章程为临终关怀项目提供了有限但是可靠的资金赞助，同时确定了临终关怀项目医疗保险认证的最低标准。虽然医疗认证的标准审核中并未涵盖药剂师，但几乎所有通过医疗认证的临终关怀项目里都有药剂师的积极参与，他们参与制定临床决议、提供药学服务。

二、与医疗机构中其他专业人员的沟通交流活动

在日常工作中，药师不仅需要与患者交流，还需要与医院其他药学工作人员、医护专业技术人员、医药代表等人员交流。临床药师要为患者提供全程化的药学服务，就需要把服务渗透到患者的整个用药过程中，不但要为患者提供用药咨询和指导，也要积极参与临床用药计划的制订和具体的用药过程指导。

新时期的药学服务要求药师必须进入临床，通过了解医师的治疗意图，利用自身所掌握的知识及时与医师进行沟通，提出自己的见解与意见，帮助医师正确选择药物，防止药源性疾病的发生，降低患者的治疗成本，消除药物对患者的危害。药师需要与医师合作，围绕患者药物治疗、疾病诊断、实验室数据等方面的结果，与医师讨论药物治疗方案，对患者的用药提出建议。药师和医师的协同配合与传统的"医师开药、药师拿药"这一模式相比，能达到更好的药物治疗效果。药学服务有赖于药师与医师等其他医务人员之间建立良好的团队关系，这也就要求药师提高与医师等其他医务人员的交流能力，用医师等其他医务人员能理解的方式交流，将最终赢得他们的承认和尊重，并有助于达到医务人员共同的目标——患者治疗的最佳效果。

临床用药中，医师、药师与护理人员三者之间的关系密不可分，虽然彼此的工作职能不同，但均是为了确保患者能够早日康复而各尽其责。药物的应用方法及时间正确与否，可直接影响药物疗效，甚至可能成为临床用药成败的关键。药物的投放与应用需要护理人员执行，但护理人员的工作经历决定了其一般较缺乏合理用药知识方面的系统培训，对药物的配伍禁忌、给药途径、给药方法、给药时间通常缺乏比较正确的理论知识。此时，就需要临床药师向护理人员介绍合理用药方面的知识和意义，使其从理论上认识合理用药的重要性，以及不合理用药的危害。必要时药师还可以针对护理人员的需求，有针对性、定期地开展讲座。

第三节　药事活动中沟通的影响因素与分析

一、个人因素

（一）药师自身因素

沟通技巧的正确使用，可以避免药事活动的当事方对药师产生一些不必要的误解。比如在安慰患者的时候，药师应尽量使对方感觉到自己的热情和真诚，任何虚假的热情、不着边际的安慰或者针对性不强的解释，都会让患者对药师产生敷衍了事、不负责任的感觉。

1. 药师语言表达能力不足产生的沟通障碍

与患者及其家属沟通时，药师扮演的是指导者与帮助者的角色；与医护人员交流时，药师履行着建议者和协作者的职责。但无论药师在进行什么样的沟通交流活动，其语言表达能力都显得尤为重要。药学工作者语言表达能力不足主要表现在三个方面。

第一，在沟通过程中语言表述不准确，这其实与药师的人文素养也有直接的关系。比如在儿科诊疗活动中，由于患儿的年龄小、自主能力差，一般应由家长掌握孩子的服药情况。药师用药教育工作的对象也是患儿家长。大多数患儿出院后仍需在院外继续接受药物治疗，如果患儿家长对出院后继续接受药物治疗的目的不清楚，对出院所带药物缺乏了解，会造成出院后药物治疗的依从性不佳，直接影响患儿的康复，甚至可能重新入院。患儿患病之初，家长都很重视，遵医嘱、表现良好，但在漫长的治疗过程中，患儿家长逐渐懈怠、自行停药、不按时复诊的情况非常普遍，患儿出院后症状加重、出现并发症重新入院的情况时有发生。以格雷夫斯病的患儿为例，有的治疗两年，按时复诊，逐渐减量，最终停药痊愈；有的治疗四或五年，家长不监督孩子的服药情况，患儿经常忘记服药，每年都要复发入院治疗。面对这种情况，临床药师必须教育患儿家长：一定要有耐心，孩子自控力差，家长必须监督指导用药情况，按时带患儿复诊，由医师调整药物治疗剂量。还有的家长对终生服药有顾虑，担心影响患儿生长发育和今后的生育功能等各种问题，临床药师就需要把药物的不良反应等情况用通俗易懂的语言向家长解释清楚，打消家长顾虑。但在工作实践中发现，临床药师们的语言沟通能力有较大差别，如指导患儿对舒利迭吸入装置的使用时，有的临床药师几句话就可以将患儿和家长教会，有的却很难教会患儿和家长如何使用。因此，如何与患者及家属交流是有技巧的，临床药师的沟通交流能力是很重要的。这也是临床药学专业学生学习人文社科类课程，如医学伦理学、医学心理学等的主要原因。

第二，药师的术语专业性太强，也会影响药患沟通的效果。比如，和患者说"里急后重""心悸"等方面的词汇，可能患者并不能领会到药师想要表达的意思，此时应当考虑对方的接受能力，尽量避免使用专业术语，而应该努力争取用通俗易懂的语言表达深奥的专业术语。

第三，药师的语音不准确，也会影响沟通。医药工作者与患者用当地方言进行沟通时，会影响与外地患者的交流，也可能会导致一些用药、治疗中的失误。例如某院曾发生的一例"误用方言致患者死亡"的事故。一名实习护士向带教护士请示是否给一名女婴执行静脉注射时，带教护士用川渝地区方言叮嘱实习护士"慢点儿推"。在当地方言中，这本来是告诉实习护士"等会儿再推药"，但实习护士误以为是告诉她只要慢慢推注药水就可单独操作，结果导致了女婴在静脉注射后死亡。在很多方言中，平舌音和卷舌音、前鼻音和后鼻音的区分不明显，比如"四""十""死"等就常因发音相近而引起一些不必要的误解。如果药师用方言为患者进行用药指导、参与临床用药的讨论，极可能导致出现用药错误。

2. 药师自身知识局限导致的沟通障碍

为了对患者及其家属进行准确的用药指导，为了与其他医药护专业人员共同制订合理的用药方案，药师必须具备充足的专业知识和人文素养。因此，如果药师的人文知识不足、专业实践能力欠缺，就不能完全满足现代社会广大人民群众的需要。随着社会的快速发展，人民群众对医药服务水准的要求逐渐提高，更期盼得到人性化的服务。药师自身的知识结构如果不平衡，会从客观上造成医患沟通的障碍。

（二）第三方因素

在医患、药患关系中，并不仅有沟通的双方对沟通结果造成影响，患者的父母、配偶、子女、亲朋好友、工作单位负责人等"第三者"，甚至一个陌生人的介入，都会造成复杂的多角沟通关系，直接或间接地影响整个药患沟通的质量和效果。可以毫不夸张地说，医药护人员与患者沟通的过程，很大程度上是在处理和"第三者"之间的关系。

（三）其他因素

有时，生理因素、情绪状态、社会背景、沟通双方的知识水平等都可能影响交流的效果。因此药师在交流时对这些细节问题都应当注意，这也就需要药师具备相当高的人文素质，才能化解这些因素所带来的不利影响。

（1）生理因素 比如在交谈双方的年龄差距较大、某一方处于身体不适的状态等情况时，沟通就可能会存在一定的困难。尤其是在与患者交流时，药师应当充分体谅对方生病的痛苦，必要时对患者采取迁就、宽容的态度，以此确保双方的有效沟通。

（2）情绪状态 沟通的任何一方处于情绪不稳定状态，比如压力大、愤怒、兴奋时，都可能出现词不达意、非语言行为过多等现象，从而影响沟通效果。尤其是在医药护人员与患者沟通时，由于患者本身常处于一种渴望解脱而举止无措的茫然状态，医药护人员不经意的一句话都可能导致其产生不正确的理解。比如一位女患者在做了子宫全切手术后，一直担心自己不能做一个正常女人，于是带着这种担心去询问医生，而被询问的这位女医生因失恋正处于情绪较偏激的时候，于是不耐烦地回答患者："你做女人受的苦还不够吗？切除了子宫不好吗？可以免去多少麻烦！"正是由于这位女医生一句不负责任的话，最后酿成了患者承受不了心理压力而跳河自杀的惨剧。因此，在交谈过程中，如果遇到对方情绪激动，药师应当给予最大限度的理解和宽容，并想办法安抚对方的情绪后再沟通；而如果是药师自身情绪状态不佳，药师就应当想办法调整心态，不要把情绪带到工作中去，避免造成不必要的不良影响。

（3）知识水平差异 沟通的双方在文化程度上存在差异，或者使用的语言不同、对同一事物的理解不一致，往往也会影响沟通的效果。有时由于信息发送者与信息接收者之间的知识和经验水平相差过远，致使彼此难以准确理解沟通的意图，或者造成对问题的看法出现较大的差异，这些都有可能造成沟通障碍。无论是药患双方还是药师与其他专业技术人员之间，在对医学、药学方面知识的掌握和了解程度上都是有差异的。如何克服知识水平的差异，通过有效的沟通使患方接受、认可药师的观点，这是需要药师认真思考的。

（4）文化、社会背景　在复杂的社会系统中，沟通双方的社会文化背景不可能不存在某种差异，如民族、职业不同，对事物的理解以及各自的人生观、世界观和价值观、生活习惯等存在差异，这些差异都会导致沟通不能顺利进行。文化背景可以影响个人的行为、习惯和就医态度，药师应当注意个体文化、社会背景的差异，通过语言沟通和非语言沟通的形式，采取合适的方式与对方交流。

二、环境因素

环境因素包括物理环境、社会环境、药师人员配备情况等。

物理环境包括光线、温度、噪声、整洁度、隐蔽性等。安全舒适、安静整洁的环境氛围，有利于保护患者的隐私，进而增强药患之间的沟通效果；药师与其他专业技术人员之间的沟通同样需要合适的交谈空间。良好的物理环境有利于营造良好的交谈氛围，使交谈双方心情愉悦，取得友好的、积极的效果。

社会环境包括周围的气氛、人际关系等。良好的人际关系、融洽的氛围等，都可能促进沟通的顺利进行。

药师人员配备不足也会导致沟通效果不良。为了保证药学部门工作的顺利进行，根据我国相关规定：医疗机构药学专业技术人员不得少于本机构卫生专业技术人员的8%；建立静脉用药调配中心（室）的，医疗机构应当根据实际需要另行增加药学专业技术人员数量；医疗机构还需要根据本机构性质、任务、规模配备适当数量临床药师，三级医院临床药师不少于5名，二级医院临床药师不少于3名。即便如此，医疗机构药学工作人员的数量仍不能完全满足工作任务的需要。人员配备的不足，使药师没有足够的精力和时间与患者或其他技术人员沟通。

第四节　药事活动中的医学人际沟通方法

一、建立和谐的互信关系

与沟通对象建立帮助和信任的和谐关系是一个随着时间发展而不断进行的过程，药师必须自最初的沟通开始就努力争取并逐步建立一种基于互相信任、和谐的关系，这样才能使有效的沟通继续下去。建立基于互相信任的、和谐的关系包括了若干因素，比如：主动示好，热情而从容不迫的问候；通过解释、倾听、表现移情等显示出真诚；通过专业素质、自身能力等呈现的学识与造诣，表现出可信赖性。在交流中，药师应当表现出自身良好的涵养，即便对方只是询问似乎不太相干的一般问题，药师也应该与对方进行友好的对话，这样才能营造友好的交流气氛，才有助于发展帮助和信任的和谐关系。

为了营造和谐、友好的氛围，药师不仅需要加强语言方面的修养，而且对于沟通环境等外在因素也需要进行恰当的把握。努力营造一种平等、安静的环境，保证沟通的顺利进行。

二、倾听

倾听是营造良好沟通氛围的重要因素。倾听的技巧分为四类：被动倾听、感知性反应、鼓励和主动倾听。

1. 被动倾听

被动倾听是指任由对方表达观点而不进行干扰，这样有利于药师了解对方的想法和态度。给对方把话讲完的机会，这样药师就不用过多重复对方已知或与自己意见一致的内容，而是可以结合对方语言中所表达出来的各种信息，针对对方的误解、模糊的内容进行讲解，这样既可以提高沟通的效率，又可以做到有的放矢、应对自如。

2. 感知性反应

当被动倾听时，药师必须让对方感觉到自己并非是在虚与委蛇，而是确实在认真倾听。在此过程中应掌握的技巧主要是亲切、专注，也可以间隔性地予以回应，比如简单的点头示意等，这就是对对方表现出感知性反应。

3. 鼓励

药师可以通过一些确定的词汇或短语来鼓励对方就某一特定话题展开陈述，引导对方表达出自己的意见，尽可能地从对方的语言中寻求到相关信息，同时也可以避免交谈中的冷场。

4. 主动倾听

除了被动倾听，主动倾听也是必需的。药师不仅需要做出评论来向对方表示自己在倾听，还需要把握机会向对方确认其情绪以及双方的关注点。主动倾听一般是在被动倾听的期间进行的，这样药师就能使对方确定自己确实关注到了对方的情绪，而使对方愿意更多地讨论自己的关注点。

三、有技巧地探问

在倾听过患者的陈述之后，药师需要通过探问来进一步了解对方，明确如何有针对性地指出用药方案、药物治疗效果等方面的药学问题。探问技巧的要素主要是提问语言的组织和表达。

在与患者沟通时，药师在开始时应当少问私人问题，从一般性问题开始寒暄，待信任建立起来以后，药师再逐渐过渡到可能影响用药效果的患者个人生活细节等问题上。正式沟通开始时，药师需要讲明沟通的目的，这样才不会使对方产生戒心，以便其配合完成后续的沟通。同时，问题应该根据话题内容分组进行，使药师和患者都可以将注意力集中在某个特定范围，这有利于患者回忆起更多信息，方便药师更系统、更全面地了解患者的情况，并做出应对。

问题的表达方式也会影响问题的有效性。在与患者交谈时，开放式问题能够鼓励患者阐述自己的观点，这样的问题可以从患者那里引导出尽可能多的信息，还可以用于辅助信息的采集过程。封闭式问题只要求对方回答"是"或者"不是"，这类问题倾向于引导获取真实性答案，它们可以用于采集某个特定问题的具体信息，可以填补开放性问题所遗留的空白。合理地使用开放式问题和封闭式问题，可以采集到最有效的信息。

在对患者提问时，避免使用以"为什么"开头的语句，这有可能引发对方的戒心，从而可能影响到准确信息的采集。例如在询问患者为什么没有坚持治疗时，药师应避免问："你为什么没有服用这种药物？"而应该转换提问方式，首先问："你是怎样服用这种药物的？"然后再问："服用这种药物有什么问题吗？"

提问应谨慎对待不必要的个人信息。药师只应该对必要的问题提问，并考虑患者的个人情况，不要提出使患者为难的问题而引发患者的抵触情绪。

四、向对方表现移情

当药师向对方展现移情的时候，对方可以感受到药师的关心、理解和尊重，尤其是在对患者的咨询服务中，移情是至关重要的，这能够增强患者因疾病而暂时消退的价值感和尊严。

知识链接 16-2　什么是移情？

> 一名在社区药房工作的药师在一个非常繁忙的下午工作。他和往常一样，尽力同时做很多件事情，而药房的技术人员下午不在。药师正在为多名等候的患者调配药物，却不断被电话打断。他刚刚通过电话从牙科医生那里接来一个处方。在他放下电话时，一名患者开始在窗口唠叨不停，并生气地大声喊叫："这里就没有人能帮助我吗？我赶时间去拿处方。"
>
> 药师带着惊讶的表情急忙转向这名患者，不小心碰倒了一瓶液体，他大声喊"噢，不！"并手捂着脸靠着柜台，摇着头。
>
> 如果你能想象这名药师在这个时候的感受，他的情绪、他的担忧、他的沮丧，那么你就是在感受移情。移情包括像他人一样感受这个世界，尝试去"穿上他的鞋子"。这是一种不仅仅能理解他人话语，还能理解这些话语背后所表达的心情的能力。表达移情就是和对方交流这种理解。
>
> 资料来源：兰斯托，药剂师与患者沟通指南，段京莉译，人民军医出版社，2012 年，127.

五、关注非语言沟通

非语言沟通是指除说话或文字以外的交流形式，包括面部表情、眼神交流、肢体语言、碰触和语音语调等。

首先，药师的肢体语言会向对方表达出他是否乐意提供帮助等信息。因此，为了真正地表现出对对方的关注和乐于帮助，药师需要表现出多种不同的非语言暗示。比如药师在和患者交流的过程中，虽然口头上表示乐于提供帮助，但却让患者从他的行为动作上认为其实药师并不乐意，这就会影响咨询的效果。如果药师在咨询中表现出着急、结巴、傲慢、粗鲁或不耐烦，患者会感到药师并不是真正地关心他的健康。所以，药师在与人进行交流时，应当向对方展示出微笑和友好的面部表情、真诚和从容的眼神交流、开放和热情的肢体语言、谦逊和多样化的语音语调、专业的外表形象，并与对方保持合适的距离，使双方在没有障碍物、同等水平的位置下沟通。

其次，药师应当密切关注对方所表现出来的非语言信息。观察对方的非语言沟通可能会发现一些特殊的需要。比如药师在面对一位听力障碍的患者时，应当考虑与对方站得更近、音调更高、语速更缓，以保证对方能够听清、听懂。而且，通过肢体语言可以感受到对方的情绪，做出有针对性的应对。

思考题

1. 医疗机构药事活动都有哪些内容？
2. 影响药学沟通的主要因素有哪些？
3. 药事活动中的沟通技巧有哪些？

第十七章

医疗纠纷中的医学沟通

学习要求：

　　了解医疗纠纷的概念及医疗纠纷产生的原因，认识医患沟通在预防医疗纠纷中的重要作用，掌握医患沟通的基本内容及基本技巧，具备与患者进行和谐沟通、交流的能力。

　　医者医心，新时期的医务人员必须要树立"医者医心"的沟通理念。医学之父希波克拉底说过：关心病人比关心疾病本身更重要。护理学之母南丁格尔也说过：护士工作对象不是冰冷的石块、木头和币片，而是有热血的生命的人类。随着目前社会经济的迅速发展、科技的进步、医疗水平的提升、人民生活水平和整体素质的普遍提升，医务人员的职业道德、工作态度都必须跟着实际情况来改变和提升。作为医患沟通主体的广大医务工作者，要坚持以人为本，落实科学发展观，树立"医者医心"的沟通理念，真心实意地打开医患沟通的大门，积极主动地架构起医患沟通的通道，为构建和谐的医患关系、建立和谐社会提供积极力量。

第一节　医患沟通技巧

一、语言沟通技巧

1. 使用合适的语言

"良言暖三冬"，在医患沟通中，作为沟通主导的医务人员，一定要使用合适的语言，针对不同的患者，使用不同的语言。在医患沟通中，医务人员要经常使用安慰性的、鼓励性的、劝说性的、励志性的、积极的语言，或者指令性的语言。在要求患者必须严格执行时，医务人员就应当运用恰当的指令性语言，这样就会达到事半功倍的效果。医务人员在看到患者萎靡不振时，就应该运用安慰性或者励志性的、积极的语言来与患者沟通。在医患沟通中，医务人员要针对患者的不同状态、不同阶段，采用不同的语言方式与患者沟通，只有这样才能够产生切合实际的、有意义的医患沟通。

在医患沟通中，切忌使用伤害性语言。伤害性语言经常会给患者尤其是敏感的患者，带来想象不到的刺激。医务人员在医患沟通中使用直接伤害性语言、消极暗示性语言，或者在患者面前窃窃私语，都会引起患者心情起伏，使患者受到伤害刺激，从而通过皮层与内脏相关的机制扰乱内脏与躯体的生理平衡，进而影响治疗效果。

2. 善于引导患者说出心声

临床调查表明，医护人员对患者是否有同情心，是患者是否愿意和医护人员谈话的关键。对于患者来说，他认为自己的病痛很严重；而对于医护人员来说，患者有病痛是很正常的事。如果医护人员的情感没有适时、适当地投给患者，就会缺乏对患者的同情心。如果患者感到医护人员缺乏同情心，他就不会主动地和医护人员交谈。即使交谈了，也只会局限于治疗与护理的技术性内容，而不会流露出任何情感和提出有建设性的看法，而这些看法往往包括对医疗护理的意见，以及对自己病情的理解、担心和自我心理状态的描述等。这样，医护人员就会失去临床心理治疗与护理的基础信息。因此，医护人员只有取得患者的好感，才能引导患者说话，以便收集更多的临床信息。

（1）要提高沟通内容的兴趣度　使患者对医患沟通感兴趣是医患沟通顺利进行的必要前提。特别是在引导一些不善言辞的患者进行医患沟通时：一是要寻找出患者感兴趣的话题；二是医务人员要在医患沟通开始时就表示出对任何话题都有相当的兴趣度。但是一定要把握尺度，医务人员与患者进行医患沟通时，如果对患者太过热情，有时反而会收到适得其反的效果。

（2）采用"开放式"谈话方式　"开放式"谈话是医患沟通维持进行的有效方式。如果患者见到医务人员说："医生，我的手被扎破了。"而医务人员说："买个创可贴贴上吧。"这样，医患之间的一次沟通就无法继续了，只能这样简单结束了。这样的谈话方式就是"封闭式"谈话。如果医护人员："哦，是怎么扎破的，被什么扎破的？要不要消毒？"或问："扎的严重吗？"这种谈话里，患者都是不能以"是"或"否"的答案来结束提问及沟通交流的，医务人员就可以顺着患者的回答，继续进行医患沟通。这种谈话方式就是"开放式"谈话。学会用"开放式"谈话与患者沟通，不仅会使沟通过程变得轻松，还会使医务人员能从患者的反应中收集到更多的反馈信息，从而更好地调整诊疗计划，达到更好的诊疗效果。

（3）处理好医患沟通中的沉默患者　医患沟通中的患者，有时会因为故意、思维突然中断、有难言之隐等原因，而出现沉默状态。在医患沟通中，患者出现沉默情况时，医务人员要根据患者出现沉默的实际情况来处理。当患者主动沉默时，一般是患者在等待医务人员的反馈信息。这种情况下，医务人员应该给予患者相关的回应，让患者感觉到医务人员对他的关注与认真。如果患者是因为有难言之隐而出现沉默，医务人员应该给予患者一段时间，鼓励患者讲出其难言之隐，让患者感觉到医务人员是会与他一起面对这些难言之隐的。沉默本身就是一种信息交流，是无声胜有声的交流，胜过语言的直接沟通。但是，长时间的沉默会使沟通双方的情感分离，在医患沟通中应该避免。打破沉默的最好办法，就是根据实际情况采取双方都接受的方式。

二、非语言沟通技巧

1. 目光沟通

目光沟通是非语言沟通的重要信息通道。温和的目光交流，可以让交流双方感觉舒服；而严厉的目光交流，则只能造成不愉快的沟通过程与糟糕的沟通结果。尤其在微妙的医患沟通过程中，严厉的目光交流只会产生不愉快的沟通结果，甚至是让双方产生敌意。在临床诊疗上，医务人员和患者沟通交流时，要用合适的目光接触检验沟通信息是否被患者接受，然后从患者的目光反应判断患者的心理状态。

2. 面部表情沟通

面部表情是人的情绪和情感的生理性表露，一般是随意的，但又可以受自我意识的调节和控制。面部表情是一个人众多情感因素中表达最多、最明显、最容易被察觉的一个信息集中的沟通渠道。无论是医务人员还是患者，在众多情况下都是通过面部表情来传递信息的。即使在一些情况下，人们可以掩盖一些自己的真实感受，但那只是暂时的、有限的。医务人员的面部表情是以其良好的职业道德为基准、以"医者医心"的沟通理念为基础的，因此才会在医患沟通中取得良好的沟通效果。至于患者的面部表情，有经验的医务人员还是很容易从中判断出患者的真实意思的。

3. 肢体语言沟通

肢体语言沟通是指以微笑、点头、摇头、挥手、耸肩等外表姿态进行沟通的方式。这些方式有时候比语言沟通更能产生良好的、意外的效果，甚至无声胜有声。例如，医务人员与患者的不期而遇，医务人员诚恳友善地向患者点头微笑，或者挥挥手，都会让患者十分激动甚至感动。

4. 肢体接触沟通

这里的接触是指肢体的接触。据国外心理学家的研究，肢体接触的动作有时会产生良好的人际沟通效果。按照我国的人际交往习惯，除了社交场合的礼仪性握手之外，在类似医院的公共场合，社会成员与儿童的接触较为随意。医务人员对患儿的搂抱、抚摸，会增进医务人员与患儿家属的亲密感。对于成年患者，医护人员的某些做法如若得当，也可以收到良好的效果。例如，为呕吐的患者轻轻拍背；为动作不便者轻轻翻身、变换体位；搀扶患者下床活动；对手术前夜因惧怕而难以入睡以及术后疼痛的患者进行背部按摩，以示安慰并分散其注意力；双手久握出院患者的手以示祝贺。这些都是有益的接触沟通。与神经症患者的接触更有鼓励、支持的作用，可使患者愿意说话，愿意说出心里话，改善治疗态度，增强病愈信心。

三、重视反馈信息

医务人员在与患者沟通时，一种要重视患者对沟通内容的反馈信息。所谓反馈，是指说者所发出的信息到达听者，听者通过某种方式又把信息传回给说者，使说者的本意得以明确、扩展或改变。患者在与医务人员沟通时，时时关注着医务人员的一言一行，有时候医务人员不经意间的一丝微笑，都会对患者起到莫大的鼓舞作用，能缓解患者压抑的心情。同样，医务人员在向患者说话时，应从侧面、换角度地尝试与患者沟通，尽量使用开放式的问题来与患者沟通，以获得更多、更有效的暗示性信息，以便采取更有效、更适合的诊疗方案。只有这样的沟通过程，才不至于使医患沟通陷入僵局。

在医患沟通中，医患双方的态度非常重要。亦可亦不可的进行医患沟通，只会暴露出更多的负面信息，对于医务人员和患者都是不利的；而只有专注、热心、特意的态度和良好的医患沟通，才会让医务人员收集到更多、更有效的真实信息，才会对医疗效果产生意想不到的诊疗效果。

四、把握医患双方的距离

有学者将人际距离划分为四种：①亲密型，约0.5m以内，可以感受到对方的气味、呼吸甚至体温；②朋友型，约为0.5~1.2m；③社交型，即相互认识的人之间，约为1~3.5m；④公众型，即群众集会场合，约为3.5~7m。医务人员要有意识地控制好与不同病情期的患者之间的个人距离，尤其要控制好与需要亲密感受的孤独自怜的患者、儿童及老年患者之间的距离，缩短与他们之间的交往距离，能更好地增强与他们的感情沟通。

第二节　医患沟通的实施

一、医患沟通的内容

医患沟通不是简单地就患者的疾病信息和医生的诊疗信息进行交流，还包含了与之相关的价值信念、伦理观念、经济利益、文化习俗、情感愿望等的交流。医患之间产生具有特殊意义的医患信息，并通过语言、非语言行为及环境等多途径进行传递。

1. 患者的就医与医生的知情

医患关系的形成离不开医患双方交往主体的存在，需要医患之间的信息沟通，即患者的就医行为和医生的知情。在此，本书中之所以说是"患者的就医"而不是说"求医"，是为了体现医患双方主体的平等地位。患者虽然在医疗领域信息不对称条件下处于劣势，那也只是在信息方面处于劣势，在主体地位上与医生是平等的。

患者就医需要了解的医方信息有病情状况、治疗方案、医技水平、费用选择、风险与预防信息、健康指导等。医生的知情则需要以下信息：①病史和个人生活、职业相关的信息，这需要医生有良好的语言沟通能力；②体格检查，不仅需要医生有较强的沟通能力，还需要医生必须具备较强的体格检查技能；③实验室检查信息，需要医生具有一定的临床思维能力和临床经验，要获得正确的诊断，同样需要医生有较强烈的医患沟通意识和愿望。

2. 医方的告知与患方的知情与同意

医患沟通最主要的内容是医方的告知与患方的知情同意。目前，国内外有关医患关系的研究大多论述了医生的告知义务和患者的知情同意权，从法律的角度阐述了权利与义务的关系。实际上，医患关系不仅是法律关系，更是一种带有信托特征的博弈关系。

（1）医生为何要告知　1964年的世界医学大会提出了"说明与同意"这个概念，要求医师把病情和治疗方法对没有专门知识且怀有不安的患者具体地加以说明。这主要是由于：①患者强烈要求医师对自己的病情及医疗手段进行说明的呼声越来越高，主张患者也应享有知情的权利；②医师向患者说明并取得患者的同意后实施的医疗行为，将会取得良好的效果；③医患双方拥有的医学知识的不平衡，造成了医患拥有信息的不对称。患者享有自主决定权，但处于信息的劣势，无法判断和选择。法律引进"说明与同意"概念，可以使患者充分享有自主决定权，使患者了解医疗行为中可能出现的伤害，以更好地对诊疗方案进行判断和选择。

（2）告知内容　我国《医疗机构管理条例》第33条规定：医疗机构施行手术、特殊检查或者特殊治疗时，必须征得患者同意，并应当取得其家属或者关系人同意并签字。《中华人民共和国执业医师法》第26条对此也做了原则性的规定，即医师应当如实向患者或者其家属介绍病情，但应注意避免对患者产生不利后果。《医疗事故处理条例》第11条对告知的范围做了较为明确的规定：在医疗活动中，医疗机构及其医务人员应当将患者的病情、医疗措施、医疗风险等如实告知患者，及时解答其咨询，但是应当避免对患者产生不利后果。总之，告知的内容主要包括如下内容：①治疗的目的和性质。②病情的如实告知。患者目前的病情，所患疾病的名称、病因，病情发展情况，诊断结果，需要采取何种治疗措施以及可能出现的相应不良后果等。③检查的方法和价格。若几种检查项目目的一致，医师要告知各种方法的异同。④治疗方案。若有几种治疗方案，医师要告知各种药物的名称、疗效和价格，各种治疗方法的区别，治疗可能带来的危险及不良后果。⑤手术风险的告知。具体内容包括手术的目的、方法、预期效果、并发症、手术失败可能出现的不良后果、潜在的生命危险等。⑥损伤性检查的告知。医生对患者实施损伤性检查，可能对患者的健康造成伤害时，应事先告知患者检查的必要性以及所承担的危险性，待患者同意后方可进行检查；患者拒绝治疗或做某种检查时，告知可能引起的不良后果。⑦医师在治疗过程中，若发现患者病情发生变化需要调整治疗方案时，须及时告知。⑧在治疗条件不具备和治疗效果不理想的情况下，医生要进行转院告知。医务人员对于自己专业领域之外或自己没有能力处理的病况，应该对患者尽到转院告知的义务。⑨放弃治疗的告知。放弃治疗是患者的权利，但对放弃治疗后所产生的不利后果，医生也应尽到告知义务。

医疗机构及其医务人员必须充分、具体、明确、客观地履行告知义务，不能有所选择或保留，也不能带有倾向性，患者或其监护人有权在医务人员的帮助下自主选择，切忌误导或者不适当地影响患者。

（3）知情同意的产生及发展 知情同意（informed consent），是指患者有权知晓自己的病情，并可以对医务人员所采取的防治医疗措施决定取舍。知情同意作为医学伦理观念发展的产物，是第二次世界大战后才提出来的。1946 年在纽伦堡审判期间，发现纳粹医生未征得受试者同意强迫他们接受不人道的试验，严重危害了受试者的健康和生命。因此，在审判后通过的《纽伦堡法典》中规定：人类受试者的自愿同意是绝对必要的，应该使他能够行使自由选择的权利，而没有任何暴力、欺骗、欺诈、强迫、哄骗以及其他隐蔽形式的强制或强迫等因素的干预；应该使他对所涉及的问题有充分的知识和理解，以便能够做出明智的决定。

纽伦堡审判后，"知情同意"逐渐成为涉及人类受试者的生物医学研究中最受关注的伦理学问题之一。20 世纪中叶，"知情同意"逐渐被引用于医患关系或临床领域，成为医学伦理的重要原则之一。

知情同意开始是伦理学意义或社会学意义上的概念，随着法制的发展，法律意义上的医疗知情同意权逐步得到各国法律的支持和保护。1964 年，世界医学大会公布了《赫尔辛基宣言》，接受了《纽伦堡法典》的主要观点，进一步规范了人体生物医学研究的行为道德。

在 20 世纪 50 年代前期，"知情同意"理论主要是在美国的判例法中形成、发展起来的。1957 年加利福尼亚州上诉法院的判决中将"知情同意"引进了医疗诉讼领域。

尊重患者的知情同意权利，已成为各国立法的通例。英国有关医疗事故诉讼的重要判决之一是 1985 年的 Sideway 事件。法官认为，意识健全的成年人，对于医生提出的特殊诊疗过程是否同意有决定权。

在加拿大，安大略省高等法院 1980 年的判决，明确了患者是自己决定权的主体。判决认为，依据法律，不论进行何种外科处置，在处置之前必须取得患者的同意，不论是书面还是口头的，没有患者的承诺，不允许进行手术。

1973 年美国通过了《患者权利法案》，于 1974 年由美国卫生教育福利部（DHEW）以法律形式颁布，明确规定了患者的知情同意权。1981 年第 34 届世界医师大会通过的《里斯本宣言》在世界范围内将知情同意权扩展为所有疾病患者具有的权利，患者的知情权是患者权利的核心所在。

2000 年，世界医学大会对《赫尔辛基宣言》做了补充和修改，将知情同意权规定得更加完善，该宣言明确指出："任何以人体作为受试者的研究，事先必须把科研目的、方法、预期效益和潜在的危险、可能遇到的不适等，全面告知预备受试者。应该告知他或她有拒绝参加科研的自由，并有随时撤销同意的自由。医生因此必须特别注意受试者是否在压力之下，是否处于依从关系当中给予同意的。"

患者知情同意的内容：医方的告知是为了患者的知情，患者的知情范围很广，包括患者在选择和接受诊断和治疗过程中所应了解的各种必要的信息。具体包括：

1）患病信息。患者有权了解与认识自己所患疾病的有关信息，包括疾病的性质、病情的发展、严重程度、痊愈的可能性等信息。

2）诊疗信息。患者对各种诊疗信息享有知情权。诊疗信息包括对所患疾病的各种诊断、治疗的信息，其中治疗信息应包括：可能实施的医疗方案，拟采取的医疗措施；如有多种可供选择的方案，患者有权知道有无可替代的医疗措施，替代的医疗措施的治疗效果、有效程度以及所伴随的侵害的程度、范围，几种医疗措施的比较信息等。

3）获得病历资料。病历资料包括客观性病历和主观性病历。客观性病历是指门诊病历、住院志、医嘱单、化验单（检验报告）、影像检查资料、特殊检查同意书、手术同意书、护理记录以及其他病历资料。主观性病历资料包括病历讨论记录、疑难病历讨论记录、上级医师查房记录、会诊意见、病程记录等。

4）医疗费用的信息。患者有权知道疾病诊治预计需要支付的费用及因诊治疾病而发生的医疗费用；有权得到相关的医疗费用收据，并有权要求院方对收费逐项做出解释。

5）医疗背景方面的信息。医疗背景方面的信息包括：医疗服务项目、药品的收费标准；医院制定的与患者有关的各项规定；医院和医务人员信息，如医疗机构的资质、治疗环境、仪器设备等方面的医疗背景信息，以及所有为患者提供医疗服务的医务人员，尤其是负责其治疗的医生的身份和专业地位、职称、学术专长、重点诊治的疾病范围等信息。

告知的标准：关于医生告知的标准，有合理的医生标准、合理的患者标准、具体的患者标准、折中说等不同的学说。

1）合理的医生标准（reasonable physician standard）：这一标准源于 1960 年美国堪萨斯州的

NatAnson V. Kline 案，法院认为说明义务应限于一个合理的医务人员在相同或类似的条件下（the same situation）将做出的说明。告知的内容应由医生参照合理的医疗水准加以决定。

2）合理的患者标准（reasonable patient standard）：这一标准在 1972 年美国 Canterbury V. Spence 和 Cobbs V. Grant 案及 1988 年 Largey V. Rothman 和 HondrouliS V. Schumacher 等案中均被法院采用。该观点认为，告知应以患者的需要为标准，一切可能影响患者合理性决定的因素均应予以告知。

3）具体的患者标准：医生的告知，应就患者的具体情况而决定，医生对于患者重视何种情报能做出预见，因而医生所应加以说明的内容就是他认为患者应重视、应该希望了解的情报。

4）折中说：为合理的患者标准与具体的患者标准的折中，认为说明义务是医生的行为规范；为了达到这个目的，必须重视个别的、具体的患者，应考虑患者与医生两方面的因素。

各国在实践中有不同的做法：美国一些州采用"合理的医生标准"，另一些州则采用"合理的患者标准"；澳大利亚大多采用"合理的患者标准"；英国、新西兰大多采用"合理的医生标准"。

在日本，上述四种观点均有，医生对如何加以说明有自由裁量的余地。上述四种观点，前两种主要是从相对客观的角度确定医生的告知义务标准，即以相对理性的医生或患者的角度来确定；而后两种观点主要是根据医生和患者的主观标准来确定。"合理的医生标准"主要基于对医疗专业性的考虑；"合理的患者标准"和"具体的患者标准"注重从患者的角度考虑；"折中说"既考虑了医生的行为规范，又认为医生有必要最大限度地探究具体患者。本书认为："合理的医生标准"过分强调将医生的见解与专业技能作为判断医生告知义务的标准，可能违反告知义务的目的，不利于患者做出正确的判断；"合理的患者标准"以患者的需要为标准，影响了医生的主观能动性；而"具体的患者标准"要确定具体的患者在当时的情况下需要被告知哪些内容，对于医生来说比较难操作；"折中说"既肯定了说明义务是医生的行为规范，又考虑了患者的因素，医师有义务最大限度地考虑患者具体情况。医生应该与患者沟通，共同来商讨方案，在我国目前的医疗环境下，宜采用"折中说"的告知标准。

告知方式：根据不同的告知内容，医方可采取不同的告知形式和方法；主要有公示告知、口头告知、书面告知等形式。

1）公示告知。公示告知主要用于公布一些常规医疗项目的收费标准、医疗机构及医务人员的信息、医院的规章制度等。

2）口头告知。口头告知主要用于告知患者病情以及一些常规的检查和治疗。

3）书面告知。对于操作过程复杂，有可能发生严重并发症或并发症发生率较高和治疗后果难以准确判定的检查、治疗，以及对于明确规定需要征得患者的同意才能实施的医疗行为，一般履行书面告知手续。主要包括：实施各类手术、有创检查或治疗；输注血液及血液制品；实施麻醉；开展新业务、新技术；实施临床实验性治疗；实施手术中冰冻切片快速病理检查；对患者实施化疗、放疗等；其他特殊情况的处理。履行书面告知手续主要是由患者签字确认或者签收。

（4）医生告知、患者知情同意与信息交流　由于医疗行为具有高度的专业性和科学性，医疗行为对人体具有侵袭性和危险性，若医生对医疗行为不进行详细的告知、说明，患者就根本无法了解医疗行为对自身是利是害，也就无法决定是否实施医疗行为及如何实施，故尊重患者的自我决定权，医师必须先履行告知义务。

知情同意概念可以分为"知情"和"同意"两个部分。"知情"是指对信息的揭示以及对所揭示信息的理解。"同意"是指自愿地做出决定和授权批准进行所提议的行动。知情同意包括下列五个相互连贯的知情同意要素：①能力；②揭示；③理解；④自愿；⑤同意。能力是指患者对必要信息的理解和决定的能力；揭示是指对患者揭示必要的信息；理解是指患者对所揭示的必要信息以及所提出的建议或研究过程的理解；自愿是指患者的决策是完全自愿的决策；同意是指患者赞成该医疗干预建议或研究过程，并授权对干预建议或研究过程实施。

比彻姆（Beauchamp）认为知情同意是："患者具有完全的行为能力，获得了被充分揭示的信息，理解这些信息，自愿行动并且同意这些干预的过程。"

信息的揭示通常被视为知情同意过程的一个必要条件，美国知情同意相关法律要求对信息进行揭示，其主要的根据是医生负有通过为患者提供信息而实施合理医疗干预的基本义务。知情同意非常强调医务人员作为揭示信息主体的责任。当然，医生所揭示的信息必须能够得到患者的理解，只有基于理解的同意才是有效的同意。虽然从伦理学的观点来看，知情同意更强调患者和受试者的自主选择，但信息的揭示至关重要，如果医务人员不提供信息，许多患者就无法做出适当的决定，医务人员有义务揭示一系列核心信息。

目前许多知情同意体现了其沟通还是相当被动的交流过程，如同"拉斯韦尔沟通模式"，信息流动通过一条渠道和路径，从一个源头或一个聚集处迁移或转送到另一处，只是将信息的传递作为内容而不是交流。本书认为其达不到知情同意的目的，因为，即使信息没有被接受或领会，信息也可以被披露和传播。知情同意应该是相互交往的平等主体之间的对等交流、自由协商，不仅必须考虑信息的披露，还要考虑交流。交流与信息传递不同，如果没有敏感的倾听，则会导致交流不畅。在医学领域里，由于各主体之间的交往涉及极强的专业性，信息的占有和话语权的大小是明显不对称的，因此，对交往中在信息占有和话语权方面强势的一方，除提出法律的考量以外，还必须考虑医学伦理规范。

总之，患者知情同意权的实现，其前提是医生履行告知义务，医生的告知义务是患者行使自我决定权的基础，只有医生履行了告知义务，并取得患者的同意，医疗行为才具有合法性。患者只有在医生提供了合适、充分、真实的医学信息的基础上，才有可能了解和理解其病情、诊疗方案、注意事项、可选项目等内容，才有可能做出自己的判断，决定同意治疗或拒绝诊疗。医生履行告知义务，使患者在知情同意权的实现过程中从被动变成主动，能充分体现法律对弱势群体的保护。

3. 医患间的交流互动

语言是人类特有的传递信息的符号系统，人们之间的信息交流、感情沟通都是以语言为媒介的。医患交流是一种有目的而且需要进行技术操作的互动，因而医患间的语言互动具有重要作用。本书在前文阐述了沟通的话语基础是对话，医患信息交流主要是通过对话进行的，由于医学职业特征及其社会功能的原因，医患关系中的语言交流有其本身必须具备的一些特征。医患问答的语言互动是围绕着疾病与健康这一话题进行的，具有特指性。医生问，患者答；患者也要问，让医生讲。医患互动本身是一种问—答过程。医生通过问，了解患者基本情况，患者通过答，指出自己的不适症状，就开始了检查诊断和治疗的技术操作；医生要向患者讲诊断得到的结果，回答患者的问题，也向患者提出建议，让他们配合诊断和治疗。操作过程同样是讲—做的过程，这是一个有规律的医患语言互动过程，始终围绕着患者的健康需求而展开。

医疗服务是以专业知识和技术为主的高科技服务，医患的认知交往存在于诊疗过程的始终。在诊疗过程中，医患认知交往是医生面对患者这一具有主体意识和主体行为的人，在躯体上或心理上施行操作的过程。在进行这种操作时，无论是诊断检查方法的选择和实施上，还是治疗方案及治疗方法的选择和实施上，都要向患者进行说明，在征得患者同意的基础上施行操作。在具体操作过程中，还要不断指导患者应当采取的配合动作，以期顺利地完成诊治技术操作过程。在操作完成后，则需要向患者告知检查或治疗的情况，以及需要采取的进一步措施。可见，诊疗的技术操作过程是医患间在认知上反复进行信息传递和认知交往的过程。一方面，这是医生不断向患者提出应该怎样做的过程；另一方面，这一过程必须有患者的主动参与，有患者的知情同意，有患者的主动配合，有患者的积极建议。只有这样，才能顺利地、保证质量地完成。患者由于受到病痛的困扰和折磨，迫切需要了解自己所患疾病的种类、性质、诊断结果、治疗方法及预后。总之，患者要求对疾病及其后果有最为详细的了解，要求医务人员能够为他们提供最为详细的说明。医生掌握医疗知识和技术，是患者求医这一特定领域的专家，他们的言语对患者具有权威性，会产生重大的影响。因此，医生应满足患者的认知需求，解答患者的种种疑问，消除他们不必要的思想顾虑和不良的心态。

二、医患沟通的基本要求

在医患沟通的具体运行中，医务人员不仅是诊疗活动的主体，也是医患沟通的主导者，必须注意沟通技巧与效果，务必要做到"一、二、三、四、五"。一是总体把握一个原则，就是始终坚持"以患者为中心"的服务理念，奉行诚信、合理、优质、高效的服务原则，尊重患者及其家属，耐心倾听他们的倾诉和要求。二是立足做到"两个多"，即多听患者的倾诉和意见，多向患者或家属介绍诊疗中的具体情况与要求。三是努力把准"三个判断"，即对患者诊疗情况与预后、费用消耗情况、患者心理状况有准确的判断和把握。四是密切注意"四个观察"，即沟通中要密切注意观察患者的情绪状态变化、对沟通内容的感受、对病情的认知程度，以及对诊疗和预后的期望值。五是切实注意"五个不要"，是指医务人员在沟通中切实注意不要以"主导者"或"专家"身份，强求患者及时接受医者观点，不要使用强硬、刺激患者情绪的语气或用语，不要过多使用患者不了解的专业术语，不要随意否定患者的观点，不要武断中止患者倾诉或情绪流露。

三、医患沟通中应注意的两个问题

1. 尊重患者的知情同意权

医患沟通是指医务人员为了促进、维护患者健康，提高患者生活质量，在医疗服务全过程中，与患者及其家属不断交换信息、达成共识，制订并实施适合患者个体需要的医疗护理方案。从医学技术认识基础看，医患关系是不平等的，这是因为治疗过程中要暴露患者的隐私和秘密、疗效的不确定、诊疗行为具有创伤性等。因此，患者在就医和治疗过程中有权利向医务人员了解自己的病情、各种可供选择的诊疗措施及其利弊，也可以拒绝某些诊疗方法。

知情同意，又称知情许诺，即患者有权利知晓自己的病情，并可以对医务人员所采取的防治措施决定取舍。实现知情同意有三方面的要素：一是行为人需有自主能力，决定必须自主、自愿；二是知情和同意，同意中又包含拒绝权和选择权；三是实现的途径，就是医务人员必须履行相应的告知义务。

2. 要尽量避免使用强求、刺激、深奥、刻意、压抑性的语言及行为

医务人员在进行医患沟通时，首先要树立医者医心的沟通理念，其次要掌握必备的沟通技巧，在怀有对患者的一颗爱心的同时，做到"闻其声、观其色、察其颜"，全方位地掌握患者表达的所有信息。在沟通时，医务人员能够以真心、换角度思维重构医患关系，有效表达对患者的爱心、细心、耐心和责任心，使彼此之间多一些了解、同情和关爱，少一些对立、冷漠和猜忌；使患方在消除顾虑的心境下，接受治疗，建立良好的医患沟通治疗关系，推动我国和谐社会进一步向前发展。

思考题

1. 医患沟通的基本内容是什么？
2. 医患沟通的基本技巧有哪些？
3. 医患沟通应注意的问题有哪些？

参 考 文 献

[1] 王勇. 人际沟通教程 [M]. 上海：上海交通大学出版社，2018.

[2] 朱彤，罗炜. 管理沟通 [M]. 重庆：重庆大学出版社，2015.

[3] 张华. 管理沟通 [M]. 成都：电子科技大学出版社，2017.

[4] 王佩玮. 管理沟通 [M]. 上海：华东理工大学出版社，2013.

[5] 裴培. 职场礼仪与沟通技巧 [M]. 北京：科学技术文献出版社，2015.

[6] 魏江，严进. 管理沟通：成功管理的基石 [M]. 北京：高等教育出版社，2013.

[7] 姜文刚. 卓越员工有效沟通 [M]. 北京：北京工业大学出版社，2012.

[8] 陆卫明，李红. 现代人际关系心理学 [M]. 西安：西安交通大学出版社，2013.

[9] 郑全全，俞国良. 人际关系心理学 [M]. 2 版. 北京：人民教育出版社，2011.

[10] 卢盛忠. 管理心理学 [M]. 4 版. 杭州：浙江教育出版社，2010.

[11] 沙莲香. 社会心理学 [M]. 4 版. 北京：中国人民大学出版社，2015.

[12] 樊富珉，张翔. 人际冲突与冲突管理研究综述 [J]. 中国矿业大学学报（社会科学版），2003（3）：82-91.

[13] 宝贡敏，汪洁. 人际冲突理论研究综述 [J]. 技术经济，2007，26（11）：12-16.

[14] 曹锦亚，魏镜，史丽丽，等. 医学活动中的共情及困难：巴林特工作对促进共情的作用 [J]. 医学与哲学，2015，16（5）：4-7.

[15] 吕勤. 互相作用分析理论：一种人际交往分析工具 [J]. 青年研究，2000，10：39-43.

[16] 阿德勒，范多伦. 西方思想宝库 [M]. 周汉林，译. 北京：中国广播电视出版社，1991.

[17] 盛洁，张伯华. 医学生共情能力培养探讨 [J]. 北方药学，2013，10（10）：139.

[18] 苏爱华，陈惠珍，薛雅卓. 交往分析理论对护理管理者的启示 [J]. 卫生职业教育，2006，24（21）：111-112.

[19] 汪玉红. 交往分析的理论模型 [J]. 岱宗学刊，2002，6（2）：73-76.

[20] 赵静. 俞敏洪的演讲为何能打动人 [J]. 读与写杂志，2012，9（3）：95，170.

[21] 张翠颖. 共情培训对肿瘤医院实习护生情绪智力及临床沟通能力的影响 [J]. 护理管理杂志，2016，16（3）：185-186.

[22] 张莹，梅松丽，徐军，等. 以心理学共情理论应对困境中的医患关系 [J]. 医学与哲学，2014，35（10）：51-53.

[23] 中国医师协会. 中国执业医师职业状况白皮书 [EB/OL]. （2015-05-28）[2020-09-30]. http://www.cmda.net/zlwqgzdt/596.jhtml.

［24］贾晓莉，周洪柱，赵越，等 . 2003 年—2012 年全国医院场所暴力伤医情况调查研究［J］. 中国医院，2014，（3）：1-3.

［25］中国医师协会 . 中国执业医师职业状况白皮书［EB/OL］.（2018-01-10）［2020-09-30］. http：//www. cmda. net/rdxw2/11526. jhtml.

［26］COLLETTA J M. PELLENQ C，GUIDETTI M. Age-related changes in co-speech gesture and narrative：evidence from French children and adults［J］. Speech Communication，2010，52（6），565-576.

［27］DOHEN M，SCHWARTZ J L，BAILLY G. Speech and face-to-face communication：an introduction［J］. Speech Communication，2010，52：477-480.

［28］HONG M，LEE W，PARK J H，et，al. Changes of empathy in medical college and medical school students：1 year follow up study［J］. BMC Medical Education，2011，12（1）：1-5.

［29］JIANG J，DAI B H，PENG D L，et，al. Neural synchronization during face-to-face communication［J］. The Journal of Neuroscience，2012，32（45）：16064-16069.

［30］TROILLE E，CATHIARD M A，ABRY C. Speech face perception is locked to anticipation in speech production［J］. Speech Communication，2010，52（6）：513-524.

［31］刘莹，王晓玲 . 我院儿科临床药师培养中的带教体会［J］. 儿科药学杂志，2015，21（5）：48-50.